浙江智库 ZHEJIANG THINK TANK

浙发规院文库 ZDPI PUBLICATIONS

低碳发展实践
与深度减碳路径研究

——以浙江省为例

吴红梅 等 著

ZHEJIANG UNIVERSITY PRESS
浙江大学出版社
·杭州·

图书在版编目（CIP）数据

低碳发展实践与深度减碳路径研究：以浙江省为例 /
吴红梅等著. – 杭州：浙江大学出版社，2024. 8.
ISBN 978-7-308-25422-9

Ⅰ. F127. 55

中国国家版本馆 CIP 数据核字第 2024GR0837 号

低碳发展实践与深度减碳路径研究——以浙江省为例

吴红梅　等著

责任编辑	潘晶晶　叶思源
责任校对	蔡晓欢
封面设计	周　灵
出版发行	浙江大学出版社
	（杭州市天目山路 148 号　邮政编码 310007）
	（网址：http://www.zjupress.com）
排　　版	杭州晨特广告有限公司
印　　刷	杭州宏雅印刷有限公司
开　　本	710mm×1000mm　1/16
印　　张	14.5
字　　数	252 千
版 印 次	2024 年 8 月第 1 版　2024 年 8 月第 1 次印刷
书　　号	ISBN 978-7-308-25422-9
定　　价	128.00 元

作者名单

吴红梅　周世锋　吴洁珍　何　恒　陈丽君
吴君宏　奚文怡　郑卓联　高　轶　林成淼
廖　彦　蒋小谦　马　攀　徐清琳　宋　蝶
蒋婷婷　吴　昊　郭芷茹　崔杰粲

序

2020 年 9 月 22 日,习近平主席在第七十五届联合国大会一般性辩论上指出,"应对气候变化《巴黎协定》代表了全球绿色低碳转型的大方向,是保护地球家园需要采取的最低限度行动,各国必须迈出决定性步伐。中国将提高国家自主贡献力度,采取更加有力的政策和措施,二氧化碳排放力争于 2030 年前达到峰值,努力争取 2060 年前实现碳中和。"(《习近平在联合国成立 75 周年系列高级别会议上的讲话》)

自碳达峰碳中和目标被提出以来,应对气候变化与低碳发展相关研究在国内逐渐成为热点,无论国家还是地方层面,都开展了很多相关研究。地方研究团队中,浙江省的表现比较突出,本书的撰写单位——浙江省发展规划研究院是国内第一批开展应对气候变化研究的地方团队。从 2007 年开始,该院一直持续开展应对气候变化与低碳发展研究,研究基础好,团队建设完整,积累了丰富的研究成果。"双碳"目标提出后,该院率先组织研究专项课题,形成关于浙江省"双碳"目标考虑及关键路径的决策建议,并逐步依据省域碳达峰碳中和相关研究成果,总结提出政策性文件。

碳达峰碳中和是一场跨越近 40 年的广泛而深刻的经济社会系统性变革。中国作为地域广阔、区域基础禀赋和发展条件差别较大的发展中大国,迫切需要符合本地经济社会实际和绿色转型特征的系统解决方案,通过广泛创新与合作,积极有序推动经济社会发展全面绿色转型。因此,有必要总结地方实践经验,为全国及相关地区提供可借鉴的经验。浙江省在经济发展水平和产业转型升级方面走在全国前列,有条件也应该在全国率先实现碳达峰,并优先在碳中和目标导向下推动深度脱碳转型。这需要地方各级政府和社会各界切实转变发展观念,推进经济社会发展全面绿色转型,大力推进产业绿色低碳转型和结构升级,有效控制高能耗的重化工业产能扩张,加快发展可再生能源和新能源,构建新型能源体系,结合数字化智能化创新优势,提升低碳发展和低碳技术的核心竞争优势。

《低碳发展实践与深度减碳路径研究——以浙江省为例》是吴红梅课题组多年研究的结晶,也是浙江省践行习近平生态文明思想的一个缩影。对于省域碳达峰碳中和工作而言,本地化的碳排放预测技术、减碳路径情景分析及经验总结是非常重要的。本书作者团队以探索省域层面绿色低碳转型路径为目的,开展省域碳排放核算、预测及减碳路径模拟,并取得了良好的成效。一是摸清了排放家底。对浙江省碳排放趋势及结构进行测算分析,识别关键排放源,并与沿海主要省份进行对比分析。二是构建了基于系统动力学的浙江省能源政策模拟(energy policy simulator,EPS)模型。对 EPS 模型进行本地化改进和优化,结合浙江工业行业特色和能源系统实际,增加了能耗双控和碳排放双控等宏观边界约束、外调电通道电力调入调出及电源结构的影响、分布式光伏的电力调度、热电联产电力与热力的碳排放分拆统计等内容,提升了 EPS 模型在中国区域层面应用的适配性。三是总结了研究成果助力政策实现的成功范例。对浙江省中长期深度脱碳路径进行深入研究,在对三种情景方案进行系统分析和比较的基础上,提出浙江省碳达峰碳中和的目标和路径,并对工业、交通、建筑、电力等部门的减排路径和技术选择进行了系统分析评价,提出相关政策建议。本书是作者团队基于地方"双碳"研究实践的成果总结,为浙江省制定和实施碳达峰实施方案、推动长期碳中和转型提供了有价值的研究支撑,并为地方跟踪评估"双碳"路径、开展政策评估提供有效的分析工具,是一部高水平的著作。

随着碳达峰碳中和工作的深入推进,本书中提出的很多路径举措也将逐步落地。我由衷地希望浙江省的研究团队能继续走在前列,做好跟踪、评价和更新迭代,不断创新适应省域的分析预测模型与研究手段,为浙江省碳达峰碳中和工作提供智力支撑,也为全国其他省份提供有益的经验做法,为加快经济社会发展全面绿色转型及促进人与自然和谐共生做出更大的智库贡献。

中国科学院科技战略咨询研究院研究员

国家气候变化专家委员会副主任

2024 年 7 月

前　言

应对气候变化是全人类共同的事业。2015年联合国气候变化大会通过《巴黎协定》，提出21世纪将全球平均气温较工业化前水平升高控制在2℃以内，力争不超过1.5℃的目标。为实现这一目标，各国需在21世纪下半叶实现温室气体源的人为排放与碳汇清除之间的平衡。2018年联合国政府间气候变化专门委员会（IPCC）发布的《全球升温1.5℃特别报告》指出，要实现1.5℃控温目标，到2030年人为二氧化碳排放量要比2010年时减少45％，到2050年要降至"净零"排放水平。

中国高度重视应对气候变化工作。2020年9月22日，习近平主席在第七十五届联合国大会一般性辩论上宣布，"中国将提高国家自主贡献力度，采取更加有力的政策和措施，二氧化碳排放力争于2030年前达到峰值，努力争取2060年前实现碳中和。"（《习近平在联合国成立75周年系列高级别会议上的讲话》）2021年9月，中共中央、国务院发布了《关于完整准确全面贯彻新发展理念做好碳达峰碳中和工作的意见》。2021年10月，国务院发布了《2030年前碳达峰行动方案》。在《正确认识和把握我国发展重大理论和实践问题》文章中，习近平总书记从实际问题、原则要求、工作部署等方面深刻阐明了"正确认识和把握碳达峰碳中和"这一问题。党的二十大报告强调，"立足我国能源资源禀赋，坚持先立后破，有计划分步骤实施碳达峰行动"。这充分彰显了我国作为负责任大国的担当。

浙江省作为"绿水青山就是金山银山"理念的发源地和率先实践地，已经把生态文明建设融入经济、政治、文化、社会建设的方方面面。2020年习近平总书记在浙江考察调研时，更是明确要求浙江省应"努力成为新时代全面展示中国特色社会主义制度优越性的重要窗口"（《干在实处　勇立潮头——习近平浙江足迹》）。新目标、新定位为浙江省现代化建设带来新机遇。在中国更新国家自主

I

贡献目标和制定中长期温室气体低排放发展战略的背景下,探索如何推动先进省份实现经济社会绿色低碳转型,有力促进碳达峰碳中和,是非常必要的。

浙江省发展规划研究院一直以来重视应对气候变化、低碳发展、清洁能源发展等领域的研究工作。近年来,浙江省发展规划研究院受世界资源研究所委托,承担了浙江省2050深度减排路径研究项目;与浙江生态文明研究院等合作承担了浙江省尖兵领雁攻关项目——区域碳达峰碳中和关键技术研究及集成示范(项目号2022C03154)。本书在上述研究成果的基础上总结而成,并得到浙江省发展和改革委员会、浙江省生态环境厅、浙江省能源局等相关部门的支持和指导,在此一并表示感谢。

本书共分七章,主要内容如下。

第一章"国内外减碳进展及启示",从实现碳达峰、碳中和的主要路线、重要措施、关键环节和重要保障等方面总结了发达国家的主要做法,提炼总结可供浙江省以及我国其他地区学习借鉴的经验和启示。

第二章"浙江省碳排放历史趋势分析",在介绍浙江省二氧化碳排放相关数据获取来源和测算方法的基础上,对2000—2019年浙江省的二氧化碳排放总量、结构、强度等相关数据的变化趋势进行了分析,并在此基础上,与沿海广东、江苏、山东等发达省份进行了对比。

第三章"碳排放预测建模研究",在对国际上不同类型的碳排放预测建模方法进行综述的基础上,介绍了本研究采用的能源政策模拟(energy policy simulator,EPS)模型,详细阐述了EPS模型的系统动力学建模原理、模型总体框架、分领域运行机制及全球的应用情况。

第四章"浙江省EPS模型构建与情景设定",介绍了浙江省EPS模型的输入变量及数据来源,并结合国情、省情及政策趋势,分领域对关键变量指标开展趋势分析和初步预测,并根据不同的发展目标和减排愿景设置不同的政策情景。

第五章"浙江省碳排放预测分析",分析了参考情景、低碳情景、近零情景三种情景下的温室气体排放总量、一次能源消费量和全社会用电量等综合性指标,基于剔除法研究25项单项政策的减排潜力和绩效水平,分析了分领域温室气体排放结果,并对比了不同政策情景下的公共健康效益和经济成本效益。

第六章"浙江省减碳路径选择",基于模型分析,提出了浙江省深度减排分阶段路线图,并分领域提出了减排增汇的具体路径举措,为浙江省碳达峰碳中和提供政策支撑。

第七章"浙江省低碳发展的主要实践",梳理了碳达峰碳中和目标提出以来浙江省在低碳发展方面的探索,包括加快构建碳达峰碳中和的工作体系,以及在能源、工业、建筑、交通、农业、居民生活六大领域,城市、县域等的低碳发展实践。

本书是作者团队近年来研究成果的总结。由于省域层面碳排放预测及减碳路径研究具有前沿性、重大理论性和复杂性,作者相关理论认知、实践水平有限,本书难免存在一些不足之处,恳请广大读者批评指正。

作者

2024 年 8 月

目　录

第一章 国内外减碳进展及启示

气候变化是一项全球性的挑战,随着各国的二氧化碳(CO_2)排放不断增长,温室效应日益增强,已对生态系统构成了严重威胁。在此全球共识之下,国际社会通过签订一系列减少温室气体排放(碳排放)的合作协议并付诸实践,展现了多元化的应对策略。值得注意的是,中国在 2020 年 9 月的联合国大会上宣布"中国将提高国家自主贡献力度,采取更加有力的政策和措施,二氧化碳排放力争于 2030 年前达到峰值,努力争取 2060 年前实现碳中和"。这是党中央经过深思熟虑做出的重大战略决策,事关中华民族永续发展和构建人类命运共同体。自此之后,我国各级政府和社会各界积极响应,广泛投入研究与实践探索之中,多地已积累了丰富的经验。本章系统回顾了全球应对气候变化的关键历程,提炼了发达国家的主要经验教训,同时分析了我国及各省份在应对气候变化上的成功举措,进而提炼出对浙江省全面推进碳达峰碳中和工作有深刻启示与借鉴价值的成功经验。

第一节 全球应对气候变化的历程

两次工业革命让人类社会在取得技术革新、实现经济发展的同时,面临着日益突出的由高能耗、高污染生产方式导致的环境问题。国际社会对气候变化问题愈发关切,全球各国经过多年曲折的谈判,逐步形成了《联合国气候变化框架公约》《京都议定书》及《巴黎协定》三个具有法律约束力的减排文件。纵观全球气候治理的历史进程,其大致可以分为以下五个阶段。

一、1990 年之前——气候治理早期准备阶段

自 20 世纪起,一系列标志性环境公害事件加剧了全球生态环境的恶化,而气候变化在多数此类事件中扮演了核心驱动的角色。气候在自然界中发挥着不可或缺的作用,其变化对整个生态系统内各个组成部分均有深远影响,如气候变

暖可能加速冰川消融,继而导致海平面升高及臭氧层空洞扩大等后果。全球气候治理的源头可以追溯至 1972 年联合国人类环境会议,其中《人类环境行动计划》的第 70 项建议警示各国关注活动的气候风险。联合国在多个重要会议上持续将气候变化议题与其他全球性问题紧密结合,比如在 1974 年的联合国世界粮食会议和 1976 年的联合国水资源会议中,粮食安全、水资源管理等议题均与气候变化背景紧密联系。1979 年 2 月,首届世界气候大会在日内瓦举行,会议发出警告:若当时二氧化碳排放的增长趋势延续,20 世纪结束时将观测到明显的全球平均气温升幅,而 21 世纪中期则可能出现更为剧烈的升温状况。

随着时间推移,国际社会对气候变化问题的认识日益深化,并逐步推出系列应对措施。1987 年,世界环境与发展委员会发表了《我们共同的未来》报告,鲜明地指出了气候变化成为国际社会亟待解决的重大挑战,并提倡国际合作应对。1988 年,联合国大会通过了一份突出气候变化议题的决议,强调各国需高度重视并采取行动,同时也督促国际社会整体行动起来对抗全球气候变暖。同年 11 月,政府间气候变化专门委员会(IPCC)在联合国环境规划署和世界气象组织的联合推动下成立,致力于提供全面、客观、开放、透明的气候变化影响评估及适应和减排策略,为后续起草《联合国气候变化框架公约》提供了坚实的科学基础。该公约成为缔约方会议协商国际气候政策的核心参考文献。

1989 年 11 月,国际大气污染和气候变化部长级会议通过了《关于防止大气污染与气候变化的诺德韦克宣言》,提出人类正面临人为所致的全球气候变化的威胁,并决定召开世界环境问题会议,讨论制定防止全球变暖公约。这一宣言为后来的气候变化公约谈判奠定了基石。1990 年 12 月,联合国大会第 45 届会议通过第 212 号决议《为今世后代保护全球气候》,决定组建单一的政府间谈判委员会(INC),着手制定一部有力的气候变化框架公约,开启了国际气候谈判与全球气候治理体系建构的历史新篇章。

二、1991—1996 年——《联合国气候变化框架公约》奠定基础

历经一系列周密筹备后,1991 年 2 月,全球气候谈判正式启动。尽管各方在公约条款与标准上观点各异、分歧明显,但鉴于推进气候治理的初心,终于在历经两年五轮磋商后,于 1992 年 5 月达成一致并通过了《联合国气候变化框架公约》(简称《公约》)。同年 6 月,《公约》在联合国环境与发展大会上向所有成员国开放签署,彼时共有 155 个国家签署,随后又有 30 多个国家加入缔约行列,直至 1994 年 3 月,《公约》正式开始实施,如今已成为涵盖全球大部分国家法律的

契约。

作为全球首个针对气候变化问题的国际公约,《公约》确立了全球携手抑制气候变暖的核心指导原则,成为国际气候谈判的基石,并构建了国际合作应对气候变化的基本架构。其终极目标在于将大气中温室气体浓度维持在避免气候系统遭受不可逆转的人为扰动的阈值之内。《公约》在认可各缔约方追求可持续经济增长和发展的同时,鼓励各国结合各自国情制定气候行动方案,强调采取高效措施,以最小成本实现全球收益。此外,《公约》还设立了财政和技术援助机制,确保发展中国家在减排行动中有足够的支持。

《公约》创新性地提出了"共同但有区别的责任"原则(简称"共区"原则),一方面强调世界各国共担保护地球环境和采取行动遏制全球变暖进程的责任,各国在国际气候治理中拥有平等的话语权;另一方面明确了发达国家与发展中国家在应对气候变化中的义务分配,认为发达国家因其历史上的高资源消耗和温室气体排放,理应对全球变暖问题承担更大的历史责任,而发展中国家由于人均排放量较低,应在具体减排行动上享有相对宽松的责任分担。据此,"共区"原则要求发达国家率先履行主要减排职责,而发展中国家则在发达国家的资金和技术援助下,制定并执行各自的减缓和适应气候变化计划,编制国家信息通报。

《公约》为全球合作应对气候变化搭建了坚实的法律框架,标志着全球气候治理新时代的到来。围绕《公约》而举行的缔约方会议及相关政府间谈判委员会会议成为国际气候谈判的核心舞台。1995年,《联合国气候变化框架公约》第一届缔约方会议在德国柏林召开。会议决定建立工作组,继续就全球温室气体减排进行深入谈判,并在两年内拟定一份对缔约方有法律约束力的气候保护议定书,为《京都议定书》的孕育奠定了基础。会议还通过决议,要求工业化国家和发展中国家广泛合作,共同减少全球温室气体排放。紧接着,1996年7月,《公约》第二届缔约方会议在瑞士日内瓦举行,会议敦促各国加快谈判步伐,力求在1997年12月前达成一项具备法律约束力的协定,以削减2000年后工业化国家的温室气体排放量。

三、1997—2008 年——《京都议定书》签订

《公约》最初设定的目标是让发达国家的温室气体排放水平到20世纪末恢复至1990年的水平,然而并未具体规定发达国家的减排量目标。在《公约》的铺垫下,《京都议定书》(简称《议定书》)于1997年在东京召开的第三次缔约方会议上诞生。它首次引入了"自上而下"的量化减排义务,要求工业化国家在2008—

2012 年,相较于 1990 年的基准,平均降低 5.2% 的温室气体排放量,如欧盟减排 8%,美国和日本分别减排 7% 和 6%。

由于《议定书》生效门槛较高(生效条件:至少 55 个《公约》缔约方批准,且这些国家 1990 年的排放量需占全体缔约方当年总排放量的 55% 以上),且美国在 1998 年签约后,又于 2001 年因认为其不符合美国国家利益而宣布退出,因此《议定书》生效进程受阻。转折点出现在 2004 年末,随着俄罗斯的批准,《议定书》满足了关键生效条件并在 2005 年 2 月 16 日正式生效。美国的退出削弱了《议定书》规定的强制性减排效果。此时,欧盟扮演了关键角色,在美国缺席的情况下,通过起草提案、协调各方意见及积极推动与其他发达国家和发展中国家的合作,助力《议定书》步入生效阶段,并在生效后积极履行承诺。

2005 年第十一届缔约方会议通过"蒙特利尔路线图",明确了两条谈判路径:在《议定书》框架下,157 个缔约方继续讨论 2012 年后发达国家温室气体减排责任;所有 189 个缔约方基于《公约》共同探讨长期应对全球变暖的战略,并达成了 40 多项重要决议。

2007 年巴厘岛气候大会达成了历史性的"巴厘路线图",开创了"双轨"谈判机制:一方面,签署《议定书》的发达国家履行《议定书》规定,确定第二承诺期的量化减排指标;另一方面,发展中国家及未签署《议定书》的发达国家在《公约》框架下采取更多应对气候变化的行动。尽管欧盟曾在推动《议定书》生效的过程中起主导作用,但在此之后,其在全球气候谈判中的领导力逐渐减弱。

四、2009—2014 年——全球气候治理合作陷入僵局

2009 年,备受全球瞩目的哥本哈根气候大会制定了《哥本哈根协议》,提出了更为具体的气候减排目标,即力求将全球气温升幅限制在 2℃ 以内。该协议试图拓宽减排行动主体,允许发展中国家根据自身情况自主决定减排行动形式,促使全球各国共同参与气候减排行动。然而,由于缔约方对减排义务的理解存在分歧,《哥本哈根协议》未能通过,这也导致国际气候谈判进入了胶着状态,南北国家在气候治理问题上的分歧加剧。

面对哥本哈根气候大会的遗留问题,2010 年坎昆气候大会开启了新的谈判进程,坚定维护《公约》《议定书》和"巴厘路线图"的原则,保持"双轨"谈判机制,并在适应性策略、技术转移、资金援助和能力建设等方面取得了一定的进展。然而,发达国家与发展中国家在减排责任分配及资金援助的具体细节上依然存在较大分歧,这种僵局在 2011 年加拿大宣布退出《议定书》以及 2012 年日本、新西

兰、俄罗斯表示不参与《议定书》第二承诺期后持续发酵。

直到 2013 年,国际气候谈判出现转折,华沙气候大会强化了"共同但有区别的责任"原则,发达国家重申对发展中国家的资金支持,并就损失损害补偿机制达成初步共识。随后,2014 年利马气候大会为 2015 年巴黎气候大会的协议草案搭建了基本要素框架。

五、2015 年至今——中美发挥关键作用,助推《巴黎协定》达成

在哥本哈根气候大会后,全球气候治理一度陷入领导力真空和碎片化状态,但中美两国在 2014—2016 年通过多次联合声明,共同承担起了全球气候治理的领导角色,推动形成了由中美协调、多边治理和多元利益相关方共同参与的全球气候治理体系。这一转变在 2015 年巴黎气候大会上尤为显著,当时 195 个缔约方通过了《巴黎协定》。《巴黎协定》于次年生效,这是全球首个全面应对气候变化的国际协议。

《巴黎协定》设定了将全球平均气温较工业化前水平升高控制在 2℃ 以内,力争不超过 1.5℃ 的目标,并明确了发达国家需继续率先减排,发展中国家根据各自国情强化减排行动。《巴黎协定》还明确规定发达国家应为发展中国家提供资金支持,其中包括承诺在 2020 年后每年提供 1000 亿美元资金帮助发展中国家应对气候变化,并定期审查各国减排进展,建立了"自下而上"的气候减排体系。

自此,《巴黎协定》成了全球气候治理的重要转折点。在之后的马拉喀什、波恩和卡托维兹气候大会上,各缔约方均表现出强烈的团结意愿和责任感,通过一系列决定不断完善《巴黎协定》的实施细则和目标设定,尤其是在透明度、资金目标更新、全球盘点机制等方面取得了实质性的进展。2021 年第 26 届联合国气候变化大会再度重申了将全球升温控制在 1.5℃ 以内的目标,并确定了至 2050 年实现碳减排的规划,以及发达国家将在 2025 年前加倍资助发展中国家应对气候变化的金额。至此,全球气候治理的量化目标逐步清晰,实施方案不断细化,虽然未来尚存诸多挑战,但全球应对气候变化的基本格局已然形成,各国需要继续共同努力,持续推进气候治理的实际行动和规则制定。

第二节　主要发达国家减碳进展

一、当前世界各国减排的严峻形势

自 20 世纪 70 年代以来，全球碳排放趋势与全球经济活动紧密相连，二者总体上呈现出明显的正比例关联特征。随着全球经济规模的扩张，全球碳排放总量和人均碳排放量均显著攀升。从排放总量和增速的动态变化来看，全球经济总量的增长轨迹与碳排放总量的上升曲线大体吻合，不过值得注意的是，近几年碳排放增速出现了结构性的下降态势。

经济增长直接导致各个经济领域对电力、石油等能源需求的急剧增加，而电力生产过程，特别是依赖化石燃料（如煤炭、石油和天然气）的电力生产过程，会释放大量二氧化碳和其他温室气体，这就造成了碳排放随经济增长同步上升的现象。反之，当全球经济遭遇打击时，如 2008 年金融危机和 2020 年新冠疫情暴发期间，经济活动收缩导致的能源消费减少，碳排放相应地出现了暂时性下滑。

2018 年全球二氧化碳排放总量创下了历史新高，达到 340.5 亿吨，这个数值大约是半个世纪前 1965 年的 3 倍。在增速维度上，随着全球对气候变化问题认识的加深和行动共识的形成，各国开始采取各种政策和措施减缓碳排放的增长速度。到 2020 年，全球二氧化碳排放增长率已经逼近零，表明全球减排努力初见成效，二氧化碳排放增速明显放缓（图 1-1）。

从个体碳足迹角度来看，全球人均二氧化碳排放量与全球碳排放总量走势相仿，表现为一种波动递增的趋势。至 2018 年，全球人均二氧化碳排放量已增至 4.42 吨，比 1971 年的数据增长了 20 个百分点。

聚焦地域分布，亚洲地区在中国、日本等国家经济增长的强力推动下，其二氧化碳排放总量迅速跃升，已稳坐全球二氧化碳排放榜首位置。与此同时，北美洲和欧洲地区的二氧化碳排放状况则相反，这两大地理区域的二氧化碳排放总量渐趋下滑，已迈入负增长通道，具体情况见图 1-2。至于大洋洲、非洲以及南极洲等地，因其二氧化碳排放总量相对极少，在此不做详细探讨。

从区域碳排放总量的视角出发，亚洲毫无悬念地占据了全球二氧化碳排放的首位，二氧化碳排放总量远远超出世界其他区域。究其根本，二战后众多亚洲国家开始了大规模的工业化进程与经济重建，尤其是在中国、日本、韩国和印度等经济体强劲增长的驱动下,能源消费和工业产出急速攀升,二氧化碳排放大幅激增。

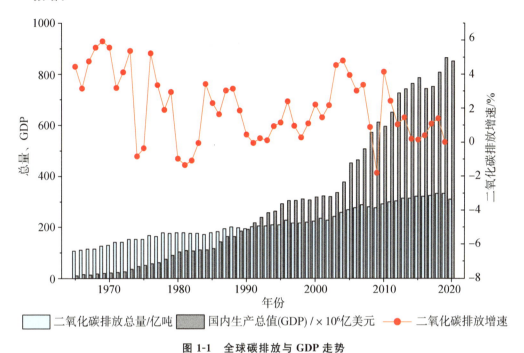

图 1-1　全球碳排放与 GDP 走势

注:数据来源于世界银行(World Bank),GDP 以美元(2020 年价)计算。

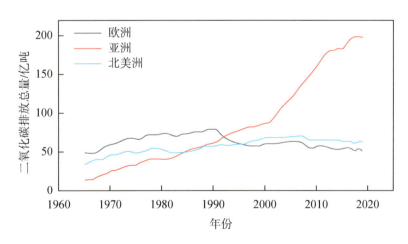

图 1-2　主要碳排放区域二氧化碳排放走势

注:数据来源于世界银行。

亚洲的二氧化碳排放总量在 1985 年超过北美洲,在 1992 年超越欧洲,亚洲成为世界二氧化碳排放最多的地区;其二氧化碳排放总量从 1965 年的 16.46 亿吨增长到 2019 年的 202.42 亿吨,增长超过 12 倍。而欧洲和北美洲二氧化碳排放总量大体上从 2008 年开始逐渐减少。

二、世界主要经济体碳排放现状、减排路径和政策

(一)世界主要国家碳达峰情况

自《巴黎协定》签署以来,全球碳中和承诺的参与国数量呈显著上升趋势。据英国能源与气候研究机构数据,截至 2020 年末,全球已有 136 个国家和地区做出碳中和承诺。其中,54 个国家已达碳排放峰值,这些国家的碳排放总量占全球碳排放总量的 40%。回顾过去数十年,1990 年、2000 年、2010 年及 2020 年,达到碳达峰的国家数目逐渐增多,分别为 18 国、31 国、50 国及 54 国,其中大多数是发达国家,他们在各时间节点对应的全球碳排放占比分别为 21%、18%、36% 和 40%。

至 2020 年,美国、日本、德国、韩国、加拿大、英国、沙特阿拉伯、巴西以及意大利等国已经实现碳达峰(图 1-3)。另外,中国、卡塔尔、印度和泰国等国则明确表态将在 2030 年前实现碳达峰。预计届时,全球实现碳达峰的国家将达到 58 个,合计碳排放量将占全球碳排放总量的 60%。

碳达峰碳中和目标的背后蕴藏着四个关键驱动力,分别是碳排放强度、能源强度、人均经济产值以及人口规模。要洞悉碳排放升降的规律,首先需考察能源组合以及单位经济产值下的能源消费情况,而这又深受产业结构调整、产品结构优化及技术水平进步的影响。在碳排放与人均 GDP 的关系上,存在一个拐点现象:在碳达峰之前,通常随着人均 GDP 的提升,碳排放量也会随之上升;而在碳达峰后,随着人均 GDP 的进一步增长,碳排放量反而可能下降。至于人口因素,则是一个更为复杂的变量;假设在未来数十年间,尽管人口结构可能发生变动,但总量维持相对稳定,那么据此可推导出控制碳排放的有效途径。

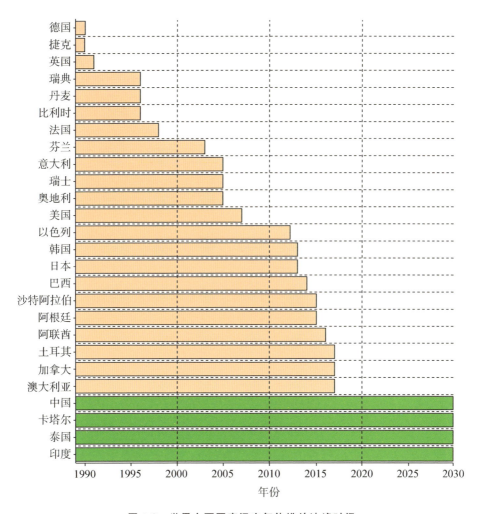

图 1-3　世界主要国家温室气体排放达峰时间

注：数据来源于世界银行。

库兹涅茨曲线生动描绘了全球主要经济体经济增长与其碳排放相互脱钩的过程，揭示了一个普遍现象：大多数发达国家在人均 GDP 达到 2.0 万～2.5 万美元时，实现碳达峰。模拟预测显示，中国碳达峰时间可能会早于发达国家，预期在人均 GDP 达到约 1.4 万美元时到来，且峰值水平相较发达国家将处于较低层次，这一点可以从图 1-4 的相关数据模拟轨迹中看出。

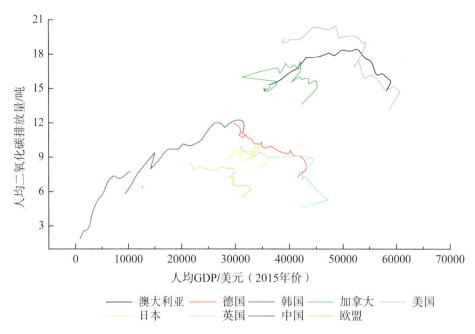

图 1-4 全球主要经济体经济增长与碳排放脱钩态势

注:数据来源于世界银行。

1. 美国碳达峰情况

美国的碳排放在 2007 年达到峰值,这一时间节点相较于欧盟成员国(如德国、法国)以及一些东欧国家滞后了 15 年以上。当时美国的温室气体排放总量高达 67.54 亿吨二氧化碳当量(CO_2e),其人均排放量达到 22.28 吨二氧化碳当量,显著超出欧盟平均值 138%。

美国碳排放的主要源头集中于能源活动领域。在碳排放触及峰值之际,源自能源活动的碳排放占据了总排放量的 88.97%,占据主导地位;而农业部门排放、工业生产过程直接排放以及废物管理所贡献的比重则相对较小,分别占到 5.50%、3.28% 和 2.26%。此后,得益于能源结构的调整,特别是天然气发电(气电)因成本优势在一定程度上替代了燃煤发电(煤电),美国的能源活动及工业生产过程相关的碳排放呈现出下降趋势,这一动态变化见图 1-5。

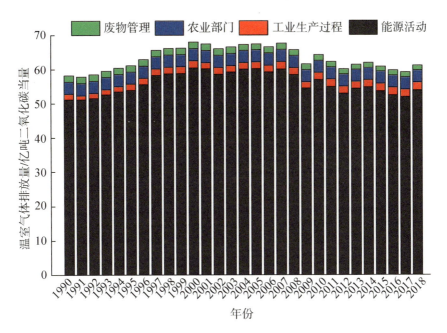

图 1-5　美国不同部门温室气体排放量

注：数据来源于世界银行。

2. 欧盟碳达峰情况

　　欧盟一直扮演着全球应对气候变化、推动温室气体减排行动的领军角色。作为一个整体，如今的欧盟 27 国早在 1990 年就已经实现了碳达峰，但各国在碳达峰的时间节点上存在差异，跨度长达 20 年。其中，以德国为代表的 9 个国家在 1990 年即碳达峰，其余 18 个成员国则在 1991 年至 2008 年间分别达到各自的碳排放峰值。欧盟整体碳排放峰值为 44.91 亿吨二氧化碳当量，人均排放量为 9.51 吨二氧化碳当量。能源活动是欧盟碳排放的主要构成部分，涵盖了能源工业、交通运输和制造业等行业。

　　在 1990 年，欧盟能源活动排放的温室气体占据了碳排放总量的 79.89%，紧随其后的是农业部门（11.60%）和工业生产过程（4.83%），而废物管理所产生的碳排放占比相对较少，仅为 3.68%。1990—2018 年，欧盟在工业生产过程和废物管理领域实现了较大的碳排放降幅，而能源活动及农业部门的碳排放占比则相对有所上升，这一演变趋势见图 1-6。

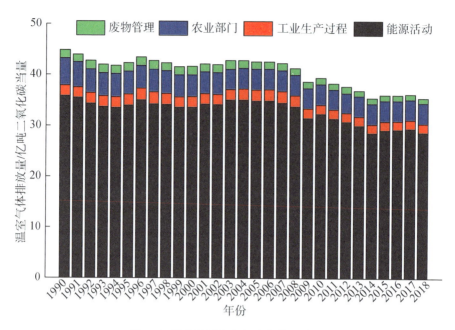

图 1-6　欧盟不同部门温室气体排放量

注:数据来源于世界银行。

3. 日本碳达峰情况

日本的碳排放在 2013 年达到峰值,温室气体排放总量为 13.53 亿吨二氧化碳当量,其人均排放量为 10.73 吨二氧化碳当量,比欧盟的人均排放水平高 12.83%。

在日本的碳排放结构中,能源活动同样是首要来源,在碳排放高峰期,这一部分占据了碳排放总量的 93.01%。同期,工业生产过程、农业部门和废物管理分别贡献了 4.71%、1.71% 和 0.57% 的碳排放。此后,随着日本在能源利用效率上的改进以及严格的垃圾回收管理制度的推行,能源活动产生的碳排放占比稍有回落,同时废物管理相关的碳排放持续有效削减(图 1-7)。

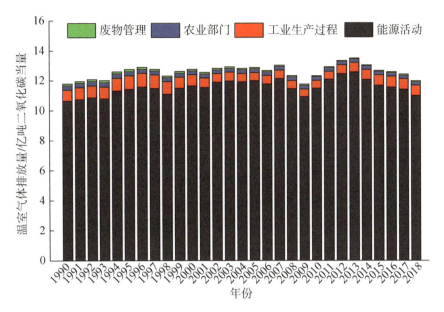

图 1-7　日本不同部门温室气体排放量

注:数据来源于世界银行。

4. 其他主要经济体

俄罗斯的碳排放在 1990 年达到峰值,温室气体排放总量为 29.77 亿吨二氧化碳当量,彼时的人均排放量为 20.15 吨二氧化碳当量。尽管 21 世纪 10 年代后期伴随经济复苏,碳排放有所回升,但始终未能超越 1990 年的高位。

进入 21 世纪后,韩国的碳排放增速明显放缓,自 2010 年起,其碳排放增速大致维持在-1%至 3%区间,至 2019 年增速降至-4%。在此期间,韩国能源结构发生显著改变,石油及其他液体能源在其总能耗中的比例自 1996 年最高的 66%一路降至近五年的大约 42%,反映出能源结构的成功转型。2020 年,时任总统文在寅推出了绿色新政倡议,并许诺韩国将在 2050 年前实现碳中和目标。

巴西的温室气体排放峰值在 2012 年出现,总量为 11.28 亿吨二氧化碳当量,当时的人均排放量仅为 5.67 吨二氧化碳当量。虽在 2014 年和 2016 年因举办世界杯和奥运会等因素,碳排放有所反弹,但总体仍低于 2012 年峰值。

英国早在 1991 年便已碳达峰,温室气体排放峰值为 8.07 亿吨二氧化碳当量,人均排放量为 14.05 吨二氧化碳当量,此后逐年递减,到 2018 年时,温室气体排放总量锐减至 4.66 亿吨二氧化碳当量,与 1991 年峰值相比下降了 42.26%。

（二）各国碳中和的战略分析

全球主要经济体,包括欧盟、英国及美国等,均对碳中和这一议题给予了高度重视,并基于各自的经济发展水平、资源禀赋、技术水平和产业结构特点,制定了多层面、全方位的碳中和战略方案,涉及目标设定、关键行业减排、技术创新、财政激励等多个方面,构建出独具本国特色的碳中和策略体系。对欧盟、英国、美国、日本、印度和巴西等主要经济体的碳中和战略进行深入研究,可为中国的碳中和战略提供参考。

碳中和已成为全球经济竞争格局和地缘政治架构的重要影响因素之一。考虑到各国国情的差异,难以要求所有经济体在推行碳中和过程中保持步调一致。通过梳理各大经济体的战略布局,可将碳中和战略大致分为四大类型:先锋型、发展导向型、稳健跟进型和波动型(表1-1)。

表 1-1　主要经济体碳中和战略分类

类型	战略取向	主要举措	代表性经济体	国内政治基础和社会经济条件
先锋型	以碳中和引领经济社会转型	制定系统的转型策略	欧盟、英国	绿色政治基础极为雄厚,经济较为发达
发展导向型	将碳中和视为经济增长的机会和工具	制定绿色增长战略	日本、巴西、韩国	有着较为强大的反对力量,不愿意付出过大的社会经济代价
稳健跟进型	慎重平稳推进碳达峰、碳中和	不追求激进的举措,以自身客观需求为出发点	印度、印度尼西亚	客观上仍处在碳排放不断增长阶段
波动型	政策取向受政治驱动而不断摇摆	以行政手段推动碳中和,稳定支持技术创新	美国	国内拥护碳中和势力与反气候变化势力同样强大,特定政治体制下碳中和政策举措不停摇摆,技术创新能力强大

先锋型战略以欧盟成员国(如德国、法国等)为典型代表,扮演着全球碳减排领域的领导者角色。他们通过强化立法、技术和财政手段,积极推广清洁能源、提高能效,并设定明确的碳排放目标。欧盟于2020年正式提出《欧洲绿色协议》,目标是在2050年前实现碳中和,同时通过一系列政策和法规引导各成员国加快能源结构转型,推动创新技术的研发和应用。法国则通过2015年的《绿色增长能源转型法》和《国家低碳战略》,明确了2050年的减排目标,随后在2020年4月通过法律文件确认了碳中和目标。

发展导向型战略以日本和巴西为典型代表,他们视碳中和为经济增长的机遇和手段,努力发掘其中蕴含的产业发展潜能,但不愿意承受过大的经济社会压力。日本作为发达国家,实施的是发展导向型碳达峰战略,试图在应对气候变化的同时,将其转化为经济增长的动力。日本的《绿色增长战略》提出,将通过科技创新和产业转型,减少对化石燃料的依赖,预期碳中和举措将带动经济复苏和可持续增长。尽管如此,日本在摆脱传统能源相关产业,尤其是煤炭和汽车工业上面对的挑战仍然艰巨。巴西和其他一些发展中经济体同样认识到碳达峰的重要性,他们通过制定国家绿色增长计划,尝试将碳减排融入国家发展战略,同时也面临传统产业转型升级的巨大压力和挑战。

稳健跟进型战略以尚未碳达峰的发展中经济体为典型代表,例如印度等国家,由于发展意愿强烈和事实上以煤炭消费为主的能源结构,其倾向于审慎推进碳达峰碳中和目标,而在面对碳达峰问题时,会更多地平衡经济发展与环境保护的关系。印度宣布将在 2070 年实现碳中和,但在追求经济增长和能源需求增加的压力下,侧重于逐步调整能源结构,发展可再生能源产业,并提高煤炭使用的清洁度。

波动型战略以美国为典型代表,其碳中和政策受政治风向影响,表现出一定的不稳定性。在美国,支持碳中和的力量与否定气候变化的声音相互角力,在特定政治环境中,碳中和战略方向并不稳定。美国曾在奥巴马政府时期首次提出了 2025 年温室气体排放量较 2005 年水平降低 26％～28％的目标。美国虽然在特朗普政府期间出现了气候政策的倒退,但在拜登政府上台后,重返国际气候治理舞台,并进一步展现了其在减排方面的雄心。拜登政府宣布到 2035 年电力部门要实现零碳,并设定了 2050 年全国范围内实现净零排放(碳中和)的长远目标。

(三)各国减排目标体系

在全球应对气候变化的背景下,各主要经济体纷纷采用了"目标蓝图＋关键领域目标"的框架来规划和制定减排目标,并建立了相应的监测机制,以应对碳达峰碳中和这一世纪性挑战。各国尽管都在努力朝着减排的方向迈进,但由于各自的国情、经济发展阶段和政治意愿不同,在目标体系设计和实施方案上呈现出了差异。

在设定中长期的碳中和目标时,多数主要经济体已根据《巴黎协定》的要求,确定了各自的碳中和时间和阶段性目标。例如英国、法国、德国和日本等国家通过立法等形式明确了碳中和目标,而美国、巴西和印度等国家虽未在法律层面上确立碳中和目标,但也提出了相应的规划和承诺。不同国家实现碳中和的时间跨度各有不同,但普遍需要 35~60 年。

在设定关键领域的减排目标时,各主要经济体采取了多样化的策略,但总体上与其碳中和战略方向保持一致。一些国家,如德国和法国,倾向于设定严格的减排目标,并建立了任务考核和奖惩机制以确保目标的实现。而美国则更多地采取了非约束性的减排目标,缺乏具体的执行机制。相比之下,日本和印度等国家更加关注可再生能源发展规模等指标,而非明确的领域减排目标。

总的来说,尽管各国在碳中和的道路上采取了不同的策略和措施,但都面临着共同的挑战和压力。对于已经碳达峰的国家来说,实现碳中和的压力尤为巨大,而这种压力会随着峰值出现时间的延后而加大。只有通过国际合作、技术创新和政策支持,才能共同应对全球气候变化所带来的挑战,实现碳中和的目标。

(四)各国关键领域减排措施

针对能源、工业、交通、建筑等重要碳排放领域,主要经济体普遍采取了有针对性的措施,推动关键领域的碳减排和碳中和工作。

1. 能源领域

实现经济社会脱碳的关键在于能源转型,其中电力行业的碳中和是能源脱碳的关键。各经济体在能源转型方面的实践虽然存在共性,但也体现出显著的差异性特点。

构建以可再生能源为核心的高可靠性电力网络已成为广泛的共识。欧盟制定了一系列严格的可再生能源目标,并通过《可再生能源指令》要求成员国在一定期限内大幅提升可再生能源在能源结构中的比例。例如,设定了到 2030 年可再生能源至少占最终能源消费总量 32% 的目标。同时建立了欧盟排放交易体系(EU ETS),鼓励企业通过减少碳排放、增加可再生能源使用来降低成本。美国通过行政命令和国家战略设定国家层面的可再生能源发展目标,并通过美国环境保护局(EPA)制定严格的环保标准和减排政策。在立法方面,美国通过立法手段,如联邦投资税收抵免(ITC)和生产税收抵免(PTC)等,鼓励可再生能源项目的投资和建设。同时,美国积极推广上网电价补贴制度、绿色证书制度等,建立成熟的可再生能源市场。德国实施"能源转型"(energiewende)战略,旨在逐步淘汰核能和化石能源,大幅度提高可再生能源的使用。大力推行上网电价补贴(feed-in tariff)制度,保证可再生能源项目投资者获得稳定回报,同时逐步过渡到竞标机制。印度实施大规模的国家太阳能计划,包括建设大型太阳能公园,推动太阳能屋顶项目,旨在大幅提高太阳能发电能力。

在煤炭退出方面,不同国家间存在显著差距。德国是欧洲减排和煤炭退出的先锋国家之一,根据《煤炭逐步淘汰法案》,德国原本计划在 2038 年前逐步淘汰煤炭,但新政府上台后表达了在 2030 年前煤炭退出的决心。德国采用了补贴和政策引导的方式,关闭老旧燃煤电厂,同时大力发展风能和太阳能等可再生能源,提高能源效率,弥补煤炭退出后的电力缺口。英国早在 2022 年底就彻底结束了 300 多年的煤炭工业历史,关闭了最后一个深层煤矿,且计划在 2025 年前关闭所有燃煤发电站。英国通过政策调控和市场机制,大力推动天然气和可再生能源替代煤炭,并实现了电力系统的深度转型。美国并没有统一的国家层面的煤炭退出时间表,但美国各州和联邦政府通过政策支持和市场竞争,逐步减少对煤炭的依赖;美国致力于发展清洁能源,尤其是风能和太阳能,同时通过清洁能源计划和碳排放限制政策,促使电力公司倾向于使用低碳能源。日本虽然有煤炭退出的意向,但相比其他国家更为谨慎,倾向于采用高效煤炭技术逐步替代老旧燃煤电厂发电,并同时发展核能和可再生能源,以实现能源结构的多元化和低碳化。在福岛核事故后,日本在继续推进清洁能源的同时,对煤炭的依赖也有所增加。对于像印度这样的发展中大国,煤炭在能源结构中的地位依然重要,但其也在积极推动能源转型。例如,印度宣布 2070 年实现碳中和的目标,并逐步提高可再生能源在电力供应中的比例,同时谨慎处理煤炭退出和经济增长之间的平衡关系。

在核能和油气资源开发利用方面,各国的立场和决策呈现反复态势。在核能开发利用方面,一些国家(如法国)长期以来一直将核能作为主力能源,认为核能是低碳、高效的能源形式,有助于减少对化石燃料的依赖,实现能源安全和减少温室气体排放。而日本在福岛核事故后立场发生转变,从积极发展核能转为逐步减少对核能的依赖,显示出核能政策的敏感性和易受影响性。受日本福岛事件影响,德国公众反对核能声浪高涨,政府决定逐步关闭所有的核电站,并转投可再生能源。与此相反,俄罗斯在保证安全的前提下,继续推进核能的发展,同时强调技术升级和安全管理。一些新兴经济体如印度和沙特阿拉伯,出于能源安全和经济增长的需求,正积极寻求发展核能,但同时也在社会舆论、安全顾虑和技术转让等议题上面临挑战。在油气资源开发利用方面,欧洲多国(如挪威、荷兰等)在保持现有油气开发的同时,逐步减少对化石能源的依赖,加大对可再生能源开发和能源效率提升的投入,以实现温室气体减排目标。美国经过页岩气革命后,石油和天然气产量激增,能源独立度显著提高,但这也引起了环境争议,社会上出现了呼吁减少化石燃料使用的声音,美国政府的立场也随之在鼓励开发和提倡清洁能源之间摇摆。

2. 工业领域

工业领域碳减排是全球各国应对气候变化、实现可持续发展的重要组成部分。以 2019 年为例,经济合作与发展组织成员国工业部门排放的二氧化碳占比高达 29%。不同国家根据各自的国情、技术能力和经济发展阶段,采取了多元化的碳减排策略和措施。

欧盟设定了严格的碳排放限制,并运行 EU ETS,通过市场机制推动工业部门降低碳排放。推行绿色新政,鼓励企业投资低碳技术和清洁能源,例如通过《欧洲绿色协议》设立减排目标,并提供资金支持。另外,欧盟积极引入碳边境调节机制(CBAM),对进口商品的隐含碳排放征税,激励全球供应链减排。德国实施"能源转型"战略,大力推广可再生能源,减少对化石能源的依赖,批准能源密集型产业的低碳技术改造项目,比如钢铁和化工行业采用氢冶金等新技术;此外,德国也重视工业能效标准提升,推广能源管理系统,优化工业过程中的能源利用。法国计划投资 70 亿欧元用于推动绿色氢能技术的发展,旨在逐步将炼油、化工、电子和食品等行业转向无碳氢能,加快工业领域的去碳化进程。美国通过行政命令和立法手段,鼓励工业部门采用清洁能源,提高能源效率,降低化石能源消费。投资研发和推广碳捕集、利用与封存(CCUS)技术,减少工业生产过程中的碳排放。

3. 交通领域

交通运输行业长期以来一直是碳排放持续增长的重要源头,而随着近年来汽车行业的电动化和智能化技术进步,交通领域的碳中和路径逐渐明朗起来。

欧盟通过实施严格的汽车尾气排放标准(如欧洲第六阶段排放标准)和制定更严格的二氧化碳排放限值,促使汽车制造商提高燃油效率和推广电动汽车。此外,欧盟为消费者提供电动汽车购车补贴和免税政策,建设广泛的充电设施网络,同时计划在未来几年内禁售内燃机汽车。美国拜登政府提出在未来十年内投资数十亿美元支持电动汽车市场,包括建设 50 万个充电站,以及对购买电动汽车的消费者提供税收抵免。加利福尼亚州(简称加州)作为美国减排的先锋,实施了严格的零排放车辆(ZEV)法规,要求汽车制造商销售一定比例的零排放汽车。除了电动汽车之外,日本还着重发展氢燃料电池汽车(FCV),并建设加氢站网络。

实现交通领域碳中和的关键在于建设完善的配套设施和克服技术障碍。这涵盖了充电网络或换电网络的建设,以及从氢气生产到加氢站铺设的全产业链构建。而对于航空航海行业,则需要在零碳电力、零排放氢燃料和生物质燃料飞机技术,以及电动与氢燃料电池船舶等关键技术方面取得突破。

4. 建筑领域

建筑行业减排同样备受全球各经济体的关注。该领域通常有两种主要途径来实现减排目标。一方面,各国大力推广绿色建材和绿色施工技术,纷纷推出相应的绿色建筑标准体系。例如,美国的能源与环境设计先锋(Leadership in Energy and Environmental Design,LEED)标准,英国的建筑研究院环境评价方法(Building Research Establishment Environmental Assessment Method,BREEAM),以及日本的建筑环境综合性能评价体系(Comprehensive Assessment System for Built Environment Efficiency,CASBEE)等。这些标准体系涵盖建筑的全生命周期,从设计、施工、运营到废弃物处置,量化评估建筑的能源效率、资源利用率、材料选择、室内环境质量、废弃物管理和场地生态等多个方面。

另一方面,推动建筑行业的电气化替代和分布式能源供应也是有效的减排途径。欧盟在 2020 年发起的"革新浪潮"倡议中明确提出,到 2030 年所有建筑将接近零能耗标准。德国在 2020 年 11 月 1 日实施的《建筑物能源法》鼓励建筑行业使用电能取代化石燃料,例如推广建设电动汽车充电桩、电热地板采暖等措施。此外,德国大力发展分布式能源系统,包括小型风力发电机、太阳能光伏板、微型燃气轮机和生物质发电设施,使建筑能够自我供应部分或全部所需能源,还实施了零能耗建筑项目,要求新建建筑在满足一定条件下实现能源自给自足。美国重视制定建筑能源效率标准,如美国供暖、制冷与空调工程师学会(ASHRAE)标准和能源之星(Energy Star)认证,鼓励建筑采用高效电气设备和系统。日本重视推广高效热泵和电热供暖系统,减少化石燃料消耗,利用闲置屋顶和空地建设分布式光伏发电系统,并推广家庭储能设备,实现电力供应的自给自足。

5. 技术创新措施

在碳中和创新战略部署方面,各主要经济体均以"技术创新"和"产业竞争力"为核心,但各自的战略重点略有不同。美国的战略聚焦于"成本优势与本土制造一体化",尤其是推动制造业回归和加强供应链自主可控方面。其重点是通过研发投入降低关键清洁能源(如氢能等)技术的成本,以确保这些技术的产品在美国本土制造,并快速实现商业化。例如,美国于 2022 年通过了《通货膨胀削减法案》,提出通过立法提供数百亿美元的投资,用于支持清洁能源、电动汽车、充电基础设施、电网升级等关键领域的研发与生产。该法案通过对美国制造的清洁能源产品和开发的项目进行补贴和税收优惠,促进本土制造业的发展。美国能源部负责管理多个研发项目和计划,如"先进技术车辆制造贷款计划",太阳能技术办公室(Solar Technologies Office)和能源效率和可再生能源办公室(Office of Energy Efficiency and Renewable Energy)等下属的各种研发项目,为清洁能源技术研发提供资金支持,降低技术成本,推动其商业化进程。

欧盟则追求"产品领先、本土制造与全球规则制定三位一体",利用自身庞大的内需市场和先进技术优势,大规模推动技术创新并在本土实现商业化,通过制定产品碳排放标准、实施碳边境调节机制和产品标准等措施影响全球供应链。例如,针对新能源汽车电池,欧盟于 2020 年 12 月发布了《新电池法草案》,其中规定了更高的电池回收效率和材料回收目标要求,该法案规定只有符合标准的电池才能进入欧盟市场,并计划到 2025 年将欧洲打造成全球第二大电动汽车电池生产基地。

在关键领域方面,各经济体普遍将可再生能源及 CCUS 技术作为重要突破口,但在具体侧重点上略有不同。氢能被视为 21 世纪清洁能源的重要组成部分,被欧盟视为实现碳中和目标的重要方向之一。欧盟特别关注"绿氢"(通过可再生能源电解水制得)的生产和应用,推动氢能供应链的建设和区域氢能经济的发展。欧盟委员会于 2020 年 7 月发布了《欧洲气候中立氢能源战略》,德国、法国、印度等国也相继制定了各自的国家氢能战略或计划。日本在氢能战略上处于领先地位,将其视为能源结构转型的核心,通过技术创新和国际合作,推动氢能在交通、工业和建筑等领域的广泛应用,特别是氢燃料电池汽车的研发和推广。然而,各国在技术路径上存在一定差异。例如,德国倾向于短期内借助 CCUS 技术发展"蓝氢"(在化石燃料燃烧产生氢气的基础上,利用碳捕集与封存技术实现低碳制氢)作为过渡方案;法国则更专注于集中精力开发"绿氢";而印度则大力支持生物质气化、生物技术路线和电解水制氢等大型研发项目。

以美国为代表的发达国家,在 CCUS 技术领域投入较大,尤其是在石油和天然气产业中采用二氧化碳驱油技术,同时支持大型火力发电厂和工业设施部署碳捕获项目。日本尤为强调碳循环产业的发展,包括直接从空气中捕获二氧化碳等相关技术的研究与应用。而在可再生能源领域,各国则主要关注新能源、新能源汽车及其电池技术,包括新一代可再生发电技术、高可靠电网技术、低成本高性能储能技术及先进核电技术等。

6. 碳定价机制

碳定价机制是各国政府为应对气候变化、减少温室气体排放而采取的一种经济政策工具,通过赋予碳排放一个经济成本,促使企业和个人减少碳排放。目前,全球已有多种碳定价机制在不同国家和地区得到实施,主要包括碳税和碳排放交易体系(ETS)两种主要形式。

实施碳税政策的代表国家是瑞典和加拿大。瑞典是最早实施碳税的国家之一,早在 1991 年就开始对化石燃料的使用征税,税率随时间逐渐提高,以此来激励能源效率的提升和清洁能源的使用。加拿大联邦政府及其部分省份也实施了碳税制度,对化石燃料的销售或使用征税,且碳税水平逐年递增,税收主要用于支持清洁能源项目和减轻这些项目对家庭、企业的财务负担。

碳排放交易体系以 EU ETS 为代表。EU ETS 自 2005 年开始运行。2018年,该体系批准了 2021—2030 年的改革方案,计划到 2030 年将免费碳配额总量较 2005 年削减 43%,成为欧盟主要的减排手段。此外,欧洲一些国家也相继建立了各自的碳排放交易平台。例如,德国于 2021 年全面启用了国家碳排放交易体系,初始碳价设定为每吨二氧化碳 25 欧元,并逐年递增。英国在脱离欧盟后于 2021 年重构了独立的碳排放交易体系(UK ETS),覆盖能源密集型工业等多个行业。

除欧盟国家外,日本构建了多层次的碳排放交易体系,包括中央层级核证减排交易系统,以及地方上东京、埼玉和京都等地设立的碳交易市场,以实现对国际市场的深度融入。尽管美国没有联邦层面的碳税或排放交易体系,但一些州(如加利福尼亚州)设立了自己的碳排放交易体系。此外,美国多个州政府还积极推动区域性碳减排项目的创建,其中不乏一些较具有影响力的项目,如区域温室气体倡议(RGGI)、西部气候倡议(WCI)及芝加哥气候交易所(CXX)等。

7. 财税政策和市场机制

在实现碳中和目标的过程中,财税政策和市场机制是减少社会经济成本的有效手段。在全球范围内的经济体应对气候变化的政策工具箱中,它们已成为必不可少的方案。

首先,通过建立激励性税收与补贴政策以鼓励企业和个人减少碳排放。例如,美国联邦政府为太阳能、风能和其他可再生能源项目提供税收抵免,鼓励清洁能源投资和使用。美国也对购买符合条件的新能源汽车提供联邦税收抵免,部分州政府还提供额外的购买补贴和使用特权,如允许使用多乘员车辆车道(HOV 车道)等。日本实施节能积分制度,对于销售节能车型的汽车制造商给予积分奖励,积分可用于抵扣超额排放罚款,鼓励汽车制造商生产低排放车辆。日本也曾实施可再生能源上网电价补贴制度,以高于市场价的电价收购可再生能源电力,以刺激可再生能源投资。德国通过立法为可再生能源项目提供固定购电价格保障,确保投资者稳定的收益,鼓励可再生能源产业的发展,并针对建筑节能改造和节能设备购买提供税收优惠。为了构建公正的税制体系,德国通过增加低收入群体通勤津贴等方式减轻公众在能源转型中的经济负担。

其次,构建和完善服务于碳中和目标的投融资机制。一方面,各国设立专项基金以支持绿色创新项目。美国政府及其相关部门设有多种绿色科技创新基金,如美国能源部的"先进技术车辆制造贷款计划",以及能源效率和可再生能源办公室下属的各种研发项目资助基金。美国州级政府也有类似举措,如加利福尼亚州设立绿色银行(California Green Bank)及通过立法支持绿色项目和创新企业的资金筹措。日本政府通过日本国际合作银行等机构设立总额达2万亿日元的绿色气候基金,专注于为可再生能源、低能耗技术和下一代电池等相关的绿色企业提供风险投资支持。欧盟委员会推出了欧洲战略投资基金(EFSI)的一部分——可持续增长基金,用于投资绿色技术、清洁能源和能源效率改进等领域。欧盟还启动了若干个针对绿色创新的研发资助计划,例如"地平线2020"(Horizon 2020)科研框架计划下的绿色创新项目,以及后续的"地平线欧洲"(Horizon Europe)计划,其中包括了数亿欧元的专项资金。南非、巴西等发展中国家也在国际合作伙伴的支持下,设立绿色气候基金等国际基金,将其用于资助本国的绿色创新项目。

与此同时,激励金融机构积极配合碳中和的目标也显得尤为重要。以欧洲投资银行为例,该行已经推出了一套新的气候策略和能源财务支持策略,旨在将其对气候和可持续性发展的金融支持在2025年前增加到50%。德国通过实施《复兴银行促进法》,为那些致力于减少碳排放的企业提供财务激励和信息支持服务。美国和许多欧洲国家已经开始要求金融机构公开与气候相关的财务风险,并严格执行环境、社会和治理(ESG)准则,同时对贷款和投资项目的碳排放强度设定了限制。此外,这些国家引入了强制性的气候风险管理框架,比如按照气候相关财务信息披露任务组(TCFD)的建议,要求金融机构在决策过程中必须考虑到气候变化的各种因素。

第三节　我国碳排放和应对气候变化情况

一、我国温室气体排放情况

根据《中华人民共和国气候变化第四次国家信息通报》和《中华人民共和国气候变化第三次两年更新报告》，2018 年中国温室气体排放总量，包括土地利用、土地利用变化和林业（LULUCF）约为 117.79 亿吨二氧化碳当量，其中二氧化碳、甲烷（CH_4）、氧化亚氮（N_2O）、氢氟碳化物（HFCs）、全氟碳化物（PFCs）和六氟化硫（SF_6）所占比重分别为 81.1%、11.4%、5.0%、1.6%、0.2% 和 0.6%（表 1-2）。土地利用、土地利用变化和林业的温室气体吸收汇为 12.57 亿吨二氧化碳当量，若不考虑土地利用、土地利用变化和林业，温室气体排放总量为 130.35 亿吨二氧化碳当量。

表 1-2　2018 年中国温室气体排放构成

温室气体	包括土地利用、土地利用变化和林业		不包括土地利用、土地利用变化和林业	
	排放量/亿吨二氧化碳当量	比重/%	排放量/亿吨二氧化碳当量	比重/%
二氧化碳	95.55	81.1	108.96	83.6
甲烷	13.46	11.4	12.63	9.7
氧化亚氮	5.94	5.0	5.93	4.6
含氟气体	2.84	2.4	2.84	2.2
合计	117.79	100.0	130.35	100.0

从温室气体构成看，中国 CO_2 和 CH_4 两种温室气体排放占比超过 90%。2018 年，中国 CO_2、CH_4、N_2O、HFCs、PFCs 和 SF_6 排放占比分别是 83.6%、9.7%、4.6%、1.4%、0.2% 和 0.6%（不包括 LULUCF）。能源活动是中国温室气体的主要排放源。2018 年中国能源活动排放量占温室气体总排放量（不包括 LULUCF）的 77.9%，工业生产过程、农业活动和废弃物处理的温室气体排放量所占比重分别为 14.5%、6.1% 和 1.5%（图 1-8）。

由于 CO_2 是我国温室气体的构成主体，本节主要对我国 CO_2 的排放情况进行详细分析。

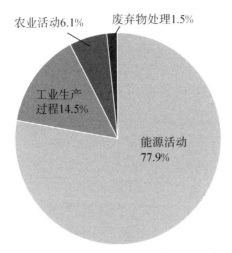

图 1-8　我国 2018 年温室气体排放构成

二、我国二氧化碳排放情况

自 2006 年起,中国成为全球最大的二氧化碳排放国。数据显示,2021 年中国二氧化碳排放量达到 114.7 亿吨,占全球总量的 1/3 左右。中国历年来的二氧化碳排放曲线在 2015—2016 年短暂下滑后于 2017 年再度快速上扬,整体排放曲线尚未趋于平缓,尚未进入排放平台期(图 1-9)。虽然中国的人均二氧化碳排放水平不高,但是单位 GDP 二氧化碳排放强度相对较高,其中能源相关的活动是主要的排放来源。以 2018 年为例,中国的人均二氧化碳排放量仅为 6.94 吨,这一数字显著低于所罗门群岛、科威特、加拿大和美国等其他国家的排放水平;然而,单位 GDP 二氧化碳排放量为 6.95 吨/万美元(图 1-10),高于发达国家平均水平和全球平均水平。自 2015 年以来,单位 GDP 二氧化碳排放量持续下降,到 2020 年已超额完成"十三五"期间下降 18% 的目标。

在中国,能源相关活动构成了二氧化碳排放的核心。《中国 2030 年碳达峰路径研究报告》由全球能源互联网发展合作组织发布。该报告显示 2019 年中国由能源活动产生的二氧化碳排放接近 98 亿吨,占全国排放总量的 87%。具体到能源的种类,燃煤发电和供热的排放量最大,占总量的 44%;紧随其后的是煤炭的直接燃烧,占 35%;而石油和天然气的排放量则分别占 15% 和 6%。在不同的能源活动领域中,能源的生产和转换、工业生产、交通运输及建筑业的二氧化碳排放量占全国排放总量的比例分别为 47%、36%、9% 和 8%。

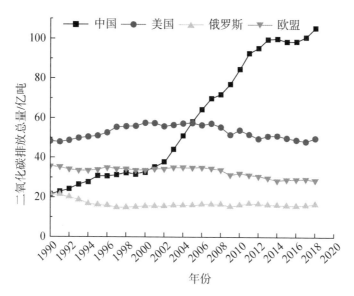

图 1-9 部分经济体二氧化碳排放总量

注:数据来源于世界银行。

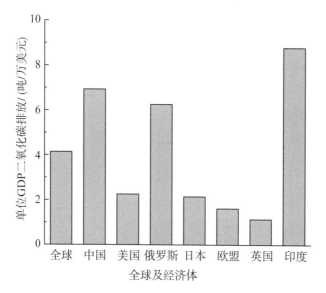

图 1-10 2018 年全球及部分经济体单位 GDP 二氧化碳排放比较

注:数据来源于国际能源署(IEA)。

2018 年中国 30 个省份二氧化碳排放情况见图 1-11。二氧化碳排放量排在前列的省份是山东、山西和河北,其排放量分别达到了 13.46 亿吨、8.55 亿吨和

8.52 亿吨；排在最后的是北京、海南和青海，其排放量分别为 1.18 亿吨、0.72 亿吨和 0.55 亿吨。若将人口纳入考量，宁夏、内蒙古和山西的人均二氧化碳排放量位居全国前列，分别是 34.31 吨、30.89 吨和 23.00 吨，明显高出其他省份（图1-12）。而人均二氧化碳排放偏少的省份是重庆、湖南和四川，分别是 4.36 吨、4.07 吨和 3.43 吨。从经济角度分析，有 14 个省份的单位 GDP 二氧化碳排放量高于全国平均值，尤其是北方的省份更为显著。宁夏、山西和内蒙古在这一指标上居前三位，其单位 GDP 二氧化碳排放量分别为 6.37 吨/万元、5.09 吨/万元和4.53 吨/万元，远超全国平均值。而在排放效率较高的省份中，重庆、广东和北京的单位 GDP 二氧化碳排放量最低，分别为 0.66 吨/万元、0.65 吨/万元和0.39 吨/万元。

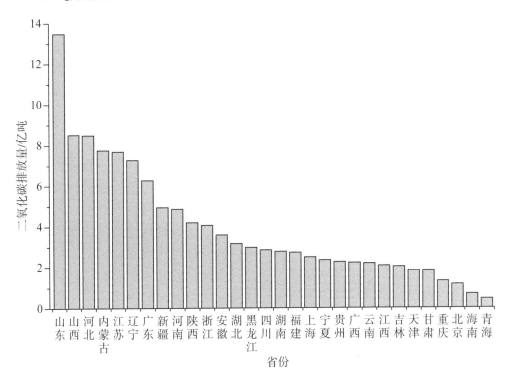

图 1-11　2018 年中国 30 个省份的二氧化碳排放量

注：数据来源于中国碳核算数据库（CEADs）。

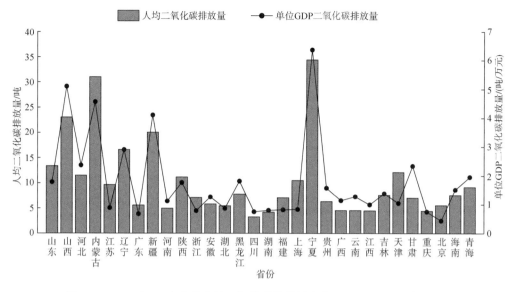

图 1-12　2018 年 30 个省份人均二氧化碳排放量和单位 GDP 二氧化碳排放量

注：数据来源于中国碳核算数据库。

从行业角度看，火力发电行业和制造业是我国二氧化碳排放的主要部门。在 2018 年，火力发电行业的二氧化碳排放量达到了 31.98 亿吨，其中绝大部分（约 97.24%）来源于煤炭的燃烧。同年，制造业的二氧化碳排放量为 25.10 亿吨，其中 92.13% 来源于煤炭和焦炭的燃烧。交通、仓储和邮政服务业也是重要的排放源，总排放量为 7.67 亿吨，其主要排放源头是汽油、煤油和柴油的使用。居民生活直接消费导致的二氧化碳排放量虽然只有 3.50 亿吨，但如果计入间接消费的排放，居民消费对排放总量的贡献率达到了 27.92%。在居民间接消费中，居住相关消费导致的排放是最大的一部分，占 48.06%，主要来自电力和热力的消耗，如家庭电器、电子产品以及取暖设备的广泛使用。

2020 年，我国的年能源消费总量达到了 4.98 亿吨标煤，其中煤炭消费的比例为 56.8%，比 2019 年上升了 2.2 个百分点。作为全球最大的煤炭生产及消费国，我国石油和天然气的进口依赖度分别达到了 73% 和 43%，这对能源安全构成了重大挑战。特别是在电力行业，尤其是煤电领域，供给和需求两侧都面临着巨大的压力。截至 2019 年末，我国煤电的装机容量达到了惊人的 10.4 亿千瓦，这占据了全球煤电装机容量的一半，且消耗了我国约 54% 的煤炭资源。在碳排放减少的诉求下，我国面临高昂的化石能源设施淘汰成本。

三、我国应对气候变化的历程

气候变化与人民福祉息息相关。长期以来,我国高度关注气候变化问题,视积极响应气候变化为推动国家经济和社会发展模式转变的关键机遇,在实践中秉持负责任的大国态度,不断探索符合中国国情的气候治理与低碳发展道路。

(一)兼顾经济发展需求,理性参与全球气候协作

在 1990—2000 年,我国以审慎科学的态度积极参与全球气候治理。在该阶段初期,我国将气候公约视为一项国际环保协定,并在气候变化谈判开启后,积极参与其中,成立了国家气候变化策略协调团队,并在国务院环境保护委员会的第十八届会议上,明确表达了我国处理全球环境问题的根本立场;同时,在 1992 年的里约热内卢联合国环境与发展会议中,我国成为首批签署《联合国气候变化框架公约》的国家之一,显示了积极参与国际合作的态度。

在国内气候治理体系建设的起步阶段,我国初步提出了气候变化与经济发展的协调共生理念。1993 年发布的《环境与发展十大对策》文件阐明了可持续发展道路是我国解决经济发展与环境问题的关键抉择;1994 年国务院第十六次常务会议审议通过的《中国 21 世纪议程》,被确定为实践可持续发展战略的行动指南,文件中强调经济发展是解决各种问题的基础,这反映了当时我国的首要任务是推进社会主义市场经济体系的建设,致力于经济的集约型增长,加快工业化与现代化步伐。同时,努力在摆脱西方经济及政治制裁的同时,快速融入国际社会,为我国的经济快速发展和改革开放政策营造一个稳定而有利的国际政治环境。

随着气候科学研究的不断深入以及气候公约的逐步完善,我国对气候变化问题的理解不断深化和升华。1997 年《京都议定书》通过后,我国以发展中国家身份履行相关义务,并在国内进行了一系列机构改革,如将国家气候协调小组改组为国家气候变化对策协调小组,同时将原属气象局的气候日常工作转交给国家发展计划委员会(后改组为国家发展和改革委员会,简称国家发展改革委)。在此进程中,我国对气候变化的理解已经从纯粹的环境科学问题扩展至发展议题,同时坚定不移地维护了作为发展中国家的立场。在应对环境挑战时,我国倡导在保证经济适度增长的同时,寻找与国家实际情况相契合的策略,并将这些策略有效整合到国家的发展规划之中。在国际舞台上,我国坚守"共同但有区别的责任"原则,认同应对气候变化是全人类的共同责任,同时也强调应根据各国的历史责任和实际能力来区别对待各国承担的气候责任。

(二)主动做出减碳承诺,积极参与全球气候治理体系构建

2001—2010 年,随着我国成为世界最大的碳排放国,国际社会对我国的减排要求日益提高。这一时期,我国对气候变化和环境问题的认识逐渐加深,认识到环境限制对于国家持续发展的重大挑战,并对气候治理与经济社会发展之间的密切关系有了更新的理解。在中国共产党第十七次全国代表大会上,我国首次提出"生态文明"的概念,并将其作为全面建设小康社会的新目标,这象征着我国的科学发展观的进一步发展。

在这一理念的引领下,我国逐步推出了一系列针对气候变化和生态环境管理的政策措施,制定了灵活而积极的目标计划和具体实施方案。2007 年,我国颁布了第一个全面的《中国应对气候变化国家方案》。其中,设定了至 2010 年的多项目标,包括:实现单位国内生产总值能源消耗比 2005 年降低 20%左右,相应减缓二氧化碳排放;力争使可再生能源开发利用总量(包括大水电)在一次能源供应结构中的比重提高到 10%左右;力争使工业生产过程的氧化亚氮排放稳定在 2005 年的水平上;努力实现森林覆盖率达到 20%,力争实现碳汇数量比 2005 年增加约 0.5 亿吨二氧化碳。

2009 年,胡锦涛主席在联合国气候变化峰会开幕式上发表题为《携手应对气候变化挑战》的重要讲话,明确指出,争取到 2020 年,单位国内生产总值二氧化碳排放比 2005 年有显著下降;非化石能源占一次能源消费比重达到 15%左右;森林面积比 2005 年增加 4000 万公顷,森林蓄积量比 2005 年增加 13 亿立方米;大力发展绿色经济,积极发展低碳和循环经济,研发和推广气候友好技术。同年 12 月,温家宝总理在哥本哈根气候大会上进一步明确了我国自主设定的减排目标,即到 2020 年单位国内生产总值二氧化碳排放比 2005 年下降 40%~45%,并强调这一目标的实现将不依赖任何外部条件,也不会与其他国家的减排承诺相挂钩。从 2010 年开始,我国全面推进生态保护、污染防治和资源节约转型升级,致力于建设高质量的生态文明体系,促使人与自然和谐相处。

我国在国内气候治理方面取得的进展,不仅极大地促进了国内的可持续发展,还在全球气候治理中发挥了积极作用,从而增强了我国在国际气候合作议题上的话语权。我国在国际舞台上展现了一种开放、积极和合作的态度,参与气候变化的多边谈判,努力推进全球气候治理体系的建立,使我国在这一领域的国际地位和影响力持续提升。针对发达国家在向发展中国家提供财政和技术援助方面存在的不足,2007 年,我国在"G8+5"峰会上首次表态,承诺在南南合作机制下向非洲国家和小岛屿发展中国家提供应对气候变化方面的支援,展示了我国

作为负责任大国的形象。在 2010 年的坎昆气候大会上,我国坚守发展中国家的立场,倡导建立绿色气候基金,并呼吁发达国家从 2020 年起每年拨款 1000 亿美元,帮助发展中国家加强气候变化治理和适应低碳发展,以此加速全球应对气候变化目标的实现进程。

(三)明确"双碳"战略,积极推动全球气候变化治理进程

从 2011 年起,我国在全球气候治理领域扮演的角色越来越主动和关键,逐渐成为重要的影响者和引领者。随着经济飞速发展,我国已经成为世界第二大经济体,绿色经济转型加速,综合国力显著提升,展现出一个现代、开放、未来导向的社会主义国家形象。在国内,气候治理和低碳发展策略不断加强和推进,特别是在 2015 年,我国确定了到 2030 年的自主行动目标:二氧化碳排放 2030 年左右达到峰值并争取尽早达峰。到 2019 年,我国已经提前实现了"到 2020 年碳排放强度比 2005 年下降 40%～45%"的目标。

在 2020 年联合国大会上,我国提出了更加宏伟的减排目标:二氧化碳排放力争于 2030 年前达到峰值,努力争取在 2060 年前实现碳中和。此外,我国还宣布更新和强化国家自主贡献目标,到 2030 年单位国内生产总值二氧化碳排放将比 2005 年下降 65% 以上,非化石能源占总能源消费比重将达到 25% 左右,森林蓄积量将比 2005 年增加 60 亿立方米,风电、太阳能发电总装机容量将达到 12 亿千瓦以上。这些新目标较 2015 年提出的目标有了更高的要求,并设定了力争在 2060 年前实现碳中和的具体时间表。在《中华人民共和国国民经济和社会发展第十四个五年规划和 2035 年远景目标纲要》中,我国将 2025 年单位国内生产总值二氧化碳排放比 2020 年降低 18% 作为强约束性指标。2021 年,我国宣布将不再建设新的境外煤电项目,展现了对气候变化应对的实际行动。

此外,我国还发布了多项政策文件,战略布局绿色低碳发展。例如,2011 年末,我国出台了《"十二五"控制温室气体排放工作方案》,探索建立碳排放交易市场,发挥市场在减排中的关键作用,为 2021 年全国碳市场启动打下基础。2018 年,生态文明建设被正式纳入宪法,标志着从政策理念到法治规范的转变。2021 年,我国发布《关于全面推进碳达峰碳中和工作的意见》,将碳达峰和碳中和纳入国家经济社会发展大局,推动绿色低碳高质量发展,并为"双碳"目标实施制定了详细方案。同年 10 月,《中国应对气候变化的政策与行动》白皮书提出,提高我国应对气候变化的整体能力和水平。

自哥本哈根气候大会以来,一些新兴国家在全球治理中的地位从边缘走向中心,展现了深度参与国际事务和全球治理、提升国际影响力的决心。但与此同

时，一些国家退出《巴黎协定》，全球气候治理面临领导力缺失、技术和资金缺乏的挑战，进入低潮期。在此背景下，经过二十余年在国际气候协商中的锤炼，我国对于全球气候治理的规则、运作机制及其对国际和国内的影响有了深刻的认识和丰富的经验。随着国家综合实力的显著增强，我国参与全球气候治理的意愿和能力显著提升，在国际气候治理领域的立场也从以往的保守转变为更加主动，提出共建共享的全球治理理念，并通过推进"一带一路"倡议，强调了作为负责任的大国角色，积极促进全球治理体系的改革和建设，在构建全球生态文明和推动气候变化国际合作中发挥领导作用，国际社会对我国在国际气候治理中发挥更大领导角色的期待日增。

自 2015 年以来，我国在风能、太阳能等可再生能源领域取得显著进展，展现出成为 21 世纪绿色强国的潜力，具备了作为"负责任相关利益者"及寻求国际秩序改革的"新兴强国"的能力，能够领导国际气候变化治理。从 2014 年起，我国在全球气候治理上发挥了重要作用，不仅推动了《巴黎协定》的签署，还开展了南南气候合作，启动了全国统一的碳排放交易市场，大力推动可再生能源的发展和生态环境的保护，树立了积极进取的国际形象。凭借开放、合作、高度负责的态度，我国在全球赢得了极高的声誉。

我国已经从一名全球气候治理的谨慎参与者，逐渐演变为国际气候规范制定的关键推动力量，成为了全球气候治理的重要贡献者和引领者。我国积极响应《京都议定书》的清洁发展机制（CDM），截至 2013 年底，我国的 CDM 项目签发量已占全球总量的 60% 以上。此外，我国与世界各地其他国家开展了广泛合作，到 2022 年中，已与 38 个国家签署了 43 份应对气候变化的合作文件，努力帮助发展中国家提升应对气候变化的能力，获得了国际社会的广泛称赞。

四、国内关键领域主要减碳举措

（一）能源领域

为实现碳达峰和碳中和目标，中国在能源领域采取了一系列极具战略性和针对性的减碳举措，并在全国各省份进行了广泛而深入的实施。在能源结构调整中，我国大力发展可再生能源，在国家层面提出大幅提高非化石能源占一次能源消费的比重，重点发展风能、太阳能、水能、生物质能等可再生能源。例如青海、甘肃、内蒙古等地依托丰富的风光资源建设大型风光电基地；沿海省份如江苏、浙江、福建等大力发展海上风电。在抑制煤炭消费增长方面，通过关闭退出落后煤矿、实施煤炭消费减量替代等措施，逐渐降低煤炭在能源结构中的比重。

山西、河南、内蒙古等煤炭主产区加快推动能源转型,发展清洁能源产业。在提高能源利用效率方面,实施能效提升工程,推进重点用能设备能效提升,推广高效节能技术和产品。各省份在工业、建筑、交通等领域全面实施节能改造项目,如山东、河北等工业大省通过提升高耗能行业能效标准,降低单位产值能耗。在发展智慧能源系统方面,鼓励运用物联网、大数据等先进技术,实现能源精细化管理和优化配置。各地试点建设综合能源服务站、智能微电网等项目,如北京、上海等地积极探索智慧城市能源解决方案。在核能利用方面,积极发展安全高效的核电,提高核能在电力供应中的占比,浙江、广东等地已建有多座核电站,并继续推进新项目的核准和建设。在电力体制改革与电力市场建设方面,不断建立健全电力市场,推广绿电交易和碳市场机制,让清洁能源得到市场价值体现。各地参与全国统一电力市场建设,允许绿色电力优先上网,如广东、江苏等地率先开展绿电交易试点。在推进能源互联网建设方面,推进构建适应高比例可再生能源接入的能源互联网,提高电力系统的灵活性和稳定性。各地积极探索分布式能源、储能设施与电网的有效融合,如宁夏、新疆等地在新能源并网方面取得了显著成果。

总之,中国在能源领域的减碳工作涵盖了从顶层规划设计到地方具体操作的方方面面,通过创新驱动、结构优化、技术进步和市场机制改革等多重手段,全面推进能源绿色低碳转型。各省份在此过程中也结合自身资源禀赋和产业基础,积极实施符合本地实际的减碳举措。

（二）工业领域

中国作为世界上最大的工业国之一,在实现碳达峰碳中和目标的过程中,工业领域的减碳任务尤为艰巨且关键。为应对这一挑战,中国政府及各省份采取了多项有力措施。在产业结构调整优化方面,国家强调淘汰落后产能,限制高耗能、高排放产业扩张,支持战略性新兴产业和现代服务业发展,通过产业结构优化实现源头减碳。例如,逐步压缩钢铁、煤炭等行业过剩产能,扶持新能源、新材料等低碳产业。各地依据实际情况制定产业结构调整规划,如河北、山西等地大力削减过剩钢铁产能,而江苏、广东等地加速培育和发展新一代信息技术、高端装备制造等低碳产业集群。在能源结构清洁低碳转型方面,要求提高清洁能源使用比例,鼓励在工业生产中采用风能、太阳能等可再生能源替代传统化石能源,推进煤电清洁化改造,如内蒙古、新疆等风电、光电资源丰富的地区加快构建清洁能源电力供应体系。在能源效率提升方面,实施能效领跑者制度,推广高效电机、变压器等节能技术和装备,提高工业用能效率。各地积极推动企业能效对标达标活动,如山东实施"百户企业节能低碳行动"。在低碳技术创新与应用方面,加大科研投入,研发和推广低碳工艺技术,包括但不限于CCUS技术、工业余热回收利用技术、循环经济与资源综合利用技术等。各地积极落地实施低碳技术改造项目,例如,天津、上海等地设立了低碳技术示范园区,引导、支持企业引进和自主研发低碳技术。在节能和清洁生产审核制度方面,实施强制性的企业能源审计和清洁生产审核,要求企业持续改进生产工艺、设备和管理,降低单位产品能耗和碳排放。各省份严格执行相关法律法规,如广东全面实施企业节能审查制度,对新建和改扩建项目实行严格的能源消费强度与总量双控。在绿色制造体系建设方面,推进绿色工厂、绿色供应链、绿色产品等绿色制造体系认证,鼓励企业建立全生命周期绿色管理体系。许多省份涌现出一批国家级绿色工厂,如安徽、浙江等地的企业积极开展绿色制造体系示范创建工作。在政策支持与市场机制方面,制定并完善相关的法律法规和政策措施,包括碳排放权交易制度、差别电价政策、节能奖励政策等,以市场化手段倒逼企业主动减碳。各地积极参与全国碳排放权交易市场建设,如江苏、湖北等地的企业被纳入首批碳排放权交易市场覆盖范围。

总之,中国在工业领域减碳过程中,坚持政策引导与市场机制并举,注重技术创新与模式改革,通过优化产业结构、转变能源结构、推广低碳技术、强化节能管理以及建立健全绿色制造体系等多元路径,努力推动工业领域低碳转型。各省份在遵循国家整体战略的同时,紧密结合地域特点和产业优势,创造性地推进各项减碳举措的落地实施。

(三)交通领域

中国在交通领域实现碳达峰碳中和目标的过程中,采取了一系列多维度、全方位的减碳措施,并在各个省份因地制宜地加以落实。在提高电气化程度方面,中央政府大力支持电动汽车产业的发展,鼓励消费者购买新能源汽车,并通过补贴、税收优惠等政策降低其购置成本。许多省份(如广东、上海、北京等)已大规模推广新能源公交车、出租车及网约车,同时加快充电基础设施网络建设。在优化运输结构方面,发展公共交通与非机动交通,鼓励绿色出行,各地纷纷构建完善的公交、地铁、共享单车等公共出行系统,减少对私家车的依赖。例如,深圳市提出打造全球首个纯电动公交都市,浙江则积极推进城乡公交一体化。在货物运输方式转变方面,引导大宗货物由公路运输转向铁路运输和水路运输,减轻公路运输压力,从而降低碳排放。比如京津冀、长三角、珠三角地区正在强化公铁联运、海铁联运,以提高运输效率并减少碳排放。在技术创新与产业升级方面,在全国范围内逐步提高汽车燃油消耗限值标准,推动汽车制造业研发更高效节能的车型。推广燃料电池汽车、氢能汽车等新型清洁能源交通工具,部分省份(如山东、广东)在氢能产业链布局上已有实质性进展。在绿色交通体系建设方面,按照交通运输部的规划,全国各地创建了100个绿色出行城市,这些城市通过智能化交通管理、道路绿化、节能减排设施建设等方式实现了交通系统的低碳运行。在交通工程建设节能方面,在新建和改扩建公路项目中,严格实施节能评估和审查制度,采用节能环保材料和技术。

(四)建筑领域

中国在建筑领域推进碳达峰碳中和目标的过程中,采取了一系列涵盖设计、施工、运营全过程的减碳举措,并在各个省份依据当地资源条件和市场需求加以实施。在提升建筑节能标准方面,在全国范围内升级建筑设计规范和节能标准,强制要求新建建筑符合更高的能效要求,如推广绿色建筑评价标识制度,鼓励超低能耗建筑和近零能耗建筑的建设。各地积极响应,如北京率先实施更为严格的节能设计标准,上海、广东也加大了绿色建筑推广力度。在优化建筑运行能效方面,加强既有建筑节能改造,尤其是对大型公共建筑进行能效提升改造,包括更换高效节能设备、改进空调系统、加强建筑围护结构保温性能等。各省份结合本地实际开展节能改造工程,如江苏启动"绿色建筑提质增效"行动计划,山东全面推进建筑能效提升工程。在推广可再生能源利用方面,要求在建筑中广泛应用太阳能热水系统、光伏建筑一体化(BIPV)、地源热泵等可再生能源技术,降低建筑运行阶段的化石能源消费。内蒙古、甘肃、新疆等地因日照充足,大力发展光伏建筑一体化项目;南方一些省份则利用地缘优势,推行地热能、空气源热泵等技术。在建筑材料和工艺方面,鼓励绿色建材生产和应用,减少建材生产过程中的碳排放,推广装配式建筑和循环利用材料。如湖南、浙江、广东等地积极推动装配式建筑产业发展,促进工业化和信息化深度融合,减少现场湿作业和废弃物排放。在建筑生命周期管理方面,探索实施建筑全生命周期碳排放核算与管理,从规划设计、施工建造到运营管理,全程考虑低碳因素。多地开展绿色建筑示范项目,探索建筑碳排放核算体系,建立建筑碳排放数据库。

(五)绿色低碳科技创新领域

中国不同地区在绿色低碳科技创新领域纷纷采取了一系列针对性的政策、措施和实践,取得了显著的成效。在绿色低碳科技创新领域,各个省份一方面通过制定和执行相应政策,优化能源结构,鼓励绿色技术研发与应用;另一方面,强化产学研合作,推动科技成果转化,培养绿色低碳产业,不断提升创新能力,为实现碳达峰碳中和目标奠定了坚实基础。此外,各地还因地制宜,充分利用各自资源禀赋,发展特色低碳技术与产业,全面推动经济社会绿色低碳转型。

依据国务院发布的《2030 年前碳达峰行动方案》,江西积极落实国家生态文明建设的战略部署,出台了一系列政策文件,指导和推动绿色低碳技术研发与应用。比如,响应国家发改委等部门的要求,编制《绿色低碳转型产业指导目录》,引导产业结构向绿色低碳方向优化升级。组织实施了一系列碳达峰碳中和科技创新专项项目,如"江西省绿色建筑低碳设计方法与关键技术研究及示范"项目,通过揭榜挂帅的方式调动科研力量,推动绿色建筑设计技术的研究与实际应用。同时,江西积极推动绿色金融改革,创新金融工具支持绿色低碳产业的发展。例如,赣江新区成功发行了全省首单科技创新低碳转型挂钩可续期公司债券,这种金融创新手段既解决了低碳转型项目的长期资金需求,又将金融资源配置与企业的低碳转型绩效紧密挂钩,极大地促进了科技创新与绿色金融的融合发展。江西省政府携手多部委共同主办"世界低碳与生态经济大会",搭建起国内外绿色低碳技术交流与合作平台,推动科技成果快速转化为生产力。此外,通过支持和建设污染协同防控创新实践基地等项目,加速了生态环境前沿科学技术的应用和推广。

吉林则致力于加强基础研究创新能力的建设,在绿色低碳科技创新领域采取了一系列积极有效的措施,取得了显著的成效。吉林省政府响应国家号召,深入贯彻"双碳"战略,制定了相应的科技创新发展规划和政策导向,引导和支持企业在绿色低碳技术的研发和应用上加大投入。例如《"十四五"能源领域科技创新规划》明确了以绿色低碳为发展方向,加快前瞻性、颠覆性技术创新的步伐。吉林企业积极响应绿色低碳转型,大力推广绿色低碳技术创新和应用,发展新能源和清洁能源项目,如白山凯瑞新能源公司的光伏电池封装项目,不仅提高了企业的经济效益,也为当地产业结构调整和能源结构优化做出了贡献;吉林石化公司等大型国有企业也积极参与绿色低碳项目建设,如新建的年产 120 万吨乙烯装置,体现了该企业对绿色低碳工艺的重视和投资,有利于带动整个产业链的低碳化升级。此外,吉林同时积极促进绿色低碳科技创新中心的发展,激励企业与高等院校、科研机构进行深层次的合作,支持和培养绿色低碳行业中的创新先锋企业,持续提升企业在技术革新中的核心作用,承接国家及省级的重点和重大科技项目。

湖南省政府高度重视绿色低碳科技创新,先后发布了《湖南省科技支撑碳达峰碳中和实施方案(2022—2030 年)》等一系列政策文件,明确科技创新在实现碳达峰碳中和目标中的关键作用,并整合多方资源,建立起涵盖能源、工业、建筑、交通、农林等五大领域的绿色低碳科技创新体系。持续加大对绿色低碳技术的财政支持力度,整合了国家、省、市各级财政科技经费数十亿元,支持实施了200多个重大科技项目,这些项目涵盖了清洁低碳技术的开发与推广,有效促进了关键技术的突破与产业化应用。另外,湖南定期发布绿色低碳典型案例,树立了区域内的绿色低碳标杆,激发全社会绿色低碳发展的积极性。通过举办全国低碳日湖南主场活动等形式,展示了湖南在绿色低碳技术应用上的显著成效,引导社会各界广泛关注和参与绿色低碳行动。

第四节　对省域低碳发展的启示

浙江省是用能大省,且能源消费量仍在增长,碳排放尚未达峰。从强度看,2020 年浙江省能耗强度为 0.41 吨标煤/万元,碳排放强度为 0.76 吨二氧化碳/万元,与发达经济体和先进省份相比总体偏高。能耗强度与韩国基本持平,高于美国、欧盟、日本等发达经济体,也高于广东、江苏等先进省份;碳排放强度远高于美国、欧盟、日本、韩国等发达经济体,与江苏基本持平,远高于广东。从人均强度看,2020 年浙江人均能耗为 3.82 吨标煤,人均二氧化碳排放量为 7.02 吨,与发达经济体相比处于较低水平。人均能耗和人均碳排放强度高于广东,低于江苏,也远低于美国、韩国和日本等发达经济体。

浙江面临在未来十年达到碳排放峰值,以及在未来四十年实现碳中和的目标,需要从目前依赖高碳排放的经济发展模式,逐渐过渡到一个零碳排放的社会经济发展模式,这一转变时间紧迫、任务艰巨、挑战巨大。同时,浙江致力于在实现碳达峰碳中和目标上走在全国的前列,寻求领先发展。因此,总结欧美主要先进国家和国内先进地区的主要减排措施,对浙江实现碳达峰碳中和路径的选择和相关政策的制定,具有重要的启示作用。

从国外主要国家碳达峰碳中和路径以及我国各地碳达峰方案设计思路来看,主要有以下几点启示。

一、工业化和城镇化进程构成了碳达峰的关键背景

发达国家大多遵循了先碳排放强度达峰,继而碳排放总量和人均碳排放量近乎同时达到峰值的发展规律。尽管各国在达峰时的人均 GDP 水平存在显著差异,但城镇化率普遍达到了 70%,工业化和城镇基础设施建设基本完成,人口

聚集促使第三产业兴旺发展,产业结构渐趋以技术密集型为主导,为碳达峰创造了必要条件。以浙江为例,2020年城镇户籍人口占比达到53.42%,地区间城镇化水平差距明显,杭州、宁波、温州、舟山、嘉兴和绍兴等地城镇化率超过70%。随着社会经济持续发展,人口继续向城市群集聚,城镇化水平的不断提升将促进产业结构变化,进而推动碳达峰进程。

二、优化能源结构是实现碳达峰碳中和的核心路径

借鉴发达国家经验,通过调整和改善能源结构,逐步减少乃至摆脱对煤炭和石油的依赖,增加低碳排放的天然气在能源消费中的占比,同时积极推进可再生能源、水力发电(水电)、核能等清洁能源的发展,构筑以清洁能源为核心的能源系统,是实现碳达峰碳中和目标的关键。在全球层面,国家实施的碳中和策略普遍关注降低化石能源发电、减少煤炭使用量,同时提高风能、水能、太阳能以及生物质能等清洁能源在能源产量中的比重,并推进氢能的开发与应用,逐渐转变传统的基于石油的能源模式。

三、重点行业节能降耗是实现碳达峰碳中和的核心举措

通过进一步优化产业结构,推动战略性新兴产业纵深发展,提升各产业能源使用效率,降低重点行业的能源消费,这对于实现碳达峰碳中和目标至关重要。国内外通行的做法包括:在工业领域淘汰落后产能,加快天然气替代煤炭和电力替代煤炭的进程;促进制造业与服务业融合互动,推动现代服务业与传统服务业互促共进,加速服务业创新发展和新动能积累,减少各产业对化石能源的依赖,倡导低碳生活方式和消费模式,努力实现经济发展与碳排放解耦。

四、构建低碳交通及建筑体系是实现碳达峰碳中和的关键环节

发达国家已完成工业化进程,其交通和建筑部门各自约占据碳排放总量的1/3,成为主要排放源头。欧洲早在2018年就推出了气候中和经济的长远战略设想,倡导清洁互联的交通系统、智能网络基础设施、零排放建筑以及完全脱碳的能源供应体系,并在2019年《欧洲绿色协议》中重申了发展清洁、可负担和安全能源以及可持续与智能交通系统,实现建筑高能效改造,向着清洁化、电气化、智能化的方向迈进。英国政府发布了能源白皮书,除了宣布推进零碳电力系统建设,还着重强调了居民供暖低碳替代技术方案的实施,建立低碳产业集群,并逐步淘汰汽油和柴油汽车。

五、新技术研发和部署为实现碳达峰碳中和提供重要保障

欧美高度重视引导公共和私人部门加大对储能、可持续燃料、氢能以及碳捕集、利用与封存技术等关键技术领域的研发投入。欧盟和日本明确提出要在能源供应、工业生产和交通等多个领域广泛部署氢能技术。多国已经开始研究生物能源与碳捕集和封存（BECCS）、直接空气捕集（DAC）等负排放技术。日本计划于 2023 年开始对负排放技术进行商业化的初步探索。

第五节　本章小结

本章较全面地分析了国际和国内的碳减排现状，并提炼总结了可学习借鉴的经验。总的来说，全球应对气候变化分为五个阶段，在现阶段各国已基本对积极应对气候变化达成共识。占世界经济 70％和全球二氧化碳排放 65％的国家已承诺实现净零排放，但各国在气候治理上的努力至今未能有效阻止全球变暖加速，2020 年大气中吸热温室气体的年增长率高出 2011—2020 年的平均水平，且之后仍将延续这一趋势。

从世界范围来看，全球已有 54 个国家的碳排放实现达峰，占全球碳排放总量的 40％，136 个国家和地区承诺实现碳中和。其减排路径主要集中在推动能源转型尤其是电力脱碳，大力发展循环经济和提高能源效率，推广电气化交通，加大绿色建材和绿色施工推广力度等方面。除此之外，各主要发达国家普遍把氢能、可再生能源、碳捕集和封存技术等作为重点布局的领域。我国积极参与国际社会推动达成碳达峰碳中和目标的工作，构建并持续优化以"1＋N"为框架的碳达峰碳中和政策体系。相关部门陆续推出 40 余个覆盖能源转型、节能减排、工业发展、城镇建设以及交通运输等多个领域的政策文件。国内不同地区和行业根据自身条件，制定具体的碳达峰实施计划并落实相关措施，进一步完善了工作机制，在"双碳"目标实现方面已取得积极的成果。浙江省作为中国用能大省，逐步调整当前以高碳为主的经济结构，向零碳社会迈进，其时间紧、任务重、挑战大。本章从实现碳达峰碳中和的主要路线、重要措施、关键环节和重要保障等几个方面总结了发达国家的主要做法，为浙江省以及我国其他地区的"双碳"工作提供借鉴。

第二章　浙江省碳排放历史趋势分析

开展地区碳排放现状及关键源分析,是推进构建深度减排路径的前提。基于此,本章通过收集中国碳核算数据库(CEADs)、《中国能源统计年鉴》等相关数据,在计算 2000—2019 年浙江省二氧化碳排放总量、结构、强度数据的基础上,分析了相关的变化趋势,并与相关发达省份进行对比,分析研判了浙江省碳排放的总体形势。

第一节　数据与方法

一、测算方法

(一)分部门核算

本节采用的排放因子法和部门核算法源自联合国政府间气候变化专门委员会(IPCC)编制的《2006 年 IPCC 国家温室气体清单指南》《IPCC 2006 年国家温室气体清单指南(2019 修订版)》。根据 IPCC 生产者责任方法,结合不同部门、不同层次,自下而上综合核算 2000—2019 年浙江省二氧化碳排放量。具体针对浙江省农林牧渔、油气开采、食品加工、机械制造等 47 个社会经济部门使用原煤、焦炭、汽柴油、天然气等 17 种化石能源产生的二氧化碳排放,形成了架构明晰的部门碳排放清单,同时计入电力间接排放量。

(二)分领域核算

根据上述分部门二氧化碳排放量核算结果,进一步将浙江省 47 个社会经济部门分为六大领域,即能源、工业、建筑、交通、农业、居民生活领域,建立更高层级的碳排放清单。碳排放源六大领域及其细分社会经济部门见表 2-1。

表 2-1　碳排放源六大领域及细分社会经济部门

领域	社会经济部门
能源领域	电力、蒸汽、热水的生产和供应;天然气的生产及供应;调入调出电力①
工业领域	煤炭采选;石油和天然气开采;黑色金属矿采选;有色金属矿采选;非金属矿采选;其他金属矿采选;木材、竹子的采伐与运输;食品加工;粮食生产;饮料生产;烟草加工;纺织工业;服装和其他纤维产品;家具制造;造纸及纸制品;石油加工及炼焦;化工原料及化工产品;橡胶制品;塑料制品;金属制品;普通机械;运输设备;电器设备及机械;电子及通信设备;仪器、仪表、文化和办公机械;其他制造业等部门
建筑领域	建设;批发、零售贸易和餐饮服务;其他
交通领域	运输、仓储、邮电服务;农业、工业、建筑、居民生活等汽柴油消费
农业领域	农、林、牧、渔、水利
居民生活领域	城市;农村

基于六大领域二氧化碳排放的实际情况,在核算过程中对电力调入调出产生的隐含碳排放进行优化调整,该部分二氧化碳排放量采用消费端方法测算,并纳入能源领域核算。核算公式为:

$$EC_s = EC_l + EC_{imp} - EC_{exp} \qquad (2\text{-}1)$$

其中,EC_s 为电力生产消费相关活动产生的二氧化碳排放量;EC_l 为本地电力生产产生的二氧化碳排放量;EC_{imp} 为调入电力产生的二氧化碳排放量;EC_{exp} 为调出电力产生的二氧化碳排放量。

$$EC_i = E_j \times F_p \qquad (2\text{-}2)$$

其中,EC_i 为净调入调出电力产生的二氧化碳排放量;E_j 为净调入调出电力量;F_p 为浙江省省级电网平均二氧化碳排放因子。

二、数据来源

2000—2019 年浙江省部门二氧化碳排放数据来源于中国碳核算数据库(CEADs);能源数据来源于 2000—2019 年国家统计局发布的《中国能源统计年鉴》;燃料、建筑、运输方式的排放因子取自《IPCC 2006 年国家温室气体清单指南(2019 修订版)》;电力排放因子取自生态环境部发布的 2010 年、2012 年及

---

① 将净调入调出电力部分间接排放计入能源领域二氧化碳排放中;由于净调入调出电力的电源结构难以拆分,电力排放因子采用浙江省省级电网平均二氧化碳排放因子。

2018年《省级电网平均二氧化碳排放因子》，考虑到2010年之前以火力发电为主，排放因子变化较小，2000—2010年的电网平均碳排放因子参照2010年，后续缺失年份数据采取几何平均法计算递推；GDP、人口、能源消费量、电力生产量、机动车保有量[①]等辅助社会经济数据来源于各年度的《浙江省统计年鉴》和相关官方报告。结合数据统计口径调整和数据校核，对部分数据进行处理。

第二节 浙江省二氧化碳排放基本情况

一、浙江省二氧化碳排放总量变化趋势

2000—2019年，浙江省的二氧化碳排放总量[②]、经济增长、能源消费总量均保持增长态势，但不同时期各指标增长率存在较大差异（表2-2）。浙江省二氧化碳排放总量从2000年的13459万吨增至2019年的44032万吨，增长了2.27倍，年均增长率为6.44%；GDP从2000年的6165亿元增至2019年的38328亿元（2000年可比价），增长了5.22倍，年均增长率为10.10%；能源消费总量从2000年的6560万吨标煤增至2019年的22393万吨标煤，增长了2.41倍，年均增长率为6.68%。

2000—2010年为浙江省二氧化碳排放快速增长期，在该时期内浙江省二氧化碳排放总量呈阶梯式快速上升（图2-1）。二氧化碳排放总量从2000年的13459万吨增长至37841万吨，增长了1.81倍，最高增速为21.40%（2004年），年均增长率为10.89%；GDP从2000年的6165亿元攀升至19535亿元（2000年可比价），最高增幅为14.50%（2007年），年均增长率为12.23%；能源消费总量从2000年的6560万吨标煤增长至16865万吨标煤，最高增幅为26.80%（2002年），年均增长率为9.90%。从增速来看，2001—2005年，浙江省二氧化碳排放增速滞后于能源消费，GDP保持每年10%以上的高速增长，呈现出能源消费增速与二氧化碳排放增速快于GDP增速的态势；2005—2010年，能源消费增速和二氧化碳排放增速较上一个五年时期放缓明显，逐渐转变成GDP增速快于二氧化碳排放增速和能源消费增速的格局。

①数据来源于浙江省公安厅交通管理局报告。
②统计边界为能源活动产生的二氧化碳排放量。

表 2-2　2000—2019 年浙江省二氧化碳排放总量、能源消费总量和 GDP

年份	二氧化碳排放总量/万吨	能源消费总量/万吨标煤	GDP/亿元（2000年可比价）
2000	13459	6560	6165
2001	14731	6530	6812
2002	16522	8280	7650
2003	18860	9523	8721
2004	22896	10825	9968
2005	26850	12032	11204
2006	30003	13219	12728
2007	33277	14524	14573
2008	34305	15107	16045
2009	35353	15567	17473
2010	37841	16865	19535
2011	40470	17827	21293
2012	40493	18076	22997
2013	41631	18640	24883
2014	41736	18826	26774
2015	41091	19610	28916
2016	41292	20276	31084
2017	43260	21030	33509
2018	44624	21675	35888
2019	44032	22393	38328

注：数据来源于 CEADs、历年《浙江省统计年鉴》。

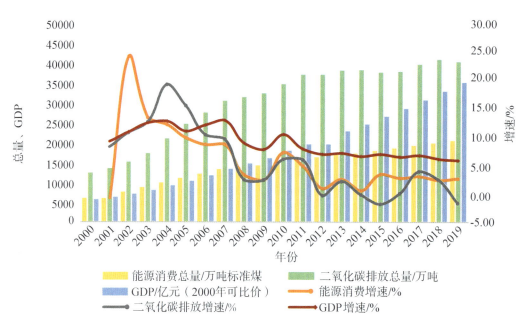

图 2-1　2000—2019 年浙江省 GDP、二氧化碳排放总量、能源消费总量及增速趋势
注：数据来源于 CEADs、历年《浙江省统计年鉴》。

2011—2019 年为浙江省碳排放平稳增长期(图 2-1),二氧化碳排放总量从 2011 年的 40470 万吨增至 2019 年的 44032 万吨,增长了 8.8%,最高增速为 6.95%(2011 年),年均增长率为 1.06%;GDP 从 2011 年的 21293 亿元增至 2019 年的 38328 亿元(均为 2000 年可比价),增长了 80%,最高增速为 9.00% (2011 年),年均增长率为 7.62%;能源消费总量从 2011 年的 17827 万吨标煤增长至 22393 万吨标煤,增长了 25.61%,最高增幅为 5.70%(2011 年),年均增长率为 2.89%。相较于前一个时期,该时期碳排放和能源消费总量仍持续增长,但增速均大幅下降。"十三五"时期,我国开始执行能耗双控制度。浙江省能源消费增速稳定处于较低水平,与之息息相关的碳排放也出现负向增长;GDP 保持高质量增长态势;在该时期总体呈现出 GDP 增速>能源消费增速>二氧化碳排放增速的新格局。

二、浙江省能耗强度、碳排放强度变化趋势[①]

2000—2019 年,浙江省能耗强度、碳排放强度总体呈现下降态势,两项指标增速存在明显阶段性差异,且与二氧化碳排放增速走势相关,具体见表 2-3 和图 2-2。能耗强度从 2000 年 1.06 吨标煤/万元减少至 2019 年 0.58 吨标煤/万元,下降 45.10%,年均下降率为 3.11%;从碳排放强度来看,从 2000 年 2.18 万吨二氧化碳/万元减少至 2019 年的 1.15 万吨二氧化碳/万元,下降 47.38%,年均下降率为 3.32%,碳排放强度下降明显快于能耗强度下降。根据碳排放强度指标总体变化趋势,可将该阶段分为两个时期:2000—2007 年缓慢下降期及 2008—2019 年快速下降期。

2000—2007 年,浙江省能耗强度和碳排放强度均处于历史高位,能耗强度虽呈下降趋势但降速缓慢。能耗强度从 2000 年 1.06 吨标煤/万元减少至 2007 年 1.00 吨标煤/万元,年均下降率为 0.93%,但 2007 年能耗强度仍高出 2000—2019 年的历史均值(0.87 吨标煤/万元)15.15%;碳排放强度从 2000 年 2.18 吨二氧化碳/万元减少至 2007 年的 2.28 吨二氧化碳/万元,上升了 4.59%,碳排放强度均值为 2.25 吨二氧化碳/万元,显著高于 2000—2019 年平均水平(1.87 吨二氧化碳/万元)。

---

① 能耗强度为地区能源消费总量(吨标煤)与 GDP(万元)之比,碳排放强度为地区二氧化碳排放总量(吨二氧化碳)与 GDP(万元)之比。

表 2-3　2000—2019 年间浙江省能耗强度与碳排放强度走势

年份	能耗强度/（吨标煤/万元）	碳排放强度/（吨二氧化碳/万元）	能耗强度增速/%	碳强度增速/%	二氧化碳排放增速/%
2000	1.06	2.18			
2001	0.96	2.16	−9.92	−0.96	9.44
2002	1.08	2.16	12.91	−0.12	12.16
2003	1.09	2.16	0.89	0.14	14.15
2004	1.09	2.30	−0.55	6.21	21.40
2005	1.07	2.40	−1.11	4.33	17.27
2006	1.04	2.36	−3.29	−1.64	11.74
2007	1.00	2.28	−4.04	−3.13	10.91
2008	0.94	2.14	−5.53	−6.37	3.09
2009	0.89	2.02	−5.38	−5.37	3.05
2010	0.86	1.94	−3.10	−4.26	7.04
2011	0.84	1.90	−3.02	−1.88	6.95
2012	0.79	1.76	−6.11	−7.36	0.06
2013	0.75	1.67	−4.69	−4.98	2.81
2014	0.70	1.56	−6.14	−6.83	0.25
2015	0.68	1.42	−3.55	−8.84	−1.55
2016	0.65	1.33	−3.82	−6.52	0.49
2017	0.63	1.29	−3.79	−2.81	4.77
2018	0.60	1.24	−3.77	−3.69	3.15
2019	0.58	1.15	−3.27	−7.61	−1.33

注：数据来源于 CEADs、历年《浙江省统计年鉴》。

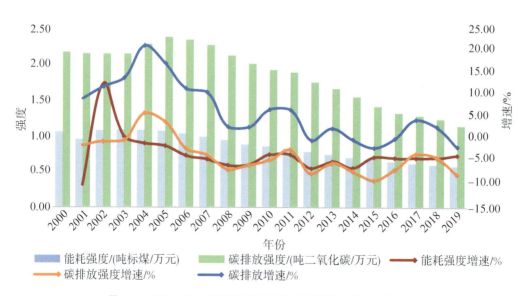

图 2-2　2000—2019 年浙江省能耗强度及碳排放强度变化趋势

注：数据来源于 CEADs、历年《浙江省统计年鉴》。

2008—2019 年,浙江省能耗强度和碳排放强度均出现持续大幅下降。能耗强度从 2008 年的 0.94 吨标煤/万元减少至 2019 年 0.58 吨标煤/万元,下降 37.95％,年均下降率为 4.25％;碳排放强度从 2008 年 2.14 吨二氧化碳/万元大幅减少至 2019 年 1.15 吨二氧化碳/万元,降幅达到 46.27％,年均下降率为 5.49％。相较于 2000—2007 年,该时期能耗强度和碳排放强度年均降速明显增快。

第三节　浙江省二氧化碳排放结构

浙江省二氧化碳排放来源组成结构清晰,可归为六大领域:能源、工业、建筑、交通、农业、居民生活。其中能源和工业二氧化碳排放占比最高,两大领域二氧化碳排放量占二氧化碳排放总量的 80％以上。2000—2019 年,浙江省分领域二氧化碳排放数据见表 2-4,各领域二氧化碳排放占比如图 2-3 所示。

表 2-4　2000—2019 年浙江省分领域二氧化碳排放数据

(单位:万吨)

年份	能源	工业	建筑	交通	农业	居民生活
2000	8068.11	3249.85	425.15	763.73	495.75	456.88
2001	8983.62	3419.33	456.69	901.77	511.45	457.65
2002	10106.87	3915.88	474.67	983.33	598.39	442.81
2003	11633.05	4496.95	516.89	1128.60	598.36	486.66
2004	14357.57	5727.25	441.98	1271.84	573.67	523.55
2005	16604.11	6670.55	634.21	1482.66	610.77	848.08
2006	18944.34	7212.53	626.49	1695.61	620.73	903.16
2007	21444.44	7596.03	715.56	1876.29	640.60	1003.80
2008	21836.72	7963.98	748.44	2036.72	627.52	1092.10
2009	22422.18	8107.22	888.63	2092.44	622.43	1220.38
2010	24070.52	8391.02	1114.54	2258.91	668.08	1337.80
2011	26180.17	8580.17	1168.15	2451.91	683.87	1406.07
2012	25769.91	8763.74	1208.58	2575.13	695.92	1482.67
2013	26437.67	8896.65	1343.07	2685.47	713.57	1554.18
2014	26424.57	8800.01	1429.46	2733.74	718.21	1630.07
2015	25561.36	8598.55	1515.15	2901.05	731.90	1782.99
2016	26728.68	7619.03	1531.66	2904.39	738.57	1769.97
2017	28836.20	7422.48	1447.26	3016.16	766.41	1771.79
2018	30359.50	7524.78	1275.71	2937.89	727.39	1798.39
2019	29697.28	7892.46	1214.98	2737.45	712.09	1777.89

注:数据来源于 CEADs、历年《浙江省统计年鉴》。

数据显示,2000—2019 年六大领域二氧化碳排放大致呈现先增后降的基本趋势,但变化幅度及拐点存在差异。其中农业领域二氧化碳排放整体变化较为平缓。其他五大领域二氧化碳排放大约在 2010 年前呈现快速增长态势,随后增速渐缓直至开始回落,其中工业、建筑及交通领域二氧化碳排放降幅相对较高;能源领域与居民生活领域 2019 年虽有小幅回落,但仍处于历史高位。

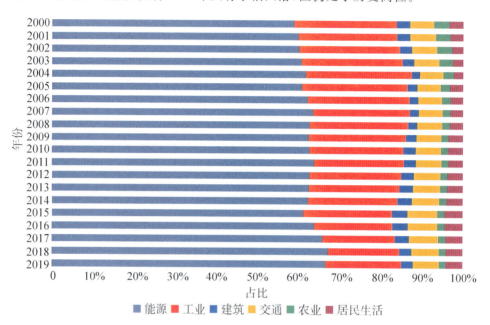

图 2-3　2000—2019 年浙江省分领域二氧化碳排放占比
注:数据来源于 CEADs、历年《浙江省统计年鉴》。

一、能源领域

能源领域是浙江省碳排放最主要来源,二氧化碳排放总体呈上升趋势,占比为 60%～70%。2000 年,能源领域二氧化碳排放量约 8068 万吨,占比为 60%;2019 年,能源领域二氧化碳排放量上升至 29697 万吨,占比为 67.44%。19 年间浙江省能源领域二氧化碳排放量增加 21629 万吨,增长了 2.68 倍,其中净调入电力产生的二氧化碳排放量增加了 5576 万吨,增长了 17.52 倍。尽管 2019 年能源领域二氧化碳排放和所占比重较 2018 年略有回落,但仍处于历史高位。

二、工业领域

工业领域是浙江省第二大碳排放来源,二氧化碳排放呈现先增后减再小幅上升的趋势,占比总体呈平缓下降态势。2000—2013 年,工业领域二氧化碳排放量由 3250 万吨增加至 8897 万吨,增长 1.74 倍,占比由 24.15% 下降至

21.37％；2013—2017 年，工业领域二氧化碳排放量下降 1474 万吨，占比降至 17.16％；2017 年后工业领域二氧化碳排放量小幅上升至 7892 万吨，占比波动回升至 17.92％。

三、交通领域

交通领域是浙江省碳排放第三大来源，二氧化碳排放量由 2000 年 764 万吨上升至 2017 年的 3016 万吨，二氧化碳排放增加 2252 万吨，增长 2.95 倍，占比从 5.67％上升至 6.97％；随后于 2019 年降至 2737 万吨，减少 279 万吨，下降率为 9.25％，占比降至 6.22％。

四、居民生活领域

居民生活领域是浙江省碳排放第四大来源，其二氧化碳排放在 2015 年前增长较为迅速，相比 2000 年，2015 年二氧化碳排放量增加 1326 万吨，上涨 2.9 倍，占比从 3.39％上升至 4.34％。2015 年后居民生活领域二氧化碳排放处于较为稳定的状态，占比逐年略有减少，2019 年降至 4.04％。

五、建筑领域

建筑领域是浙江省碳排放相对较少的领域，二氧化碳排放在 2000—2019 年也呈现先升后降的趋势，在 2000—2016 年二氧化碳排放量从 425 万吨增加至 1532 万吨，增加 2.60 倍，占比从 3.16％上升至 3.71％。近年来碳排放量与占比持续下降，2019 年二氧化碳排放量减少至 1215 万吨，占比降至 2.76％。4 年间二氧化碳排放整体下降 20.69％。

六、农业领域

近年来农业领域逐渐成为六大领域中碳排放最少的领域，该领域二氧化碳排放在 2000—2017 年呈现较为缓慢的增长趋势，二氧化碳排放量增加 271 万吨，增长 54.60％，占比从 3.68％下降至 1.77％；2017 年以来，农业领域二氧化碳排放及占比均呈小幅下降趋势。2017 年二氧化碳排放量为 766 万吨，2019 年较 2017 年减少 54 万吨，占比对应降至 1.62％。

第四节　浙江省与相关省份的比较

广东、山东、江苏、浙江四省分别位于我国三大重要经济圈，即珠三角经济圈、环渤海经济圈、长三角经济圈。这四省是我国经济总量最大的4个省份，GDP总量排全国前4位，且这四省在省域面积、经济发展水平、人口总量等方面有较强的可比性。本节通过分领域核算2019年四省碳排放量，系统分析了四省碳排放结构，以期为浙江省及其他各省份低碳绿色转型发展提供参考。

一、四省二氧化碳排放量核算

依托中国碳核算数据库分行业二氧化碳排放基础数据，按照前文所述分领域核算方法，调整核算四省能源、工业、建筑、交通、农业、居民生活六大领域的二氧化碳排放量。此外，根据各省公开净调入电力数据及省级电网平均二氧化碳排放因子，核算四省净调入电力产生的二氧化碳排放量，并纳入各省核算，详见表2-5。

表2-5　2019年四省净调入电力产生的二氧化碳排放量

指标	山东	江苏	广东	浙江
净调入电力量/亿千瓦时	644.97	519.10	387.02	296.97
省级电网平均二氧化碳排放因子/ （吨二氧化碳/兆瓦时）	0.672	0.431	0.431	0.504
净调入电力产生的二氧化碳排放量/万吨	7997	8082	8496	5891

通过核算，2019年四省二氧化碳排放量总和达到299691万吨，约占全国二氧化碳排放总量的三成以上（根据中国碳核算数据库数据，全国二氧化碳排放总量约为979476万吨）。其中，四省二氧化碳排放量由高至低分别为山东（101709万吨）、江苏（88542万吨）、广东（65408万吨）、浙江（44032万吨），详见表2-6。

表2-6　2019年四省二氧化碳排放情况

（单位：万吨）

类别	山东	江苏	广东	浙江
能源领域	56500	43828	30206	23806
工业领域	27753	28560	13288	7892
建筑领域	1702	520	1638	1215
交通领域	4360	4743	7015	2737
农业领域	491	734	477	712
居民生活领域	2906	2075	4287	1778
净调入电力	7997	8082	8496	5891
二氧化碳排放总量	101709	88542	65408	44032

二、四省碳排放结构分析

（一）山东省

从总量来看,2019 年山东省二氧化碳排放量约为 101709 万吨,较江苏省、广东省、浙江省分别高出 14.87%、55.50%、130.99%。

分领域来看,能源领域是山东省二氧化碳排放第一大来源,2019 年能源领域二氧化碳排放量约为 56500 万吨(占比为 55.55%);工业领域是第二大二氧化碳排放来源,2019 年工业领域二氧化碳排放量约为 27753 万吨(占比为 27.29%);净调入电力是第三大二氧化碳排放来源,2019 年净调入电力产生的二氧化碳排放量约为 7997 万吨(占比为 7.89%);交通领域是第四大二氧化碳排放来源,2019 年交通领域二氧化碳排放量约为 436 万吨(占比为 4.29%);居民生活领域是第五大二氧化碳排放来源,2019 年居民生活领域二氧化碳排放量约为 2906 万吨(占比为 2.86%);建筑领域是第六大二氧化碳排放来源,2019 年建筑领域二氧化碳排放约为 1702 万吨(占比为 1.67%);农业领域是第七大二氧化碳排放来源,2019 年农业领域二氧化碳排放量约为 491 万吨(占比为 0.48%)(图 2-4)。

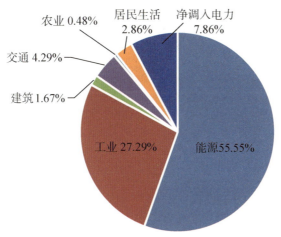

图 2-4　2019 年山东省分领域二氧化碳排放占比

（二）江苏省

从总量来看,2019 年江苏省二氧化碳排放量约为 88542 万吨,是四省中排名第二的省份,较广东省、浙江省分别高出 35.37%、101.1%。

分领域来看,能源领域是江苏省二氧化碳排放第一大来源,2019 年能源领域二氧化碳排放量约为 43828 万吨(占比为 49.50%);工业领域是第二大二氧化碳排放来源,2019 年工业领域二氧化碳排放量约为 28560 万吨(占比为 32.26%);净调入电力是第三大二氧化碳排放来源,2019 年净调入电力产生的二氧化碳排放量约为 8082 万吨(占比为 9.13%);交通领域是第四大二氧化碳排放来源,2019 年交通领域二氧化碳排放量约为 4743 万吨(占比为 5.36%);居民生活领域是第五大二氧化碳排放来源,2019 年居民生活领域二氧化碳排放量约为 2075 万吨(占比为 2.34%);农业领域是第六大二氧化碳排放来源,2019 年农业领域二氧化碳排放量约为 734 万吨(占比为 0.83%);建筑领域是第七大二氧化碳排放来源,2019 年建筑领域二氧化碳排放量约为 520 万吨(占比为 0.59%)(图 2-5)。

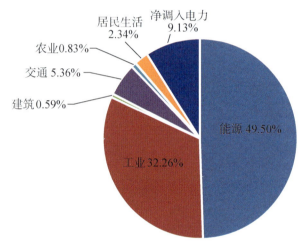

图 2-5 2019 年江苏省分领域二氧化碳排放占比

(三)广东省

从总量来看,2019 年广东省二氧化碳排放量约为 65408 万吨,是四省中排名第三的省份,较浙江省高出 48.55%。

分领域来看,能源领域是广东省二氧化碳排放第一大来源,2019 年能源领域二氧化碳排放量约为 30206 万吨(占比为 46.18%);工业领域是第二大二氧化碳排放来源,2019 年工业领域二氧化碳排放量约为 13288 万吨(占比为 20.32%);净调入电力是第三大二氧化碳排放来源,2019 年净调入电力产生的二氧化碳排放量约为 8496 万吨(占比为 12.99%);交通领域是第四大二氧化碳排放来源,2019 年交通领域二氧化碳排放量约为 7015 万吨(占比为 10.73%);居民生活领域是第五大二氧化碳排放来源,2019 年居民生活领域二氧化碳排放量约为 4287 万吨（占比为 6.55％）；建筑领域是第六大二氧化碳排放来源，2019年建筑领域二氧化碳排放量约为 1638 万吨（占比为 2.5％）；农业领域是第七大二氧化碳排放来源，2019 年农业领域二氧化碳排放量约为 477 万吨（占比为0.73％）（图 2-6）。

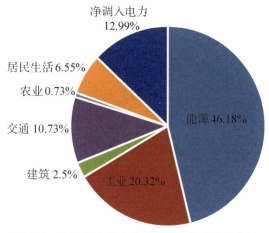

图 2-6 2019 年广东省分领域二氧化碳排放占比

（四）浙江省

从总量来看，2019 年浙江省二氧化碳排放量约为 44032 万吨，是四省中二氧化碳排放最少的省份。

分领域来看，能源领域是浙江省二氧化碳排放第一大来源，2019 年能源领域二氧化碳排放量约为 23806 万吨（占比为 54.06％）；工业领域是第二大二氧化碳排放来源，2019 年工业领域二氧化碳排放量约为 7892 万吨（占比为17.92％）；净调入电力是第三大二氧化碳排放来源，2019 年净调入电力产生的二氧化碳排放量约为 5891 万吨（占比为 13.38％）；交通领域是第四大二氧化碳排放来源，2019 年交通领域二氧化碳排放量约为 2737 万吨（占比为 6.22％）；居民生活领域是第五大二氧化碳排放来源，2019 年居民生活领域二氧化碳排放量约为 1778 万吨（占比为 4.04％）；建筑领域是第六大二氧化碳排放来源，2019 年建筑领域二氧化碳排放量约为 1215 万吨（占比为 2.76％）；农业领域是第七大二氧化碳排放来源，2019 年农业领域二氧化碳排放量约为 712 万吨（占比为1.62％）（图 2-7）。

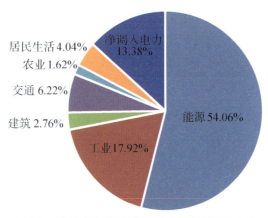

图 2-7 2019 年浙江省分领域二氧化碳排放占比

（五）四省二氧化碳排放对比

总体来看，尽管广东、山东、江苏、浙江四省二氧化碳排放各有差异，但四省碳排放结构整体较为接近，四省各领域二氧化碳排放占比由高至低排序为能源领域、工业领域、净调入电力、交通领域、居民生活领域、建筑领域、农业领域。其中，能源和工业领域是四省两大主要的二氧化碳排放来源，山东和江苏两省能源和工业领域合计占比超过八成，分别为 82.8% 和 81.8%；浙江和广东两省相对较低，分别为 72.0% 和 66.5%（图 2-8）。

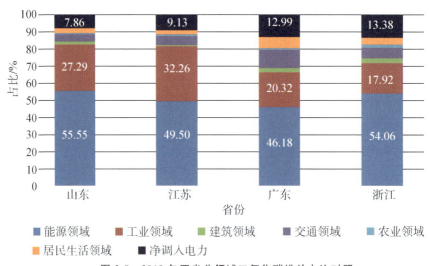

图 2-8 2019 年四省分领域二氧化碳排放占比对照

分领域来看(表 2-7),能源领域是四省二氧化碳排放的最主要来源。上述核算数据显示,山东和浙江两省的能源领域二氧化碳排放占比均超五成,分别为 55.55% 和 54.06%;江苏和广东两省紧随其后,分别为 49.50% 和 46.18%。

工业领域是四省二氧化碳排放的第二大来源。江苏和山东在工业领域的二氧化碳排放占比较高,分别为 32.26% 和 27.29%;广东和浙江的工业领域二氧化碳排放占比相对较低,分别为 20.32% 和 17.92%。

净调入电力产生的二氧化碳是第三大来源。浙江和广东净调入电力产生的二氧化碳排放占比较高,分别为 13.38% 和 12.99%;江苏和山东的净调入电力产生的二氧化碳排放占比相对较低,分别为 9.13% 和 7.86%。

交通领域是四省二氧化碳排放第四大来源。其中,广东该领域排放占比在四省中最高(占比为 10.73%),分别高出浙江约 4.51 个百分点、江苏约 5.37 个百分点、山东约 6.44 个百分点。

居民生活领域是四省二氧化碳排放第五大来源。广东在居民生活领域的二氧化碳排放占比最高,为 6.55%;浙江次之,为 4.04%;山东和江苏两省的居民生活领域二氧化碳排放占比相对较低,分别为 2.86% 和 2.34%。

建筑领域二氧化碳排放占比相对较小。浙江和广东两省在建筑领域的二氧化碳排放占比相对其他二省较高,分别为 2.76% 和 2.5%;山东和江苏两省的建筑领域二氧化碳排放占比较低,分别为 1.67% 和 0.59%。

农业领域二氧化碳排放相对较低。浙江该领域排放占比在四省中最高,为 1.62%,分别高出江苏省约 0.79 个百分点、广东约 0.89 个百分点、山东约 1.14 个百分点。

表 2-7　四省分领域二氧化碳排放占比排序

序号	分领域	占比由高至低排序
1	能源领域	山东、浙江、江苏、广东
2	工业领域	江苏、山东、广东、浙江
3	净调入电力	浙江、广东、江苏、山东
4	交通领域	广东、浙江、江苏、山东
5	居民生活领域	广东、浙江、山东、江苏
6	建筑领域	浙江、广东、山东、江苏
7	农业领域	浙江、江苏、广东、山东

三、四省能耗强度、碳排放强度对比

（一）能耗强度

能耗强度即单位 GDP 所消耗的能源总量。《中国能源统计年鉴 2020》数据显示，2019 年广东、山东、江苏、浙江四省能源消费总量由高至低分别为山东41390 万吨标煤、广东 33359 万吨标煤、江苏 32526 万吨标煤、浙江 22393 万吨标煤。《中国统计年鉴 2020》数据显示，2019 年四省 GDP（2000 可比价）由高至低分别为广东 70991 亿元、江苏 60873 亿元、山东 47258 亿元、浙江 38328 亿元。

通过计算可得，2019 年四省能耗强度由高至低分别为山东 0.876 吨标煤/万元、浙江 0.584 吨标煤/万元、江苏 0.534 吨标煤/万元、广东 0.470 吨标煤/万元。四省能耗强度对比见表 2-8。

表 2-8　2019 年四省能耗强度对比

指标	山东	浙江	江苏	广东
国内生产总值/亿元	47258	38328	60873	70991
能源消费总量/万吨标煤	41390	22393	32526	33359
能耗强度/（吨标煤/万元）	0.876	0.584	0.534	0.470

（二）碳排放强度

碳排放强度即单位 GDP 的二氧化碳排放量。四省二氧化碳排放总量由高至低分别为山东 101709 万吨二氧化碳、江苏 88542 万吨二氧化碳、广东 65408万吨二氧化碳、浙江为 44032 万吨二氧化碳，结合上述四省 2019 年 GDP 数据（2000 年可比价），计算四省碳排放强度。

通过计算可得，广东、山东、江苏、浙江四省 2019 年碳排放强度由高至低分别为山东 2.152 吨二氧化碳/万元、江苏 1.455 吨二氧化碳/万元、浙江 1.149 吨二氧化碳/万元、广东 0.921 吨二氧化碳/万元。四省碳排放强度对比见表 2-9。

表 2-9　2019 年四省碳排放强度对比

指标	山东	江苏	浙江	广东
国内生产总值/亿元	47258	60873	38328	70991
二氧化碳排放量/万吨	101709	88542	44032	65408
碳排放强度/（吨二氧化碳/万元）	2.152	1.455	1.149	0.921

（三）能耗强度、碳排放强度四省对比分析

如图 2-9 所示，四省中，广东 GDP、能耗强度、碳排放强度均处于领先水平，

碳排放强度仅为 0.921 吨二氧化碳/万元,较其他三省分别低了约 57.19%(山东)、36.66%(江苏)、19.80(浙江);能耗强度为 0.470 吨标煤/万元,较其他三省分别低了约 46.35%(山东)、19.57%(江苏)、12.06%(浙江)。这表明广东在经济发展的过程中,能够实现相对较低的二氧化碳排放和能源消费。

山东 GDP 为 47258 亿元,处于四省中间水平,但其碳排放强度和能耗强度均位于四省之首。2019 年山东碳排放强度为 2.152 吨二氧化碳/万元,较其他三省分别高了约 133.59%(广东)、87.34%(浙江)、47.97%(江苏);其能耗强度较广东高约 86.38%、较江苏高约 63.91%、较浙江高约 49.91%。

江苏和浙江两省尽管 GDP 较高(分别为 60873 亿元和 38328 亿元),但其碳排放强度和能耗强度也相对较高。江苏碳排放强度为 1.455 吨二氧化碳/万元,能耗强度为 0.534 吨标煤/万元;浙江碳排放强度为 1.149 吨二氧化碳/万元,能耗强度为 0.584 吨标煤/万元。与广东相比,江苏碳排放强度高了约 57.87%,能耗强度高了约 13.71%;浙江碳排放强度高了约 24.69%,能耗强度高了约 24.33%。这表明江苏和浙江在二氧化碳排放和能源消费方面仍然存在一定的优化空间。

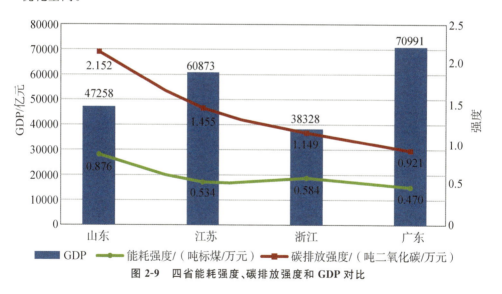

图 2-9 四省能耗强度、碳排放强度和 GDP 对比

第五节　本章小结

本章介绍了浙江省二氧化碳排放相关数据获取来源和核算方法,对2000—2019年浙江省的二氧化碳排放总量、结构、强度等相关数据的变化趋势进行了分析,并与沿海广东省、江苏省、山东省进行了对比。从浙江省的二氧化碳排放总量变化趋势来看,从2000年13459万吨增至2019年44032万吨,增长了2.27倍,年均增长率为6.44%。总体可以分为两个阶段:第一阶段为2000—2010年,二氧化碳排放快速增长期,二氧化碳排放总量从13459万吨增长至37841万吨,增长了1.81倍,年均增长率为10.89%;第二阶段为2011—2019年,二氧化碳排放平稳增长期,二氧化碳排放总量从40470万吨增长至44032万吨,增长了8.8%,年均增长率为1.06%。

从浙江省的碳排放强度变化趋势来看,2000年浙江省的碳排放强度为2.18万吨二氧化碳/万元,到2019年减少至1.15万吨二氧化碳/万元,累计减少47.38%,年均增速为-3.32%,且碳排放强度下降快于能耗强度下降。根据碳排放强度指标总体变化趋势可分为两个时期:2000—2007年,浙江省碳排放强度均处于历史高位,无明显下降趋势,8年年均变化率为0.64%。2008—2019年,浙江省能耗强度和碳排放强度均出现持续大幅下降,年均变化率为-5.49%。

从浙江省的各领域碳排放变化趋势来看,能源领域是浙江省二氧化碳排放最主要来源,且排放量总体呈上升趋势,占比为60%~70%。工业领域是浙江省第二大二氧化碳排放来源,其二氧化碳排放呈现先增后减再小幅上升的趋势,占比总体呈平缓下降态势。交通、居民生活、建筑领域分别是浙江省二氧化碳排放第三、第四、第五大来源,农业领域二氧化碳排放占比最少。

从2019年粤鲁苏浙二氧化碳排放数据对比可知,四省二氧化碳排放总量由高到低依次是山东省、江苏省、广东省和浙江省。分领域来看,能源领域作为四省二氧化碳排放的最主要来源,其占比均在五成左右。工业领域是四省二氧化碳排放第二大来源,江苏省和山东省在工业领域的二氧化碳排放占比较高。在碳排放强度方面,由高到低依次是山东省、江苏省、浙江省、广东省。

第三章　碳排放预测建模研究

采用模型方法开展区域的碳排放预测是研究碳达峰碳中和路径策略的主要手段。本章在对国际上不同类型的碳排放预测建模方法进行综述的基础上，详细阐述了能源政策模拟(energy policy simulator,EPS)模型的系统动力学建模原理、结构框架、分领域运行机制及国内外应用情况。

第一节　碳排放预测建模方法综述

国内外学者们对于区域碳排放采用了不同的模型方法开展研究。其中包括传统统计学方法[如趋势外推法、逻辑斯谛(Logistic)模型、时间序列分析等]，系统机理建模[如系统动力学、投入产出模型、可拓展的随机性环境影响评估模型(STIRPAT)等]以及机器学习相关方法(如灰色模型、神经网络、支持向量机等)。其中，单纯基于传统统计学方法或基于机器学习的预测方法由于过度依赖历史数据，且模型自身缺乏物理意义，无法有效分析碳排放预测结果与实际社会发展的关系，进而无法支撑碳中和路径政策的制定，并不适合区域减碳路径的研究和应用。相较之下，基于系统机理建模的预测方法对于实际的政策制定更具指导意义。

目前国际上已经开发出许多成熟的系统模型。从建模方法论出发，能源和碳排放预测模型可分为以下三类："自上而下"模拟方法、"自下而上"模拟方法和混合/综合评估模型，三类方法的比较分析结果见表3-1。

表 3-1　能源和碳排放预测模型比较分析

方法类型	优点	缺点	适用范围	代表模型
"自上而下"模拟方法	反映政策冲击在各部门间的传导效应；模拟各部门及经济主体对政策冲击的反应	无法解释碳达峰实现路径；数据要求较高	分析能源、气候、环境等政策冲击的影响	CGE,GEM-E3, EPPA, C-GEM

续表

方法类型	优点	缺点	适用范围	代表模型
"自下而上"模拟方法	富含丰富的技术信息；具有更高的政策支持力	技术参数需求高；无法计算宏观经济损失	低碳发展技术路径分析；技术替代评估	LEAP, WEM, TIMES, China-TIMES, SACC, PECE, MESSAGE
混合/综合评估模型	功能齐全,能同时对技术和经济进行详细描述	结构复杂	预测部门能源供应能力、价格、需求量及宏观经济参数	MERGE, IMAGE, GCAM, RICE/DICE, IPAC, MARKAL-MACRO

注:CGE,可计算一般均衡;GEM-E3,用于能源-经济-环境系统的一般均衡模型;EPPA,温室气体排放预测与政策分析模型;C-GEM,中国—全球能源经济模型;LEAP,长期能源替代规划系统;WEM,世界能源模型;TIMES,MARKAL-EFOM 系统综合模型;China-TIMES,中国能源系统优化模型;SACC,中国低碳战略分析模型;PECE, Program of Energy and Climate Economics;MESSAGE,替代能源供给系统和环境影响模型;MERGE,区域与全球温室气体减排政策评估模型;IMAGE,温室效应综合评估模型;GCAM,全球变化评估模型;RICE/DICE,气候与经济的区域综合模型/气候与经济动态综合模型;IPAC,中国能源政策综合评价模型。

一、"自上而下"模拟方法

该方法基于国民经济和社会发展综合规划,以经济学模型与当前的经济社会发展状况为出发点和基础,对未来的经济增长、能源消费和能源利用效率水平进行预估,从而预测可能出现的碳排放趋势。由于模型的构建特性,"自上而下"模拟方法可以给出碳达峰的大概时间以及碳排放量峰值的大概范围。"自上而下"模拟方法属于一般均衡理论,构成模块主要包括投入产出、优化增长、宏观计量/系统动力和可计算一般均衡等,能够通过对生产函数进行多模态表达,将能源部门、经济部门和环境部门之间的关系以高度集约的方式进行耦合。与此同时,政策冲击在各个部门间的传导效应,以及各部门与各经济主体对政策冲击的反馈都能在模型中得到较好地反映并被捕捉。但"自上而下"模拟方法针对系统均衡状态进行建模,不能解释系统不同均衡状态之间的转变过程,即具体的碳达峰实现路径。此外,该类方法对初始数据有较高的要求,需要结合投入产出表、社会核算矩阵等数据才能完成模型构建。

可计算一般均衡(CGE)模型是一种典型的"自上而下"模拟方法,其利用非线性函数描述供给侧、需求侧及市场之间的关系,以生产者利润、消费者效益、进口收益利润和出口成本等参数为优化约束条件,模拟不同的市场均衡状态。在CGE模型中还可以添加碳关税,碳交易,碳捕集、利用与封存,以及能效提升等模块,以对减排措施的宏观经济影响进行定量评估。近年来,有一系列基于该模型进行的相关应用研究。例如:①利用动态CGE模型模拟不同情景下我国2012—2030年碳排放强度的发展趋势。该研究发现,若仅采取碳排放强度约束等行政性减排措施无法完全实现减排目标,则需借助碳交易等市场化手段。②通过构建中国能源-经济-环境CGE模型,对中国从2010年开始执行碳税进行情景模拟。该研究发现,碳税政策的实行虽然能有效提高能源利用效率,但会对社会经济增长和就业造成负面影响。③基于CGE模型,研究不同环境保护税率对江苏省经济发展和碳排放的影响。结果发现,税率上升在造成多数行业产出下降的同时,还会促进污染物排放强度较低行业的产出和碳排放上升。

二、"自下而上"模拟方法

该方法基于评价对象的碳排放现状,依据各部门、行业、企业的节能减排措施和成本信息,对其减排的经济技术潜力进行综合评估,从而确定合适的碳达峰目标。"自下而上"模拟方法主要应用于峰值碳排放量目标和实现的方法途径基本确定的情况,主要包括部门预测、工程技术、综合能源系统仿真和动态能源系统优化等模块。"自下而上"模拟方法主要对能源生产侧和终端消费侧的全过程及其所含的各部门各领域进行模拟和计算,以评估技术替代和技术发展对能源消费总量和结构的影响以及最终的碳排放变化情况,并通过减排成本效益分析测算碳达峰实现路径的技术成本和需要的整体投资金额。"自下而上"模拟方法的优点主要是体现了研发和技术迭代的效应,比如技术进步对能源消费总量、碳排放和减排综合成本的影响。但是该类方法对各项技术指标参数化的要求较高,而且受到其内核本质为局部均衡模型的限制,只能描绘各项政策的直接经济效应,难以捕捉其间接和诱导作用产生的现金流再分配及相关的经济影响,所以无法对整体现金流和宏观经济净盈亏进行估计,从而导致减排成本被低估。

长期能源替代规划系统(LEAP)模型是一种基于情景分析法的涵盖经济-能源-环境多领域复杂系统的综合模型,是"自下而上"模拟方法的典型代表之一。2011年,刘慧等利用LEAP模型构建了基准、低碳经济、低碳经济结合国际合作三种政策情景,在此基础上对江苏省未来能源需求及碳排放强度进行分析,提出了我国省域层面实现碳减排目标所需的发展路径与对策建议。2012年,冯悦怡等利用 LEAP 模型,分析了 2007—2030 年北京市在基准、政策、低碳三种不同情景下的能源需求、能源结构和碳排放发展趋势。2007 年,张颖等利用 LEAP 模型,模拟了不同政策情景下中国电力行业 2000—2030 年的二氧化碳排放情况。2016 年,龙妍等基于 LEAP 模型,预测了湖北省 2013—2030 年的能源消费和碳排放情况,发现湖北省在短期内较难改变能源需求和碳排放总量随经济增长而增加的趋势。2019 年,谢娇艳运用 LEAP 模型,模拟了不同情景重庆市的公共建筑的碳达峰时间和峰值水平,发现达峰时间会随情景深化提前,峰值水平会随情景深化降低。

三、混合/综合评估模型

混合/综合评估模型即系统优化模型,是"自上而下"和"自下而上"模型的混合模拟方法,其以"自上而下"或"自下而上"模拟方法中的一类模型为核心,耦合另一类方法的模型。"自上而下"方法中的宏观经济模型和"自下而上"的能源供应—需求模型都能用于混合/综合评估模型。混合/综合评估模型会构建涵盖经济、能源、环境、政策和消费等各方面的主体和指标体系,通过对能源消费总量和碳排放量进行预测,为国家、各地区以及不同行业能源经济和减排政策的制定提供信息支撑。此外,这类模型功能齐全,可以同时反映宏观经济变化和能源技术的影响,但是结构相对复杂。

MARKAL-MACRO 模型是混合模型的典型代表之一,它是由 MARKAL 模型与 MACRO 模型耦合的混合模型,是一个考虑能源系统与宏观经济的动态非线性规划模型,它的目标函数是消费的总折现效用最大,其最大的效用决定了最优储备、投资、消费等一系列结果。MARKAL-MACRO 模型将能源系统和整个经济考虑为统一体,能够将宏观经济数据和能源生产消费等具体技术细节数据相结合,提高了模型分析能力,增强了结果可靠性,使所得模拟结果更具有指导意义。2004 年,陈文颖等利用 MARKAL-MACRO 模型,分析了我国能源的未来发展趋势、碳排放基准方案,以及碳减排对能源系统的潜在影响。2013 年,孟祥凤利用 MARKAL-MACRO 模型预测了碳达峰期内我国二氧化碳排放总量,并研究了我国未来的能源结构和碳交易市场构建模式。

第二节　EPS 模型概述

传统的 CGE 模型[如综合评估模型(IAM)和 C-GEM]和"自下而上"模型

(如 TIMES 和 LEAP)均不能相对完整地刻画当前的气候政策。CGE 模型主要以价格机制运行,以碳价这个单一变量来综合表征诸多的气候政策;"自下而上"模型能体现各行业层级的政策影响,但不能刻画宏观政策的影响及政策之间耦合作用。本研究采用 EPS 模型,作为宏观与微观相结合的系统动力学模型,能够填补上述模型的短板。基于 EPS 模型,结合浙江省"十四五"及中长期发展规划和大数据研究等顶层政策设计,综合研判系统本地化的架构调整,并分析浙江省碳排放预测情况,对可能采用的减排政策的减排效果、成本及社会效益进行量化分析评估。

一、EPS 模型简介

EPS 模型是一个系统动力学模型,旨在模拟最低成本、最有效的气候和能源政策组合以减少温室气体排放。通过模拟多部门应对气候变化的不同政策组合效果(如碳税、车辆燃油经济性标准、减少工业甲烷泄漏,以及加速各种技术的研发进展),估算各种政策对排放量、资金指标、电力系统结构和其他输出的影响。EPS 模型由美国能源创新政策与技术公司在麻省理工学院和斯坦福大学的协助下开发,并由美国阿贡国家实验室(Argonne National Laboratory)、国家可再生能源实验室(National Renewable Energy Laboratory)、劳伦斯伯克利国家实验室(Lawrence Berkeley National Laboratory)、斯坦福大学、气候互动组织(Climate Interactive),以及中国国家应对气候变化战略研究和国际合作中心、国家发展和改革委员会能源研究所的相关人员进行同行评审。

EPS 模型旨在协助政策制定者评估各种气候政策,允许用户探索无限的政策组合可能性,创建自己的政策情景并可设置不同的政策力度。EPS 模型以年为单位对未来几十年的政策进行模拟,提供数百个输出变量。其中,最重要的输出包括:12 种不同污染物的排放量,为政府、工业和消费者提供的现金流(包括成本和资金节约额),不同类型发电厂的发电容量和发电量,土地利用变化和相关碳排放或碳封存量,以及由降低颗粒物污染排放导致的过早死亡数变化量。这些输出结果可以帮助政策制定者预测实施新政策将产生的长期影响和成本。同时,EPS 模型能够呈现多种政策组合后的综合减排结果。大部分政策在制定时只考虑该政策的单独效果,但在实际情况中各政策之间存在相互影响,部分政策之间可能会存在互相增强或者削弱的作用,从而导致多项政策实施获得的减排总效益与单个政策实施后获得效益的简单相加结果之间存在较大差异。EPS 模型能厘清政策间的相互作用和反馈调节机制,防止重复计算,能更加准确地评估不同政策组合的效果,从而为决策者提供符合实际、经济效益及社会效益最佳的政策组合参考,并实现节能减排目标。

目前,许多国家和地区尚未制定 EPS 模型所包含的许多政策,因此 EPS 模型可为这些国家和地区的政策制定者提供新的政策选择。EPS 模型不仅有助于为政策制定者提供实现既有气候目标(如《巴黎协定》的相关目标)所需的路线图,而且还可以就政策制定者如何设定新的气候目标进行指导,从而增强该国家或地区的减排力度。

EPS 模型可通过纳入相关国家和地区的特定数据来展现不同国家和地区的情况。EPS 模型是一个免费的开源模型,模型已实现网页展示,具有较好的可视化界面和互动功能。除了可展示研究团队设置的情景及结果,用户还可以自行在界面中设置不同的政策及情景,测算相应的减排路径及社会经济效益,为开展后续研究提供了坚实基础以及灵活的调整空间。用户可以通过交互式网页界面使用这一模型,也可以下载 EPS 模型。有关 EPS 模型技术工作原理的更多详细信息,请参阅 EPS 在线文件(https://us.energypolicy.solutions/docs/)。

二、系统动力学建模

目前已有多种使用计算机模型对经济和能源系统进行模拟的方法。EPS 模型是基于系统动力学的理论框架运行的,这种方法将能源使用和经济过程视为一个开放的、不断变化的非均衡系统。这将与可计算的一般均衡模型(将经济体系视为会受到外部冲击影响的均衡系统)或基于技术的非集计模型(侧重于计算通过升级具体类型的设备能够实现的潜在能效增益或减排量)等方法形成对比。

系统动力学模型通常包括存量,即从一个模拟年计入下一模拟年的变量,并受到流入和流出这些模型变量(流量)的影响。例如,存量可能是燃煤电厂的总装机容量,由于新建燃煤电厂(流入)和旧电厂退役(流出),燃煤电厂的总装机容量会逐渐增长或减少。相反,燃煤电厂的发电量将在每年重新进行计算,上一年的发电量不会计入下一年,因此它并非一个存量变量。

系统动力学模型通常将前一步的计算结果输出作为下一步的输入。EPS 模型也遵循这一惯例,其中发电设施装机、建筑设施类型和能效等存量从一个年度计入下一个年度。因此,在能效提高的车辆、建筑设施等退役之前,早年实现的能效提高将导致随后所有年份的燃料节省。对工业部门的处理方式有所不同。可用输入数据来自基准情景下的用能情况。由于执行政策可带来能耗下降和工业过程排放潜力下降,因此这些减排措施是逐步实现的,相应的实施成本也是逐步累加的。由于从所模拟的各个行业能够获取的输入数据形式多种多样，很少有一种方法能够适用于所有行业，因此 EPS 模型力图在特定行业背景下使用最有意义的方法。

三、EPS 模型的结构框架

EPS 模型的结构框架可分为两个维度：①可视化结构，用于反映变量之间的关系（通过流程图反映）；②由各种矩阵组成的内部结构，包括可视化结构中的数据、反映变量关系的各项元素数据等。例如，交通运输部门的可视化结构由相关政策变量（如燃油经济性标准）、输入数据（如旅客出行距离或货物吨数、与成本相关的出行需求弹性系数）以及计算得到的其他数值（如消费的燃油量）组成；其内部结构则由交通工具类型（如轻型车辆、重型车辆、飞机、铁路、轮船以及摩托车等）、运载类型（客运或货运）以及燃料类型（如汽油、柴油、生物燃料、天然气、电力等）组成。

EPS 模型主要涵盖五大领域，分别是工农业（包括制造业、农业、废弃物处理）、建筑、交通、能源加工转换（电力、供热和制氢）以及土地利用领域。同时还涵盖一些能评估政策成本、政策效益的板块，如污染物排放、现金流等（图 3-1），以及两个能够影响各大领域排放的政策板块和关键性技术，即研发（R&D）和碳捕集与封存（CCS）技术。五大领域产生的各类气体排放数据汇总在污染物排放模块。资本支出变化板块中涵盖了设备投资、运行和维护费用等直接支出，政府补贴、税费等现金流，以及货币化的减少对公众健康影响、降低气候损害的社会效益数据。

EPS 模型运行的第一步是从燃料板块开始的，该板块中设置了各种燃料的基本情况（包括产量、进出口量、价格、补贴税费等），并考虑了影响燃料价格、供应量的相关政策。第二步是分别计算各个行业使用燃料所产生的排放，其中，模型会测算交通、建筑和工农业领域使用燃料和生产过程所产生的直接排放，同时测算各领域每年电力和热力的消费量；能源加工转换领域则要在考虑能源跨边界调入调出影响的情况下，生产相应的电力和热力以满足上述各领域的需求，从而再计算能源加工转换领域燃料消耗所产生的排放量。

在整体模型运行中，研发和碳捕集与封存技术的应用也是影响碳排放的重要部分。通过研发水平的变化，决策者可以清晰地了解各部门燃料经济性的改善效果及资本支出变化。碳捕集与封存技术模块主要针对工业和电力部门。碳捕集与封存技术可吸收二氧化碳，但其能源密集型的特性也会导致燃料消耗同步增加,并影响现金流,从而改变工业和电力部门的减排潜力和成本等。

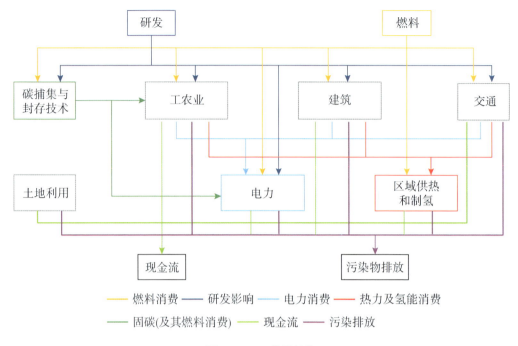

图 3-1 EPS 模型结构

第三节 EPS 模型分领域运行机制

EPS 模型可针对 2017—2050 年浙江省的各项指标模拟出各年的碳排放情况,并提供多种情景下的环境、经济与社会产出等数据,其核心作用是评估不同能源政策组合对各个碳排放相关指标所产生的影响,为浙江省中长期应对气候变化的发展政策制定提供支撑。

EPS 模型本地化应用的关键是使其在各个领域中的运行机制和运行模式更加符合浙江省情况,这不仅体现在输入数据上,在模型上设置分类中也会更加符合浙江省发展实情。EPS 模型中浙江省主要五大排放领域(工业、建筑、交通、能源加工转换、土地利用变化及林业)模型预测过程如下。

一、工业领域

工业领域碳排放分为燃料燃烧排放和生产过程排放两部分(图 3-2)。燃料燃烧排放主要由分行业化石燃料消费量、排放因子等计算得到,工业生产过程排放主要由相关活动水平(如碳酸盐使用量等)、排放因子等计算得到。模型很好地将供给侧和消费侧分开,为了防止重复计算,在工业领域中预测的2017—2050年电力热力消费需求都在能源加工转换领域内进行计算。

在浙江省工业领域,利用模型对水泥、油气加工、钢铁、化工等高耗能、高排放行业着重进行能源消费和结构的分析,并对这些行业的能源消费历史等进行分析。

模型同步优化了浙江省新增高排放项目对碳排放结果的影响。模型内添加了对浙江省正在谋划的高耗能项目[如舟山绿色石化基地、中国石化镇海炼化公司(简称"镇海炼化")等石化项目]的设置,有效地确保新增项目对能源结构的调整情况符合实情。

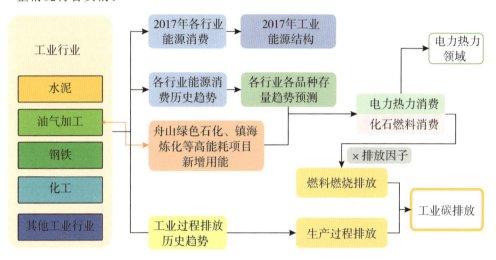

图 3-2 工业领域碳排放预测流程

二、建筑领域

建筑领域碳排放主要是建筑物化石燃料消费排放,其电力(扣除分布式发电量)、热力等需求归入电力热力等加工转换部门。通过对2017年已有建筑领域能源使用情况现状及目前浙江省建筑类型等进行判断,根据能源结构和建筑类型发展趋势,计算建筑领域碳排放,具体见图3-3。

在建筑领域中,分布式发电项目提供的电力需要从总用能中扣除,其余电力需求部分将归至能源加工转换领域进行计算。

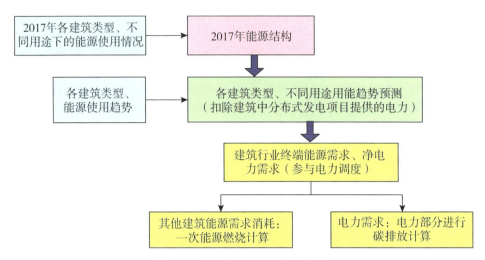

图 3-3　建筑领域碳排放预测流程

三、交通领域

交通领域碳排放主要是各种交通工具燃料燃烧排放,根据浙江省交通运输方式周转量及未来运输水平趋势进行预测,具体如图 3-4 所示。

交通领域碳排放预测中的本地化重难点是预测各类交通运输需求,包括新增量中新能源交通工具的占比、技术支持等,还需要参考各交通工具能源消费的经济性(如油价、气价等),得到各类交通运输方式能源消费需求和排放,其中电动交通工具最终用电情况将会汇总到能源加工转换领域进行计算。

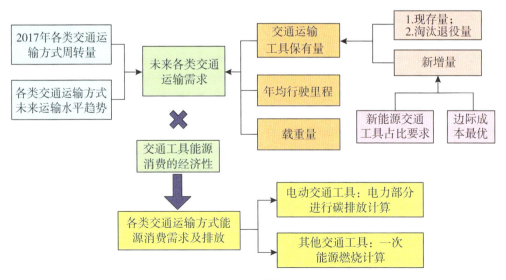

图 3-4　交通领域碳排放预测流程

四、能源加工转换

EPS 模型电力部门主要包括煤电、气电、核电、水电、风电、太阳能光伏、太阳能光热发电和生物质发电等电力装机类型。EPS 模型中电力部门预测流程如图 3-5 所示。

首先根据不同部门电力需求,考虑输配电损失和电力调入调出,获得省内电力需求;将这些电力需求用于配置省内电力装机,这个过程需考虑机组退役、强制装机建设以及可再生能源配额制,仍不能满足需求的装机应基于最小成本原则建设。同时,模型考虑电力平衡,基于尖峰负荷需求及电网灵活性水平,安排建设调峰机组。最后根据电力调度优先级和边际成本最低要求,完成电力调度,从而计算电力部门各类型机组的发电量与碳排放量。供热部门的预测相对简单,首先根据工业等部门提出的供热需求,依据热电联产机组以热定电的原则安排装机建设,并根据供热煤耗计算供热部门的碳排放量。

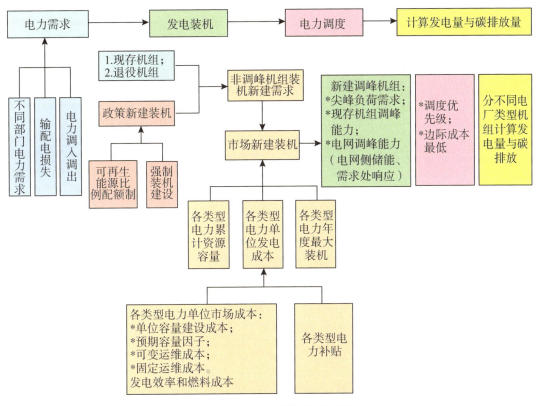

图 3-5 电力领域碳排放预测流程

五、土地利用变化和林业领域

土地利用变化和林业领域的污染物排放和封存,主要与森林有关,包括森林预留、造林/再造林、避免砍伐森林和森林管理。农业作业的排放由工业部门处理(包括燃料燃烧排放和生产过程排放,如动物肠道发酵和水稻种植产生的甲烷)。土地利用变化和林业领域不包括燃料使用,燃料使用由其他部门处理。例如,建筑部门为住宅供暖而燃烧的木材,以及木材采伐公司在商业运营过程中燃烧的燃料,都被包括在工业部门的"其他行业"类别中。

土地利用变化和林业领域的建设相对灵活,不同的国家会面临非常不同的土地利用问题。在浙江省土地利用变化和林业领域碳排放预测模型中,这一部分的碳排放预测指标主要有森林蓄积量等,政策指标主要有森林管理比例、再造林比例等。

六、浙江省本地化调整

本研究首次结合浙江省实际情况,对 EPS 模型开展系列本地化工作,如增加了能耗双控等约束边界,增加了外调电通道电力调入调出量及电源结构影响,因地制宜地将分布式光伏纳入电力调度和电量平衡,对热电联产电和热对应的碳排放进行单独计量,增加纺织和建材等凸显浙江特色的行业模块。在电力模块中考虑了电源投资成本、运维成本、绿色低碳、系统灵活性及安全等因素,开展电力电量平衡,结合浙江省实际调整电力调度优先级。

第四节　EPS 模型的国内外应用

用户在 EPS 模型中能够制定和设计国家或地区深度脱碳的政策,同时评估这些政策的经济、排放和公共卫生影响。它在政策选项建模时提供了比其他模型更大的灵活性,并考虑了政策交互情景,对成本和交互影响因素进行了反馈,有效地保障了政策叠加的合理性。由于这些优势,EPS 模型现已在世界多个国家和地区(如美国、印度、加拿大、印度尼西亚、墨西哥等)进行了应用。

一、美国

美国加利福尼亚州(简称加州):提早实施减碳政策可带来社会和经济正效益。加州 EPS 模型的应用研究表明,加州必须将脱碳率提高两倍以上才能完成减碳目标。加州 EPS 模型模拟了一套符合加州发展和减碳的政策组合,该政策组合的实施将产生巨大的减排效益和社会效益。实施后,加州碳排放到 2030 年将减少 47％,GDP 增加 280 亿美元,创造近 17 万个就业机会,有效防止 2.6 万例哮喘发作,并在 2030 年为每个家庭平均节省 1500 美元。该政策组合主要包括到 2030 年 100％销售零排放汽车,到 2035 年实现工业全过程电气化,并且由 100％清洁的电网提供动力等情景。研究表明,加州 2022 年气候变化范围计划应确定加速减排的提早行动机会,否则就可能无法实现加州 2030 年的碳中和目标。

美国科罗拉多州:沿当前排放轨迹,应按照将全球平均气温较工业革命前的升幅控制在 1.5℃的情景进行减碳行动。科罗拉多州利用 EPS 模型对目前的气候政策进行组合模拟评估,发现按照现有政策到 2050 年碳排放量可能仅减少 18％,无法完成既定目标。EPS 模型模拟结果建议在交通、建筑、工业、土地利用和农业部门实施更多的清洁能源相关措施与政策,将升温限制在 1.5℃的路径上。到 2050 年,"1.5℃方案"中的政策组合方案会减少 95％以上的碳排放,创造超过 36000 个工作岗位,每年为该州增加 75 亿美元的 GDP。

二、印度

印度:使用印度能源政策模拟器的情景进行分析。世界资源研究所利用印度 EPS 模型进行了一项新的研究,探讨了印度对应不同中长期脱碳目标的两套气候政策。该模型发现,在国家自主贡献—可持续发展目标(NDC-SDG)情景下,碳排放在 2050 年前将减少 37％。但另一个更具挑战的长期脱碳方案,涵盖了高脱碳潜力的政策,将在 2030 年减少 30％的碳排放,到 2050 年减少 65％的碳排放,同时创造 3900 万个就业机会,防止 940 万人过早死亡。

三、加拿大

加拿大:以泛加拿大框架为基础加强加拿大的气候承诺。为了帮助实现加拿大温室气体减排目标,加拿大政府提出了清洁增长和气候变化泛加拿大框架(PCF),这是一套雄心勃勃的减碳政策。PCF 涵盖了碳排放价格、提高车辆效率和汽车电气化的政策、减少工业甲烷和制冷剂排放等方面。彭比纳研究所和能源创新政策与技术公司合作创建了加拿大 EPS 模型,用于评估 50 项政策对污染物排放、现金流、人类生命健康等的影响。通过分析发现,即使 PCF 得到全面实施,2030 年的碳排放量也将超过加拿大的目标 1.61 亿吨,比加拿大政府预测的4400万吨缺口高2.7倍。研究团队通过模拟发现,需要在PCF扩展政策的基础上,进一步减少工业过程碳排放,提高运输部门(特别是卡车、铁路和航运)的脱碳,以实现2050年的目标。到2050年,PCF政策包每年将节省250亿~450亿美元,PCF扩展政策包每年将节省950亿~1500亿美元,具体取决于碳税收入的使用情况。根据PCF实施计划,到2050年,加拿大每年的死亡人数将减少2700人,而PCF扩展计划将使每年的死亡人数减少4600人。

四、印度尼西亚

印度尼西亚:从国际社会项目援助中得到更多的减碳空间。印度尼西亚在2017年用EPS模型研究了当时情况下的减碳水平发展趋势,预计在2030年将减少29%的碳排放量。EPS模型同步模拟发现,根据多个组织机构[如亚太经济合作组织(APEC)、国家开发计划署(Bappenas)、科技评估与应用署(BPPT)、国际清洁交通委员会(ICCT)、国际可再生能源署(IRENA)、世界资源研究所(WRI)等]对印度尼西亚在土地利用、工业、建筑、交通和电力装机等领域的政策建议,到2030年印度尼西亚最多可减少41%的碳排放量。

五、墨西哥

墨西哥:实现长期社会效益的同时增加墨西哥气候目标的低成本政策选择。通过EPS模型,墨西哥模拟了减碳政策组合,在该政策组合下,墨西哥经济受益,在未来十年将节省50亿美元的政府支出;且该政策组合还将通过改善当前和未来几代人的空气质量,挽救超过2.5万条生命。该分析建立在2016年出版的《实现墨西哥的气候目标:八点行动计划》的基础上。EPS模型的应用,证明了墨西哥可以通过采取实施碳税、提高工业能源效率和从天然气开采地点捕集甲烷等措施来显著降低成本,实现其温室气体减排目标。此外,世界资源研究所墨西哥研究所的研究进一步证明,全球气候行动是一个明智的经济举措——《新气候经济》(New Climate Economy)表明这是一个26万亿美元的经济机会。技术进步和可再生能源成本的下降,使得低碳、可持续技术与传统的化石燃料技术相比更具成本竞争力。联合国环境规划署发现,2018年全球可再生能源发电装机容量达到创纪录的157千兆瓦,远远超过同期化石燃料发电装机容量净增加的70千兆瓦,并且带来潜在附带利益:污染更少、更宜居的城市,有弹性的电力和供水系统,能够抵御日益频繁和严重的极端气候的住房,以及生产力更高、更强健和更有弹性的生态系统。

第五节　本章小结

本章在对国际上不同类型碳排放预测建模方法进行综述的基础上,详细阐述了 EPS 模型的系统动力学建模原理、模型结构框架、分领域运行机制及全球的应用情况。主要结论如下。

(1)区域碳排放预测的模型方法包括传统统计学方法、系统机理建模法及机器学习相关方法,其中基于系统机理建模的预测方法对于实际的政策制定具有指导意义且更受欢迎。系统机理建模的预测方法可分为"自上而下"模拟方法、"自下而上"模拟方法和混合/综合评估模型等三类,三种方法具有各自优缺点、使用范围和代表模型。

(2)本研究采用的 EPS 模型是宏观与微观相结合的系统动力学模型,旨在模拟最低成本、最有效的气候和能源政策组合来减少温室气体排放。EPS 模型主要涵盖五大领域,分别是工农业(包括制造业、建筑业、农业、废弃物处理)、建筑、交通、能源加工转换(电力、供热和制氢)以及土地利用领域。同时,模型涵盖了一些能有效评估政策成本、政策效益的板块,如污染物排放、现金流等,以及两个能够影响各大领域排放的政策板块和关键性技术,即研发和碳捕集与封存技术。

(3)根据 EPS 模型分领域运行机制,本研究结合浙江省实际,创新性地对 EPS 模型开展系列本地化工作,主要体现在以下方面:增加了能耗双控等约束边界,增加纺织和建材等凸显浙江特色行业模块,增加了外调电通道电力调入调出量及电源结构影响,因地制宜地将分布式光伏纳入电力调度和电量平衡,对热电联产电和热对应的碳排放进行单独计量等。

(4)EPS 模型目前已在多个国家和地区得以应用,如美国、印度、加拿大、印度尼西亚、墨西哥等。

第四章　浙江省 EPS 模型构建与情景设定

浙江省 EPS 模型的构建需要采集大量基础数据，并结合浙江省实际组合不同的政策情景。本章首先介绍了浙江省 EPS 模型的输入变量及数据来源，再结合国情、省情及政策趋势，分领域对关键变量指标开展趋势分析和初步预测，最后根据不同的发展目标和减排愿景设置不同的政策情景。

第一节　数据参数设定

一、输入数据的构成

EPS 模型以 2017 年为基准年，按照现有政策规划、技术水平发展所实现的排放路径构建了参考情景（BAU 情景）。模型（2.1.1 版本）输入数据共 197 个基础变量，其中优先更新重要性为很高的有 8 个变量、高的有 34 个变量，中的有 53 个变量，重要性较低的变量对模型结果的影响相对较小，可视情况更新。根据每个变量应尽可能采用浙江数据的原则，此次 EPS 模型在浙江应用中，修改更新的指标共计 109 个（表 4-1），确保预测结果与浙江省实际情况相符。其余指标不需要额外更新，仍采用美国 EPS 模型使用的数据。

表 4-1　关键输入数据变量情况

模块	输入数据指标个数	指标重要性				修改更新指标个数
		很高	高	中	低/可选	
燃料	14	0	6	2	6	8
建筑	21	1	2	7	11	10
交通	41	1	7	15	18	22
碳捕集与封存	3	0	0	2	1	2
工业农业	20	2	3	7	8	14

部门	输入数据指标个数	指标重要性				修改更新指标数
		很高	高	中	低/可选	
电力	45	2	12	9	22	30
区域供热	4	0	2	1	1	3
土地利用变化和森林	10	2	1	4	3	7
氢能	7			1	6	1
地球工程	1		1			1
其他（包括附加项、网页显示数据）	21	1	0	7	13	11

注：表中合计 187 个变量，另有 10 个变量无需整理、修改数据，暂未列入。

二、输入数据的来源

浙江省 EPS 模型输入数据的来源主要基于以下原则确定。

（1）根据浙江本地公开的统计数据、政策、规划等相关资料，通过调研本地相关政府部门、企事业单位，获得变量所需输入数据。

（2）部分变量需体现行业特性，因此可参考中国或者全球的行业数据，如 CCS 技术和成本水平、民航和水运行业的能效水平、各类发电机组的退役年限等。

（3）有些变量如果没有本地数据，则参考国家的平均水平，按照与变量相关的比例系数折算成浙江本地的数据；优先收集中国的数据，如果中国数据依然缺失，则参考美国的数据。例如，在确定各建筑构件的总费用数据时，鉴于数据可获得性，根据美国与浙江人均 GDP 的比例折算出人均建筑构件的费用，然后乘以浙江总人口数量，即可获得总费用数据。

（4）如果通过各类渠道均无法获得理想的数据，且美国数据相对贴合浙江或者行业的平均水平，则直接采用美国数据，如有关弹性研究的数据（交通出行需求对燃料价格的弹性、分布式光伏发电量对补贴的弹性等）。

浙江省 EPS 模型输入数据主要来源详见表 4-2。

表 4-2　输入数据主要来源

模块	现状数据来源	趋势预测参考资料
燃料	1. 浙江本地公开的统计数据、政策、规划、行业发展报告、调研等；2. 全国行业数据（建筑、交通、电力）；3. 中国 EPS 模型或美国 EPS 模型数据，并用 GDP 或人口等折算，或者直接引用（如有关弹性的数据）	WRI 的研究和能源领域专家判断
建筑		《重塑能源：中国—建筑卷》等、浙江省国土空间规划
交通		中共浙江省委 浙江省人民政府《关于深入贯彻〈交通强国建设纲要〉建设高水平交通强省的实施意见》、综合交通中长期需求研究
碳捕集与封存		IEA 报告
工业农业		CEADs
电力		能源领域专家判断
区域供热		能源领域专家判断
土地利用变化和森林		林业领域专家判断
GDP、人口、城市化率等		相关领域研究报告

第二节　分领域预测及输入指标

一、电力和区域供热行业

电力和区域供热行业作为能源加工转换部门，其碳排放量在浙江省温室气体排放总量的占比达到 50％以上。电力和区域供热行业碳排放量主要与当地资源禀赋、电力装机结构、机组负荷率、电网承载能力等因素相关。随着终端部门的电气化水平逐步提高，电力和区域供热行业的碳排放占比还将在一定时期内继续上升。

（一）历史趋势

电力和热力是能源供应体系的重要组成部分。"十三五"以来，浙江省电力装机稳步增长，电源类型持续清洁化，电网结构不断优化，电力电量增长超越预期，技术进步推动可再生能源规模化发展。受产业结构的影响，浙江省区域供热行业碳排放量在全省碳排放总量中具有较高的占比。"十三五"以来，浙江省通过集中供热、热电联产，实现能源梯级利用，有力保障了社会经济发展。

1. 电力装机稳步增长

2017年,浙江省电力装机容量 8898 万千瓦,同比增长 6.8%,增速比上年加快 4.7 个百分点(图 4-1)。其中 6000 千瓦以上发电机组总装机容量 8175 万千瓦,比上年新增 248 万千瓦。华东和省统调发电机组总装机容量 7085 万千瓦,比上年新增 172 万千瓦。

图 4-1 2010—2017 年浙江省电力装机容量及增速

2. 电源结构持续清洁化

煤电装机占比持续下降,太阳能光伏发电装机发展迅速(表 4-3)。2017年,浙江省煤电装机容量 4663 万千瓦,同比增长 0.7%,占总装机容量比重为 52.4%(图 4-2),同比下降 3.2 个百分点。气电装机容量 1230 万千瓦,基本与上年持平。水电装机容量(含抽蓄)1160 万千瓦,同比增长 0.5%;核电装机容量 657 万千瓦,与上年持平;太阳能光伏装机容量 814 万千瓦,比上年增长 140.8%;生物质发电装机容量 158 万千瓦,比上年增长 30.6%;风电装机容量 133 万千瓦,比上年增长 11.8%。

表 4-3 2012—2017 年浙江省电力装机容量

(单位:万千瓦)

类型	2012 年	2013 年	2014 年	2015 年	2016 年	2017 年
煤电	3678	3688	4271	4606	4629	4663
气电	517	809	1054	1228	1228	1230
油电	370	349	261	214	6	3

续表

电源类型	2012年	2013年	2014年	2015年	2016年	2017年
水电(含抽蓄)	984	986	995	1002	1154	1160
核电	440	440	549	657	657	657
风电	40	45	73	104	119	133
太阳能光伏	1.22	18	50	164	338	814
生物质发电	73	82	90	103	121	158
海洋能	0.39	0.39	0.39	0.39	0.41	0.41
余能综合利用	68	68	70	81	79	80
合计	6170	6484	7412	8158	8331	8898
省统调	4049	4325	5128	5648	5717	5889

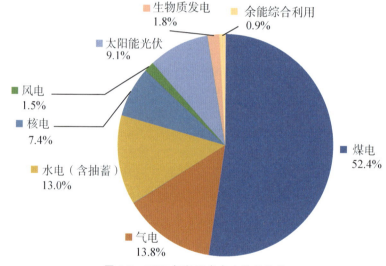

图 4-2　2017 年浙江省电力装机结构

3. 电网结构不断完善

2017 年,浙江省电力线路 69247 公里,同比增长 2.2%。其中,特高压线路 1712 公里,与上年持平;500 千伏线路 8349 公里,同比减少 3.2%;220 千伏线路 17620 公里,同比增加 3.9%;110 千伏线路 24840 公里,同比增加 3.4%(图 4-3)。截至 2017 年末,浙江省拥有 1000 千伏特高压交流站 3 座,主变 6 台,总容量 1800 万千伏安;±800 千伏特高压直流换流站 2 座,总容量 1600 万千伏安;500 千伏变电站 42 座,主变 107 台,总容量 9505 万千伏安;220 千伏变电站 317

座,总容量 13626 万千伏安;±200 千伏变电站 5 座,总容量 100 万千伏安;100 千伏变电站 1334 座,总容量 13096 万千伏安。

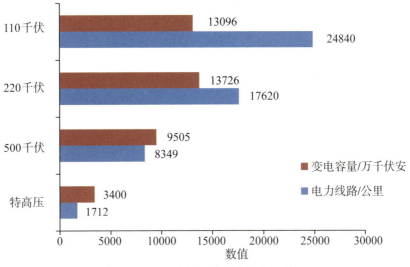

图 4-3 2017 年不同等级电网发展现状

4. 电力电量超预期增长

浙江省发电量保持增长态势,2017 年,全省发电量 3312 亿千瓦时,同比增长 3.6%。全省统调最高负荷 6983 万千瓦,比上年增长 6.6%。统调日最高用电量 14.5 亿千瓦时,全年统调用电最大峰谷差 2420 万千瓦,平均用电负荷率 83.1%。浙江省 6000 千瓦及以上发电小时数及增速情况如图 4-4 所示。

图 4-4 2010—2017 年浙江省 6000 千瓦及以上发电小时数及增速

5. 清洁能源发电优先调度

统调水电、风电、核电、光伏和调峰调频机组按照优先发电安排计划;纳入规划的地方风能、太阳能、生物质能、余热余压余气发电和水电按照优先发电安排计划;为满足电网调峰和保持发电用天然气消费量基本稳定的需要,安排天然气机组发电计划。

6. 加快实施集中供热工程

"十三五"以来,浙江省积极推行工业园区集中供热,建设和完善工业园区(集聚区)热网工程,不断提高省内园区的集中供热能力和扩大供热管网覆盖范围。2017 年完成生物质燃料锅炉替代燃煤锅(窑)炉 765 台。积极推进集中供热替代,全省 64 个有集中供热需求的省级以上工业园区已基本实现集中供热,2017 年全省集中供热量 5.08 吉焦,同比增长 11.9%。根据 2017 年浙江省能源平衡表,集中供热投入中煤炭合计 2637.84 万吨,石油及制品 12.29 万吨,天然气 1.96 亿方,同时存在煤炭、天然气等分散供热投入,以及部分电热炉等以电供热。初步测算,2017 年煤炭、天然气、生物质、电力供热比例分别为 85%、8%、2% 和 5%(图 4-5)。

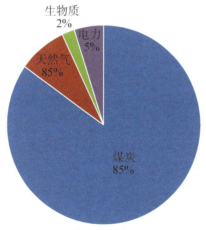

图 4-5　2017 年不同燃料品种供热比例

(二)预测分析

1. 电力供需平衡总体思路

"十三五"前三年,由于电力电量超预期增长,核电等大型电源建设进度滞后,浙江省电力供需保障形势紧张,外来电在电力保供中作用非常大(2018 年净调入电力 1094 亿千瓦时,占全省用电量的 24%)。根据预测,舟山绿色石化基地等重化工和先进制造项目的逐步投产,将继续推动二产用电增长,数字经济引领的三产加速发展及居民生活水平的提高将推动三产和居民用电增长进一步加快,全省电力需求仍将维持刚性增长态势。

为高质量保障电力需求,浙江省总体按照确保不出现电力供需缺口的要求,坚持"省内＋省外"并举,多方开拓电力供应渠道。省内依靠清洁煤电、核电、海上风电、光伏、气电等;省外继续推进跨区域电力通道建设,主要依靠新增清洁电力。

2. 电力装机结构

(1) 煤电

政策分析:短期内,煤电作为主力电源的地位不会改变,且电力刚性增长对煤电保供的需求较大。国家能源局针对煤电行业的健康发展出台了系列政策。2016 年起国家发改委、国家能源局联合印发了《关于促进我国煤电有序发展的通知》《关于进一步规范电力项目开工建设秩序的通知》,规范煤电有序发展。而随着"十三五"期间煤电过剩风险的出现,国家能源局下发了《关于进一步调控煤电规划建设的通知》,在煤电的开工建设秩序、煤电质量监督以及违规建设项目的查处等方面提出更具体的要求。2019 年国家能源局还向各省下达了煤电行业淘汰产能的目标任务:2019 年 12 月底前总计需淘汰 866.4 万千瓦。在煤电规划建设风险预警机制方面,建立了对风险加以衡量的预警指标体系,具体包括:煤电装机充裕度预警指标、资源约束指标、煤电建设经济性预警指标。2020 年全国能源工作会议明确,不轻言"去煤化",将逐步淘汰 30 万吨以下落后产能煤矿,有序核准新建大型煤矿项目。

预测分析:今后一段时间,煤电作为浙江省主力电源的地位不会改变。"十四五"期间浙江省主要可能新增电源保障有核电 490 万千瓦(三门核电二期 250 万千瓦、三澳核电一期 240 万千瓦)、白鹤滩水电送浙特高压直流 800 万千瓦、送浙第四回特高压直流 800 万千瓦等。从目前进度看,核电和送浙第四回特高压直流建设存在不确定性,预计"十四五"期间按时投产难度较大。因此,为保障电力供应安全,"十四五"期间浙江省将力争新增省内大型清洁煤电 800～1200 万千瓦。"十五五"及以后新增电量基本靠清洁电力满足,退役煤电机组通过更加先进的机组等量替换或者减量替换。浙江沿海火电扩建厂址资源丰富,可原厂扩建规模超过 2000 万千瓦,其中乌沙山电厂二期、乐清电厂三期两个扩建项目已取得国家路条。

（2）可再生能源

政策分析：在光伏方面，自光伏"531新政"〔即2018年5月31日，国家发展改革委、财政部、国家能源局印发《关于2018年光伏发电有关事项的通知》（发改能源〔2018〕823号）文件〕实施以来，分布式光伏发电快速发展、普通地面光伏电站增速趋于平稳，光伏项目补贴竞争性指标分配稳步推进，无补贴光伏项目建设加快发展。随着光伏组件技术进步、系统成本进一步降低，参考《中国光伏产业发展路线图》（2019年版），浙江省光伏可在"十三五"末基本实现平价上网。"十四五"及中长期，在浙江省电网充分消纳的前提下，光伏装机将再次规模化快速发展。在风电方面，2019年5月21日，国家发展改革委发布《关于完善风电上网电价政策的通知》（发改价格〔2019〕882号）。2019年Ⅰ～Ⅳ类资源区新核准的集中式陆上风电项目指导上网电价调整为每千瓦时0.34元、0.39元、0.43元、0.52元（含税，下同）；2020年分别调整为每千瓦时0.29元、0.34元、0.38元、0.47元。随着风电机组技术进步，系统成本进一步降低，陆上风电全面实现平价上网。一方面，浙江省海上风电资源良好，随着装机容量的不断提高，上网电价将呈现明显的下降趋势。另一方面，浙江省电网网架结构健全，新能源消纳能力较强，风电规模化发展前景较好。在生物质发电方面，2010年，国家发展改革委发布《关于完善农林生物质发电价格政策的通知》（发改价格〔2010〕1579号），将农林生物质发电项目上网电价统一上调至0.75元/千瓦时（含税）。2012年，国家发展改革委发布了《关于完善垃圾焚烧发电价格政策的通知》（发改价格〔2012〕801号），规定每吨生活垃圾折算上网电量暂定为280千瓦时，并执行全国统一垃圾发电标杆电价每千瓦时0.65元（含税）。对于农林生物质、垃圾发电，综合考虑行业属性、发展阶段及环保压力等因素，国家现阶段扶持力度较大，政策倾向明显。作为新兴产业，农林生物质、垃圾发电未来发展前景广阔。

资源禀赋：据调查，浙江省可再生能源已基本涵盖水能、太阳能、风能、生物质能、海洋能等各能源种类。综合各种可再生能源资源储量与技术成本等，分析当前及今后一段时间内的技术可开发量与可用空间，对优化浙江省电力结构具有重要意义（表4-4）。

表4-4　浙江省可再生能源资源储量与可用空间对比

能源类型	资源储量	可用空间
光伏	技术可开发量在2000万千瓦以上	具备规模化发展条件，仍有一定发展空间，但地面电站发展空间有限

能源类型	资源储量	可用空间
风能	陆上:技术可开发量在 500 万千瓦以上;近海 20 米等深线以内:技术可开发量约 4100 万千瓦	陆上风电开发暂缓,分散式有少量发展空间;海上风电发展空间巨大,是浙江省具备规模化开发的主要品种
生物质能	秸秆、农林废弃物和生活垃圾可开发量分别为 1020 万吨、870 万吨和 1895 万吨	垃圾发电邻避效应凸显,秸秆、农林废弃物收集困难,发展空间有限
海洋能	潮汐能、潮流能、波浪能的技术可开发量分别为 857 万千瓦、103 万千瓦、192 万千瓦	开发成本高,经济性有待提升,短期内发展难以提速,规模化发展空间十分有限
水能	技术可开发量约 800 万千瓦	开发程度接近 90%,发展空间十分有限

预测分析:在光伏方面,主要以发展分布式为主,在"十三五"快速发展期过后,可供开发资源减少且受国家可再生能源补贴政策等影响,光伏发展速度将逐渐趋缓;中远期考虑到技术进步,光伏建筑一体化、光伏交通发展应用,综合能源系统逐步推广,光伏+储能利用普及,2050 年光伏装机容量有望达到 3600 万千瓦。在风电方面,浙江省陆上风能资源理论储量约 2100 万千瓦,技术可开发量在 400 万千瓦以上。浙江省海上风能资源丰富,100 米高度常年平均风速在 7.5~8.0 米/秒,近海 20 米等深线以内海域风能资源理论储量约 6200 万千瓦,技术可开发量约 4100 万千瓦。大力发展海上风电,对于陆上风电重点推进退役风电场转型升级和园区分散式风电,2050 年风电装机容量有望达到 2300 万千瓦,其中海上风电 1700 万千瓦。在生物质发电方面,生物质发电主要以生活垃圾发电为主,考虑垃圾分类、源头减量等影响,预计后续省内增长空间有限,2050 年生物质发电装机容量达到 360 万千瓦左右。

（3）核电

按照建设沿海核电基地的总体部署,优先发展三门、三澳核电厂址,"十四五"期间争取建成三澳核电一期、三门核电二期,装机容量共 490 万千瓦;"十五五"期间争取建成三澳核电二、三期,三门核电三期,装机容量共 730 万千瓦;2030 年以后,为满足电力供需平衡,考虑发展其他厂址,合计新增装机容量 1000 万千瓦左右。

（4）气电

鼓励在有条件的产业聚集区、工业园区、商业中心、交通枢纽及数据存储中心等推广建设天然气分布式多联供项目。"十四五""十五五""十六五"期间各考虑新增 200 万千瓦气电装机,2035—2050 年再新增 100 万千瓦,新增机组以分布式多联供项目为主。随着国际油气价格下降,国内天然气价格也随之下降,同时天然气分布式能源政策取得突破,省内天然气分布式项目可能会迎来大发展期,气电价格也将更具有竞争力。

(5)外来电

浙江省将积极引入外来电,推动跨区域电力通道建设,提升区外受电能力。"十四五"期间白鹤滩水电送浙江特高压直流工程和新建送浙第四回特高压直流800万千瓦项目建成。特高压作为"新基建"迎来又一次大发展,浙江省将继续积极争取新的跨区域电力通道。

3. 储能及电力灵活调度

(1)新型储能

随着电力系统规模不断发展,电力负荷峰谷差不断增大。同时,受越来越多可再生电力接入等影响,电力系统对储能和灵活调度的要求越来越高。配置一定规模的新型储能系统,对电网安全稳定、灵活调度具有重要意义。新型储能呈现以下几个方面的发展特征。①储能规模持续发展,抽水蓄能仍占主体地位。截至2018年,中国储能市场累计装机规模31.2吉瓦,其中抽水蓄能装机规模29.99吉瓦,占比96%;电化学储能累计装机规模1033.7兆瓦,熔盐储热装机规模211.7兆瓦,占比3.3%,位列第二位;压缩空气、飞轮储能仅有少数示范项目。②电化学储能及熔盐储热市场发展前景较好。截至2018年底,电化学储能累计装机容量1033.7兆瓦。在装机功率占比方面,电化学储能市场主要应用场景有5类:集中式新能源+储能、电网侧调频、电网侧储能、分布式及微网、用户侧(工商业削峰填谷、需求侧响应等),装机功率占比分别为18.5%、16.4%、24%、16.9%、24.6%。在装机容量占比方面,用户侧(工商业削峰填谷、需求侧响应等)因较高的小时率要求,装机容量占比独占鳌头,高达1583.0兆瓦,占比51.0%。③电网侧储能潜力较大,将带动储能规模快速发展。2018年新增电网侧储能项目装机容量241.8兆瓦,占当年新增投运电化学储能项目规模的39.5%,南方电网、国家电网分别发布《关于促进电化学储能发展的指导意见》、《关于促进电化学储能健康有序发展的指导意见》,要求将储能作为推动发展、解决问题的重要手段,密切跟踪储能技术发展,积极推动储能多方应用,发挥储能的调峰、调频、备用、黑启动等多种功能,经济、高效解决电力发展不平衡不充分问题。

目前,浙江省尚未布局新型储能电站。应根据全省未来电网发展需求和新能源发展趋势,兼顾电网峰谷差、电池储能技术进步及成本下降等因素预测新型储能电站容量。目前,锂电池充放电循环一次使用成本约0.5元/千瓦时。随着峰谷价差的进一步扩大,预测 2020 年后全省每年新增 10 万千瓦新型储能容量。

(2)抽水蓄能

浙江省抽水蓄能电站资源丰富,按照《国家能源局关于浙江抽水蓄能电站选点规划调整有关事项的复函》(国能函新能〔2018〕116 号)精神,根据电力负荷峰谷差、新能源开发时序等预测调峰需求和抽水蓄能电站建设需求,预计 2030 年装机容量 2800 万千瓦,2035 年装机容量 3500 万千瓦,2050 年装机容量 5000 万千瓦。

(三)结果说明

从装机结构看(图 4-6),在参考情景下,煤电是浙江省未来主要基荷电源,气电装机占比也将逐步提高,成为电力安全供应的重要支撑。核电、分布式光伏和风电等电力装机容量也将逐渐增长。

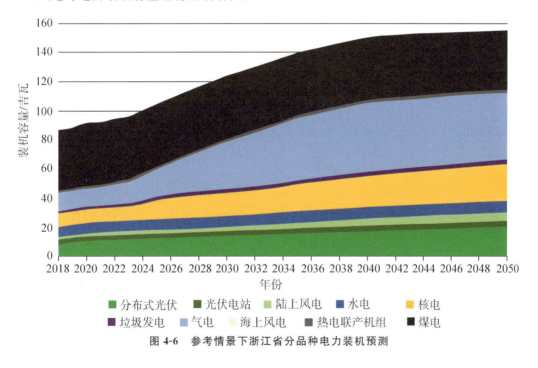

图 4-6 参考情景下浙江省分品种电力装机预测

从发电量看,在参考情景下,煤电的发电量将呈现先升后降的趋势,将于 2025 年左右达到峰值,但仍是中长期全社会重要的兜底保障电源。气电装机容量较高,其发电量虽有所提升,但由于价格相对较高,仍承担着调峰机组的功能定位,占全省总发电量的比例始终低于 10%。核电是未来发展的重要能源品种之一,发电量占比逐步提升,逐步替代煤电成为全省最重要的支撑性电源。光伏、风电等可再生能源将迎来大的发展机遇期,但由于浙江省总体资源禀赋一般,发电量占比仅略有提升。根据预测,2018—2050 年的可再生能源发电量占比见表 4-5,在参考情景下 2050 年可再生能源发电量占比将达到 16.8%。

表 4-5　浙江省中长期各主要能源品种发电量

年份	总发电量/亿千瓦时	煤电/亿千瓦时	气电/亿千瓦时	水电[①]/亿千瓦时	核电/亿千瓦时	风电/亿千瓦时	光伏[②]/亿千瓦时	生物质发电(含垃圾)/亿千瓦时	可再生能源发电/亿千瓦时	可再生能源发电量占比
2017 年	3348	2268	153	212(212)	511	25	56(30)	82	349	0.104
2018 年	3508	2298	155	192(112)	587	31	100(40)	92	355	0.101
2020 年	3865	2367	194	260(200)	699	51	140(51)	99	401	0.104
2025 年	4782	2516	299	325(200)	1076	184	180(65)	143	592	0.124
2030 年	5265	2129	339	398(200)	1638	300	218(80)	176	756	0.144
2035 年	5681	2078	379	445(200)	1831	416	258(85)	192	893	0.157
2050 年	6090	1718	399	445(200)	2345	528	360(100)	198	1026	0.168

注:①括号中数据为水电(不含抽蓄)发电量。②括号中数据为光伏电站发电量。

从机组退役安排看,火电、核电等发电机组均有一定的运行寿命,中长期后部分机组将面临退役情形。从控制碳排放的角度出发,主要考虑煤电和气电机组的按期退役。根据《国内外煤电机组服役年限现状研究》,煤电机组可以较设计寿命适当延长。考虑到浙江省的实际情况,暂按 40 年安排煤电退役计划。同时,气电机组也按 40 年设计运行寿命安排退役计划。根据相关统计资料,将浙江省主要煤电和气电装机按投产年份进行统计,并相应安排退役计划(表 4-6);2018 年机组退役按实际退役装机数预测。由此可见,浙江省在 2041—2050 年期间将面临火电的退役潮,年均退役煤电装机容量 252.9 万千瓦、气电装机容量 39.6 万千瓦。

表 4-6 浙江省煤电和气电退役计划

类型	容量/兆瓦	投产年份	退役年份	平均每年退役装机容量/兆瓦
煤电	860	1981—1990	2021—2030	86
	4785	1991—2000	2031—2040	479
	25286	2001—2010	2041—2050	2529
	11761	2011—2017	超出模型期限	0
气电(扣除热电联产)	3962	2001—2010	2041—2050	396
	3215	2011—2017	超出模型期限	0

从机组运行负荷率看,在参考情景下,各类电力装机仍根据国家和浙江省的相关政策和调度要求,实行有序发电上网,具有一定的计划性。2017 年,机组运行负荷率数据根据电力工业统计资料计算获得。2018—2050 年,机组运行负荷率主要根据发电量和装机容量的预测数据计算获得,其中水电、陆上风电、太阳能光伏、天然气调峰、海上风电等的负荷因子受资源禀赋及浙江省负荷特性等因素影响,保持不变。浙江省目前无光热、地热发电项目,负荷因子暂按 2017 年美国能源信息署(EIA)电力年度手册水平设置。浙江省石油、原油、重油或渣油等发电装机容量可以忽略不计,为使得模型正常运行,负荷因子暂按 0.01 设置(表4-7)。

表 4-7 参考情景下期望负荷因子

电力装机类型	负荷因子					
	2017 年	2020 年	2025 年	2030 年	2035 年	2050 年
煤电	0.555	0.572	0.540	0.457	0.446	0.414
天然气非调峰发电	0.700	0.700	0.700	0.700	0.700	0.700
核电	0.888	0.879	0.879	0.879	0.879	0.842
水电(常规)	0.241	0.241	0.241	0.241	0.241	0.241
陆上风电	0.215	0.217	0.217	0.217	0.217	0.217
太阳能光伏	0.079	0.114	0.114	0.114	0.114	0.114
光热发电	0.218	0.218	0.218	0.218	0.218	0.218
生物质发电	0.619	0.683	0.680	0.677	0.669	0.672
地热发电	0.740	0.740	0.740	0.740	0.740	0.740

续表

发电装机类型	负荷因子					
	2017 年	2020 年	2025 年	2030 年	2035 年	2050 年
石油发电	0.010	0.010	0.010	0.010	0.010	0.010
天然气调峰发电	0.142	0.142	0.142	0.142	0.142	0.142
海上风电	0.297	0.297	0.297	0.297	0.297	0.297
原油发电	0.010	0.010	0.010	0.010	0.010	0.010
重油或渣油发电	0.010	0.010	0.010	0.010	0.010	0.010
垃圾发电	0.592	0.640	0.635	0.633	0.629	0.632

从可调负荷看,浙江省可调负荷主要有抽水蓄电站、需求侧响应和电网侧储能等(表 4-8)。根据国家对抽水蓄能电站选址规划调整的批复,安排后续抽水蓄电站建设进度和装机。2003 年勘测发现,浙江省抽水蓄能装机容量至少有 7000万千瓦。但从能效水平来看,煤电调峰优于抽水蓄能,因此暂考虑 2035 年后抽水蓄能装机保持不变。根据《2019 年浙江省电力需求响应工作的通知》要求,迎峰度夏期间,全省统调最高用电负荷预计达 7800 万千瓦,全省安排削峰需求侧响应总负荷 300 万千瓦,形成年度最大用电负荷 3.8% 的需求侧机动调峰能力。未来浙江省的电力需求量由 EPS 模型预测,根据浙江省未来预计的最大用电负荷的 4%～5% 测算浙江省电力需求侧响应量。目前浙江省还没有开发电网电池储能。电网侧储能规模的预测主要考虑浙江省电网峰谷差对调峰的需求以及技术进步导致的储能成本下降两方面因素。目前,锂电池充放电循环一次使用成本约 0.5 元/千瓦时,随着峰谷价差的进一步扩大,乐观估计,2020 年后全省每年新增 10 万千瓦储能容量。

表 4-8　参考情景下浙江省可调负荷情况

可调负荷	2020 年	2025 年	2030 年	2035 年	2040 年	2045 年	2050 年
抽水蓄能装机容量/兆瓦	4580	9580	14180	18780	18780	18780	18780
需求侧响应容量/兆瓦	3720	4838	5719	6300	6691	7083	7475
电网侧储能装机容量/兆瓦	100	600	1100	1600	2100	2600	3100

对于电厂建造和运维费用,主要考虑电厂的建造成本和运维成本,其中运维成本有固定成本和可变成本之分(表 4-9—表 4-11)。结合国际相关研究报告,建造成本的计算方式为建造成本/装机容量;固定运维成本计算方式为年固定成本/装机容量;可变运维成本与发电量有关,其计算方式为年可变成本/年发电

量。成本相关数据主要源于 EPS 模型中各国内部参数。对于水电、地热发电和光热发电,根据美国新建电厂中固定运维成本与可变运维成本的比例,对中国相应的成本进行分摊(其中中国地热发电的成本由全球的估计值代替)。天然气调峰发电的成本是在美国调峰与非调峰天然气发电相应成本的比率基础上结合中国非调峰天然气发电的成本来折合计算的。另外,由于石油发电在中国很少见,采用美国模型中的数据加以表征。

表 4-9 单位装机容量年建造成本

(单位:美元/兆瓦)

类型	2018 年	2019 年	2020 年	2025 年	2030 年	2040 年	2050 年
垃圾发电	3882109	3882109	3882109	3882109	3882109	3882109	3882109
地热发电	3362556	3356924	3351292	3323129	3294967	3238643	3182319
光热发电	3231139	3158157	3085174	2869543	2653913	2504630	2355348
海上风电	3030249	模型自行计算下降曲线					
核电	2002567	2002567	2002567	1970667	1917501	1811166	1704831
水电	1589271	1580658	1572046	1529019	1486038	1429150	1401376
生物质发电	1518777	1521930	1517658	1496297	1474938	1432217	1389496
陆上风电	1297135	模型自行计算下降曲线					
煤电	1213966	1195434	1175523	1143177	1104540	1036220	967900
太阳能光伏	942765	模型自行计算下降曲线					
石油发电	652272	649812	645391	635483	613104	590089	567075
原油发电	652272	649812	645391	635483	613104	590089	567075
重油发电	652272	649812	645391	635483	613104	590089	567075
天然气非调峰发电	321775	320628	318674	313925	304041	293228	282414
天然气调峰发电	297338	296216	294201	289685	279483	268992	258501

表 4-10 单位装机容量年固定运维成本

类型	年固定运维成本/(美元/兆瓦)
垃圾发电	316603.4
核电	121748
地热发电	104830
生物质发电	97830
光热发电	44500

续表

类型	年固定运维成本
水电	32605
煤电	28509
太阳能光伏	24494
海上风电	15917.963
陆上风电	9948
石油发电	7340
天然气非调峰发电	6738
天然气调峰发电	4586
原油发电	0
重油发电	0

表 4-11 单位发电量年可变运维成本

类型	年可变运维成本/（美元/兆瓦）
垃圾发电	26.02
石油发电	15.44
天然气调峰发电	14.67
生物质发电	4.57
核电	4.31
煤电	3.59
天然气非调峰发电	2.74
水电	1.37

二、工业行业

浙江省工业行业的温室气体排放量仅次于电力和区域供热行业，占到总量的三成以上。工业行业温室气体排放量主要与当地工业生产规模、燃料结构、能效水平、生产工艺及技术的先进性等因素相关。随着经济的发展，重大项目投资力度加大，工业行业的碳排放还将在一定时期内继续上升。

工业行业的温室气体排放包括直接燃料燃烧排放和工业过程排放。其中，CO_2排放占直接燃料燃烧温室气体排放的99%以上。工业过程排放包括：水泥

生产过程的 CO_2 排放；石油和天然气系统的甲烷排放；钢铁生产过程的 CO_2 排放；化工生产过程的 N_2O 和含氟气体排放。2018 年，在所有工业过程排放中，CO_2 占比 38.9％，含氟气体占比 59.8％，甲烷占比 0.7％，N_2O 占比 0.6％。2050 年，CO_2 占比 36.5％，含氟气体占比 61.9％，甲烷占比 1％，N_2O 占比 0.6％。

在本书中，将工业行业中所用电力及热力的能源消费和排放，计入了电力和区域供热行业中，建筑和交通行业也是同样口径。

（一）历史趋势

1. 建材行业

"十一五"以来，浙江省整治建材行业，淘汰落后低小散产能，并根据供给侧结构性改革和蓝天保卫战等要求，关停了一批高能耗的水泥厂、玻璃厂等。2012—2016 年，水泥产量逐渐下降，2017 年开始又逐步上升，主要原因是：从 2016 年开始，浙江省房地产市场兴起，基础设施投资增加。平板玻璃的产量在 2015 年达到峰值后下降，2018 年又开始呈上涨趋势（图 4-7）。2010—2018 年，建材行业终端综合能耗总体呈下降趋势（图 4-8）。

图 4-7　2010—2018 年水泥、平板玻璃产量变化趋势

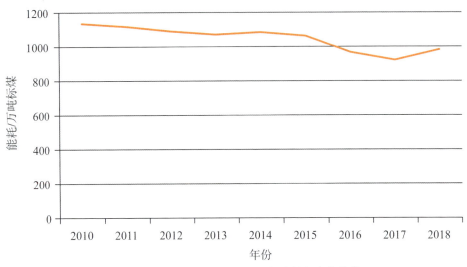

图 4-8   2010—2018 年建材行业综合能耗变化趋势

从能源结构变化看,煤炭、油品消费占比总体呈下降趋势,电力、天然气消费占比总体呈上升趋势(图 4-9)。

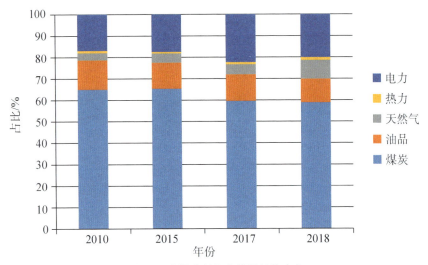

图 4-9   水泥建材行业能源结构变化

2. 油气加工行业

目前,浙江省内油气加工企业主要有镇海炼化、中海石油宁波大榭石化有限公司(以下简称"大榭石化")、舟山绿色石化基地、中海石油舟山石化有限公司等,每年原油加工量保持在 3000 万吨左右。从产品产量来看,2009—2018 年,汽油、煤油、柴油、重油等四类油气加工行业主要产品合计产量水平基本维持在 1400 万吨/年,但产品结构呈现柴油降、煤油升,汽油、重油波动的趋势(图 4-10)。2019 年底,舟山绿色石化基地一期 2000 万吨/年炼化项目投产。

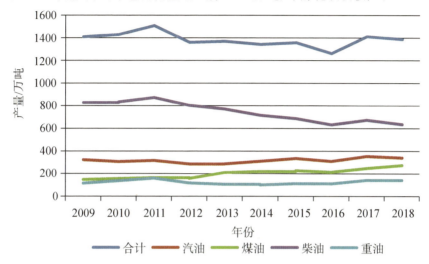

图 4-10　2009—2018 年油气加工行业主要产品产量变化趋势

注:数据来源于历年《浙江省统计年鉴》。

2010 年以来,尤其是镇海炼化 100 万吨/年乙烯装置投产后,油气加工行业终端用能相对稳定,随每年炼油量波动。主要能源消费为油品(炼厂干气和其他石油制品)、煤炭等,随着降油趋化、减煤控制等,油品、煤炭消费占比下降明显,热力和电力消费占比上升(图 4-11)。

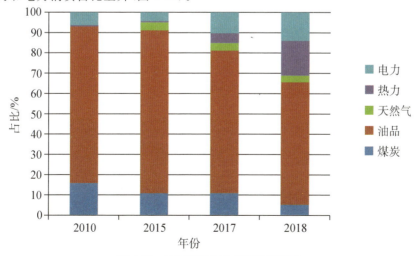

图 4-11　油气加工行业能源结构变化

3. 钢铁行业

浙江省是钢铁消费大省和生产小省,钢铁产能相较于周边的江苏省、安徽省处于较低水平。杭钢集团关停后,浙江省粗钢生产企业主要有宁波钢铁和衢州元立钢铁,另有 50 家左右电炉炼钢、特钢生产及钢铁压延加工企业。从 2010—2018 年数据来看,粗钢和钢材产量均在 2014 年达到最高(图 4-12)。

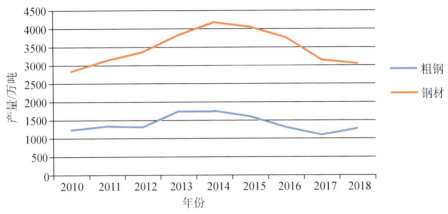

图 4-12　2010—2018 年钢铁产量变化趋势

从能源结构看,2010—2018 年钢铁行业煤炭消费占比下降超过 15 个百分点,主要由天然气、电力、热力替代(图 4-13)。煤炭消费占比在 2015 年后较大幅度下降,这主要受杭钢关停的影响;2017—2018 年较大幅度下降,则受小锅炉关停整治及煤改气的影响。

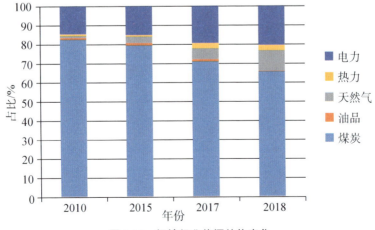

图 4-13　钢铁行业能源结构变化

4. 化工行业

从产品产量及产值来看,2009—2018 年,化学原料和化学制品制造业主要产品产量呈明显增长趋势,特别是硫酸、烧碱等基础化学原料增长明显,说明化工行业整体仍处于较快增长阶段。在医药制造业主要产品产量中,化学原料药有下降趋势,中成药波动上升,近几年也有下降趋势。但从行业总产值来看,医药制造业总产值从 2011 年的 855.65 亿元增长至 2018 年的 1505.5 亿元,年均增长率达到 8.41%,仍处于快速增长趋势。化学纤维制造业主要产品产量呈快速增长趋势,从 2009 年的 1207.16 万吨增长至 2018 年的 2514.89 万吨,年均增长率达到 8.50%。但从行业产值来看,从 2011 年开始,化学纤维制造业总产值基本在 2500 亿元上下波动,无明显增长趋势,行业能耗也基本保持稳定,近年来无明显增长。在橡胶和塑料制品制造业主要产品产量中,除轮胎外胎产量在 2014 年、2015 年下降外,基本呈增长趋势,从 2009 年到 2018 年,轮胎外胎和塑料制品年均增长率分别为 3.29% 和 3.42%(图 4-14—图 4-16)。

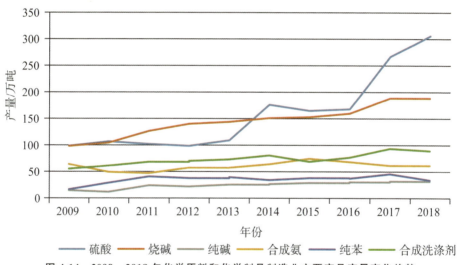

图 4-14　2009—2018 年化学原料和化学制品制造业主要产品产量变化趋势

图 4-15　2009—2018 年医药制造业主要产品产量变化趋势

图 4-16　2009—2018 年化学纤维、橡胶和塑料制品制造业主要产品产量变化趋势

　　从产品能耗来看,合成氨单位综合能耗呈下降趋势,近年进入波动状态。化纤产品单位综合能耗整体呈下降趋势,个别产品略微增加。从能源消费总量来看,2011—2016 年,全省化工行业能源消费总量呈较快增长态势,年均增长超过3 个百分点。从能源结构来看,煤炭呈下降趋势,电力、热力、天然气均呈明显上升趋势(图 4-17)。

图 4-17 化工行业能源结构变化

5. 其他工业行业

(1)纺织行业

纺织行业是浙江省传统的支柱产业、重要的民生产业和竞争优势明显的产业,但也是温室气体和污染物排放大户。浙江省的纺织企业有三千余家,主要产品包括纱、布、毛线、呢绒、丝和丝织品等。2010—2014 年纺织产品产量总体呈上升趋势,2015 年起纺织产品产量总体呈下降趋势(表 4-12)。

表 4-12 2010—2018 年纺织行业主要产品产量

年份	产品产量					
	纱/万吨	布/亿米	毛线(绒线)/吨	呢绒/万米	丝/吨	丝织品/亿米
2010	214.87	158.99	24433	10584	14436	3.29
2011	198.77	146.13	26504	6343	15162	1.98
2012	231.23	143.22	35314	6010	14467	2.08
2013	239.1	153.47	40858	4188	14293	2.2
2014	229.98	156.25	42888	8536	15505	2.16
2015	220.04	152.76	36206	8463	16060	2.15
2016	215.8	149.2	34842	7107	14000	2.05
2017	190.42	137.44	36428	3909	10570	1.87
2018	173.17	83.21	37491	5149	6644	2.02

注:数据来源于历年《浙江省统计年鉴》。

　　热力、电力是纺织行业消耗最大的两个能源品种,2018 年分别占到近四成。2011 年煤炭消费占到三成,受"十三五"期间小锅炉关停影响,煤炭的消费明显下降,2018 年下降到 5% 以下。"十三五"期间,纺织行业天然气消费占比明显上升,电力、热力的消费占比也有所上升(图 4-18)。

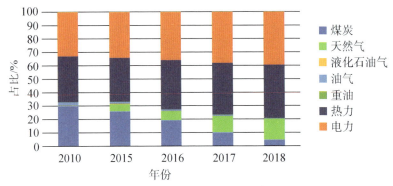

图 4-18　纺织行业能源结构变化

　　(2) 造纸行业

　　造纸行业是浙江省轻工业的传统支柱行业,产量一直位居全国前列,在全国造纸行业中占有极其重要的地位。造纸行业产品——机制纸在 2009—2018 年保持了较稳定的增长(图 4-19)。

　　热力是造纸行业消耗最大的能源品种,在 2018 年占到近一半。2011 年煤炭消费占到 1/4 左右,2015 年略有上升,2018 年明显下降。受"十三五"期间小锅炉关停影响,煤炭的消费明显下降。"十三五"期间造纸行业用电的比例明显上升,天然气、热力的消费占比也有所上升(图 4-20)。

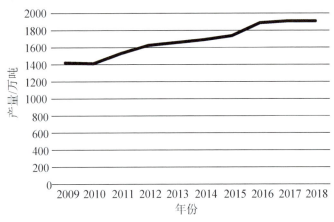

图 4-19　2009——2018 年机制纸产量变化趋势

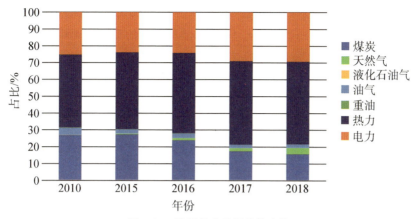

图 4-20　造纸行业能源结构变化

（3）其余行业

电力是其余工业行业消耗最大的能源品种，在 2018 年占到七成以上。2015—2018 年，因数字经济、装备制造等主要用能为电力的新兴产业发展，用电量上升明显，天然气消费占比也有所上升，煤炭和油气的消费占比下降（图 4-21）。

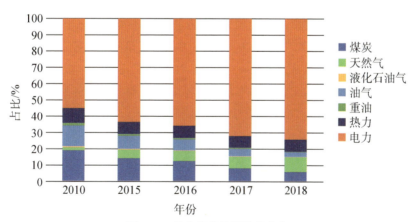

图 4-21　其余行业能源结构变化

（二）预测分析

1. 建材行业

（1）水泥行业能源消费总量预测

近期，浙江省由于房地产市场、以交通市政为代表的传统基础设施及新型基础设施建设的需求增加，对建材的需求增加。结合前几年的趋势，初步预测

2019—2025年,每年的能源消费量保持增长。在2025年左右,由于交通市政等基础设施基本建成,房地产市场基本稳固,建材市场的需求达到峰值,建材行业的能源消费总量也达到峰值,随后逐年下降。在2035年后,随着浙江省高水平现代化的基本建成,建材行业的能源消费总量将进一步下降。

(2)能源结构预测

建材行业能源结构的调整主要是:煤炭、油气能效的提高导致其使用比例的降低,电气化水平的提高导致电力使用比例的上升。但受制于工艺,绝大部分的煤炭无法用电力替代,如水泥行业的水泥熟料制作过程,目前工艺均为在水泥回转窑内高温煅烧水泥生料,故能源结构的改善只能缓慢进行。

2. 油气加工行业

(1)行业未来发展趋势预测

①提升炼化一体化水平。从全球及我国石化产业发展布局来看,规模化、基地化、一体化及降油增化是炼化产业发展的总体趋势。目前,主要世界级炼化生产基地分布在美国墨西哥湾、日本东京湾、韩国蔚山、沙特朱拜勒和延布等地区。

②趋向降油增化。许多在建和拟建的大型项目寻求提高炼化一体化水平,延长产业链向下游化工产品转变。浙江石油化工有限公司正在推进的炼化一体化二期项目以及谋划建设的三期项目,均能进一步增加后端化工生产能力。未来随着电动汽车、氢能源汽车的普及,市场油品需求量将进一步萎缩,而后端化工原料的需求将随着经济发展进一步增加,油气加工行业进一步降油增化的趋势将更加明显。降油增化将使油气加工行业对氢原料的需求量进一步增加,进而使煤炭、天然气、电力、热力的需求增加。

(2)能源消费总量及结构预测

考虑到浙江省主要石化产业项目已基本确定,相关项目能源消费规模也可获取,对未来分品种能源消费量的预测主要采用项目能耗叠加的方式。在能源品种中,由于原油消费计入将使能耗重复计算,因此不再计算原油消费量;生物质燃料由于消费量小,且未来预计也不会增加,因此忽略不计。

2017年、2018年能源消费总量有实际统计数据;2019—2025年的能源消费总量数据通过新增项目能源消费总量数据进行预测,能源结构数据结合历史趋势及新增项目各能源品种情况预测。2019年新增能源消费量为浙江石油化工有限公司一期项目投产产生的实际能源消费;2020年新增能源消费量为浙江石油化工有限公司一期项目全面投产的预测能源消费量,以及镇海炼化、大榭石化扩建部分投产产生的能源消费预测结果;2021年为浙江石油化工有限公司二期项目、镇海炼化、大榭石化扩建全面投产的预测能源消费量;2024 年为大榭石化扩建的预测能源消费量;后续新增项目能源消费情况根据研究预测推算。

3. 钢铁行业

（1）产品需求预测

整体产钢与用钢的缺口为 1000 万～2000 万吨。在新基建、重大产业、重大项目等带动下,钢铁需求有一定的增长。考虑到国家相关政策对钢铁产能控制严格,钢铁产能基本保持稳定,产量略有增长。

（2）产品单耗预测

产品单耗仍有一定下降空间。在高温余热的回收利用方面,浙江省处于全国领先的水准。提升重点:利用余压余热(尤其是中低温余热回收),轧制工序全面实现连铸连轧、热装热送;推广应用富氧燃烧技术、蒸汽梯级高效利用技术、高炉煤气高温超高压再热发电技术等。结合新基建建设,引导钢铁制造业向数字化、智能化转型,实施绿色钢铁智能制造示范工程。但环保和智能化会新增部分用电量,对产品单耗有拉高影响。

（3）能源结构预测

煤炭由于工艺中化学反应的置换作用而难以被取代,一定时期内煤炭占比难以大幅下降。后续降煤空间:可鼓励钢铁行业提高外购焦炭、球团矿占比,减少炼焦和烧结用煤,降低铁钢比,减少高炉和炼焦用煤;在轧钢、加热炉等工序中可用天然气代替煤炭,也可用集中供热代替煤炭。目前大部分电炉炼钢、特钢生产及钢铁压延加工企业已实现该部分的"煤改气"。后续替代空间:可参考工艺流程及天然气替代的可操作性,在焦炉、焙烧炉等炉窑中使用天然气来代替以往喷吹煤粉掺混混合煤气;日益严格的环保要求会导致脱硫、脱硝等工艺的电量增加,智能制造数字化管理等也会导致用电增加;虽然氢气替代煤炭在技术上可行且环保,国外也有少量案例,但是氢气发生反应会产生水蒸气,影响整体热效率,国内对于氢气在钢铁生产中的应用仍存在一定的争议,或许随着环保要求的进一步严格,氢气的使用会有所发展。

4. 化工行业

（1）行业未来发展趋势预测

从近些年来产品产量、产业总产值等数据来看,化工行业目前处于较快增长趋势。随着经济社会发展,全社会对基础化学原料、药品等需求将进一步加大,化学原料和化学制品制造业、医药制造业将继续保持较快增长态势,在"十五五"及更长时间内,增速可能逐步放缓。

橡胶和塑料制品业将呈缓慢增长趋势。2009—2018 年,轮胎外胎和塑料制品产量年均增长率分别为 3.29% 和 3.42%,行业总产值年均增长率为 2.93%。考虑到社会对相关产品的需求增长不明显,特别是近年来汽车消费明显放缓,对橡胶和塑料制品业的增长拉动将进一步趋弱,总体判断橡胶和塑料制品业将呈缓慢增长趋势。

化学纤维制造业总体平稳,但受新上项目影响大。从历史数据看,尽管近年来化学纤维制造业产品产量明显增长,但产值和能耗水平增长不明显,同时,化学纤维制造业市场需求增长不明显,未来产业将保持总体平稳,能耗水平则将进一步降低,结构进一步优化。但由于浙江省计划"十四五"期间投产一批化纤项目,新上项目将对行业产生重大影响。

(2)能源消费总量及结构预测

对于化工行业,按照划分的四大分行业分别进行预测,最后汇总得到化工行业总量。分行业预测:通过判断行业整体发展趋势,预测行业总产值,同时基于行业现状的单位产值分品种能耗,预测未来单位产值分品种能耗变化趋势,得到未来年份分行业分品种能耗。2017 年和 2018 年,各分行业总产值均有实际统计数据。基于前面的分析判断,各行业预测数据如下。

2019—2025 年化学原料和化学制品制造业总产值呈较快速度增长,2026—2030 年增速略微放缓,2031—2050 年增速进一步放缓。在单位产值分品种能耗方面,根据历史数据判断,煤炭、油气、生物质三类单耗趋减,天然气、热力、电力趋增,原油、液化石油气、重油保持平稳。

2019—2025 年医药制造业总产值呈较快速度增长,2026—2030 年增速略微放缓,2031—2050 年增速进一步放缓。在单位产值分品种能耗方面,根据历史数据判断,煤炭、液化石油气、油气、重油、热力、电力单耗均趋减,天然气趋增,生物质保持平稳。

对于化学纤维制造业总产值的增速,先在不考虑新上项目的情况下进行预测。2019—2050 年化学纤维制造业总产值以较低增速增长,且增速逐渐放缓。在单位产值分品种能耗方面,根据历史数据判断,煤炭、重油、热力单耗趋减,天然气趋增,油气、电力、生物质保持平稳。结合新增项目能耗,按照历年能源结构进行分摊,2024 年和 2025 年单位产值分品种能耗平均分摊增加。

2019 年、2020 年橡胶和塑料制品制造业总产值逐年增长,2021—2025 年受重大产业项目投产影响可能出现小幅加速增长的趋势,2026—2030 年年均增速回落,2031—2050 年按较低速度增长。在单位产值分品种能耗方面,根据历史数据判断,煤炭、油气单耗趋减,天然气、热力、电力趋增,液化石油气、重油、生物质保持平稳。

5. 其他工业行业

(1)纺织行业

纺织行业是浙江省传统优势行业,可助力其发展为产业集群地,因此预计"十四五"至未来近期纺织行业的产能将继续增长。纺织行业又是高耗能行业,而近年来浙江省减煤替代、行业整治、节能减排等举措力度较大。综合考虑以上因素,预计纺织行业总能耗在近两三年按历史趋势小幅上升后在"十四五"期间保持平稳(2017 年为基准年),"十五五"期间略微下降后保持稳定到 2050 年。纺织行业的能源结构总体上保持减煤替代和电气化趋势,由于"十三五"期间减煤力度已较大,剩余减煤空间较小,因此减煤速度放缓。

(2)造纸行业

造纸行业也是浙江省传统优势行业,但向外转移步伐加快。以富阳为例,2019 年底因企业关停 670 万吨产能转到省外。预计"十四五"至未来近期造纸的产能将继续下降。加之造纸行业又是高耗能行业,浙江省近年来减煤替代、行业整治、节能减排等举措对其影响较大。综合考虑以上因素,造纸行业能耗在"十四五"期间按历史趋势下降,"十五五"期间预计下降幅度稍有增大,而后保持稳定到 2050 年。造纸行业的能源结构总体上保持减煤替代和电气化趋势,由于"十三五"期间减煤力度已较大,剩余减煤空间较小,因此减煤速度放缓。

(3)其余工业行业

数据中心、装备制造等新兴产业在"十四五"至未来近期仍将大力发展,"万亩千亿"产业平台聚焦芯片、新材料、新能源汽车、电池等高端制造业,新基建加快也将推动其余工业行业用能的增长。在能源结构方面,其余工业行业增长的用能基本以电力为主。

(三)结果说明

1. 建材行业

从能耗总量看,在参考情景下建材行业能耗总量在 2025 年左右达到峰值,随后逐年下降(图 4-22)。从能源结构来看,在参考情景下煤炭的占比将呈现先增后减的趋势,天然气和电力的占比上升。

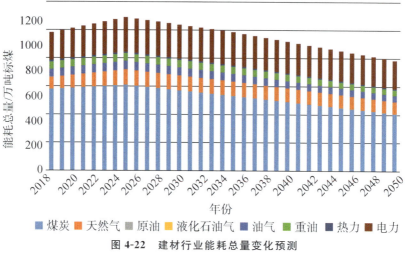

图 4-22　建材行业能耗总量变化预测

2. 油气加工行业

从能耗总量来看,在参考情景下油气加工行业能耗将大规模增长,主要受"十四五"期间大规模的石化项目投产影响。从能源结构来看,在参考情景下煤炭的占比将呈现先增后减的趋势,电力、热力、天然气占比将逐步增加,其他能源的占比将逐步下降(图 4-23)。

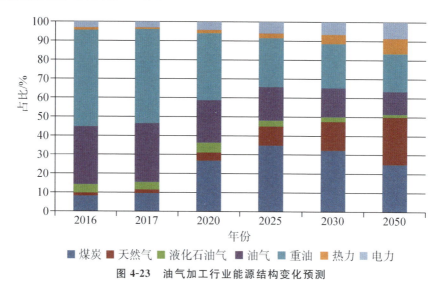

图 4-23　油气加工行业能源结构变化预测

3. 钢铁行业

从能耗总量来看,在参考情景下,钢铁行业能耗仍将持续增长。预计 2030 年钢铁产量增长至约 3300 万吨,2050 年 3500 万吨;2030 年产品单耗 420 千克标煤/吨,2050 年 400 千克标煤/吨(表 4-13)。从能源结构来看,在参考情景下能源结构预计会进一步清洁化,煤炭占比持续下降,电力和天然气占比上升(图 4-24)。

表 4-13 钢铁行业产量、单耗、综合能耗结果预测

指标	2025 年	2030 年	2035 年	2050 年
钢铁产量/万吨	3195	3300	3350	3500
产品单耗/(千克标煤/吨)	430	420	415	400
行业综合能耗/万吨标煤	1373	1386	1390	1400

图 4-24 钢铁行业能源结构变化预测

4. 化工行业

从能耗总量来看,在参考情景下化工行业能耗将大规模增长。从能源结构来看,在参考情景下煤炭占比将呈下降趋势,电力、热力、天然气占比将逐步增加(图 4-25)。

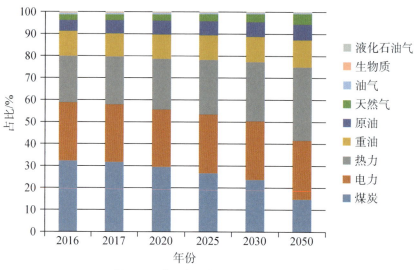

图 4-25 化工行业能源结构变化预测

5. 其他工业行业

从能耗总量来看,在参考情景下其他工业行业总能耗将大幅增长,其中纺织、造纸行业能耗趋于稳定,其余行业,尤其是新兴产业能耗将明显增长(图 4-26)。从能源结构来看,在参考情景下电力是其他工业行业主要的能源(图 4-27—图 4-29)。

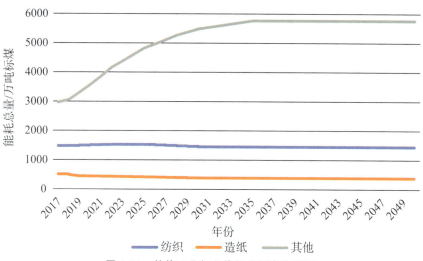

图 4-26 其他工业行业能耗总量变化预测

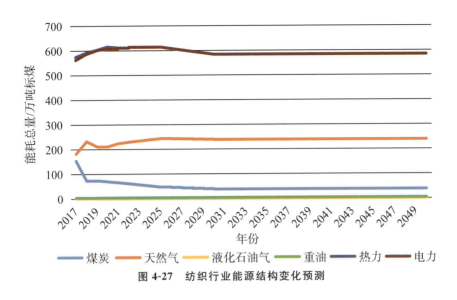

图 4-27　纺织行业能源结构变化预测

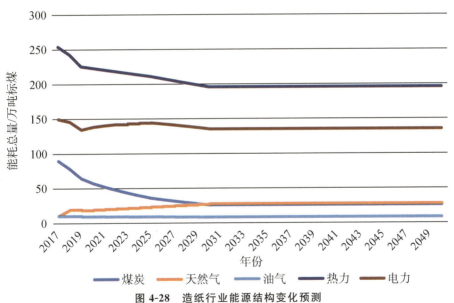

图 4-28　造纸行业能源结构变化预测

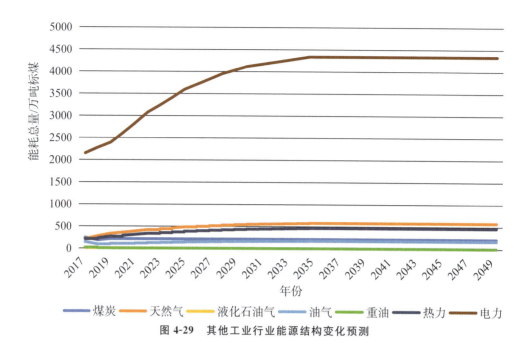

图 4-29　其他工业行业能源结构变化预测

三、交通行业

交通行业排放主要是交通运输工具使用过程中化石能源燃烧产生的排放。从能源类型来看,主要包括汽油、柴油、航空煤油、重油等燃烧产生的排放;从交通运输工具来看,主要包括汽车客运、货运,铁路客运、货运,水路客运、货运,航空客运、货运等不同类型交通运输工具产生的排放。交通行业的碳排放主要与交通工具的保有量和燃料使用类型、客运周转量、货运周转量等相关。随着汽车保有量增加、货运周转量增加,交通行业碳排放在今后一定时期内还将继续增加。

(一)历史趋势

1. 交通运输工具保有量

2011—2017 年,浙江省的载客汽车、载货汽车的保有量呈高速增长的趋势。载客汽车从 2011 年的 5555814 辆上升至 2017 年的 12668371 辆,增幅达到 128%,年均增幅为 14.7%;载货汽车从 2011 年的 969984 辆上升至 2017 年的 1245274 辆,增幅达到 28%,年均增幅为 4.3%。而货船的保有量总体呈下降趋势,从 2011 年的 17962 艘下降至 2017 年的 13082 艘,降幅达到−27%,年均降幅达 5.1%。客船的保有量呈小幅上升趋势,从 2011 年的 1277 艘上升至 2017

年的 1349 艘,增幅达到 6%,年均增幅为 0.9%(表 4-14)。

表 4-14 2011—2017 年浙江省各类交通工具保有量

年份	交通工具类型			
	载客汽车/辆	载货汽车/辆	货船/艘	客船/艘
2011	5555814	969984	17962	1277
2012	6640840	1050189	17501	1299
2013	7850003	1123643	16384	1238
2014	8959921	1115620	16069	1285
2015	10124578	1039966	14857	1314
2016	11403051	1128714	14497	1334
2017	12668371	1245274	13082	1349

2.客运周转量

2011—2017 年,浙江省的铁路客运周转量呈大幅上升趋势,从 2011 年的 381.66 亿人公里上升至 2017 年的 658.17 亿人公里,增幅达到 72%,年均增幅为 9.5%。公路客运周转量呈大幅下降趋势,从 2011 年的 908.15 亿人公里下降至 2017 年的 431.56 亿人公里,降幅达到 52%,年均降幅为 11.7%。水运客运周转量总体保持稳定,2011 年为 6.44 亿人公里,2017 年为 6.31 亿人公里(表 4-15)。

表 4-15 2011—2017 年浙江省客运周转量汇总

(单位:亿人公里)

运输类型	2011 年	2012 年	2013 年	2014 年	2015 年	2016 年	2017 年
铁路	381.66	390.25	437.02	493.37	541.93	604.03	658.17
公路	908.15	921.18	582.99	558.06	544.76	465.12	431.56
水运	6.44	6.16	5.09	5.56	5.84	5.84	6.31

3.货运周转量

2011—2017 年,铁路货运周转量呈先降后升趋势,从 2011 年的 312.24 亿吨公里,下降至 2016 年的 211.39 亿吨公里,后升至 2017 年的 215.39 亿吨公里,总体降幅为 31%,年均降幅为 6.0%。公路货运周转量呈波动上升趋势,从 2011 年的 1434.82 亿吨公里上升至 2017 年的 1821.21 亿吨公里,增幅达到 27%,年均降幅为 4.1%。水运货运周转量总体也呈波动上升趋势,从 2011 年的 6887.75 亿吨公里上升至 2017 年的 8069.22 亿吨公里,增幅达到 17%,年均降幅为 2.7%(表 4-16)。

表 4-16　2011—2017 年浙江省货运周转量汇总

(单位:亿吨公里)

运输类型	2011 年	2012 年	2013 年	2014 年	2015 年	2016 年	2017 年
铁路	312.24	291.26	270.44	223.02	212.42	211.39	215.39
公路	1434.82	1525.59	1322.13	1419.43	1513.92	1626.78	1821.21
水运	6887.75	7366.45	7357	7905.64	8142.64	7950.58	8069.22

（二）预测考虑

1. 交通运输周转量预测

从宏观影响因素来看,随着社会和经济的发展,公路运输周转量预计稳步提升。汽车客运由于受高铁、私家车及城乡公交化改造的影响,旅客运输量未来几年会持续下降,降幅收窄并趋于平稳。汽车货运随社会经济发展,在无政策干预情况下,会持续增长,增幅会略微收窄。铁路运输周转量随着高速铁路建设的加快推进,以及海铁联运等运输结构的大幅调整,将会呈现逐步上升的趋势。随着经济社会的进一步发展,人们越来越追求时效性,航空领域也将持续保持较高速度增长。

2. 交通领域能源结构预测

从能源用途来看,交通行业能源主要用于汽车客运、货运,铁路客运、货运,水路客运、货运,航空客运、货运等方面。从能源使用类型来看,目前,汽油、柴油、重油是各类交通运输工具的主要能源类型,一部分新能源汽车采用纯电动力或者混合动力作为驱动方式。随着国家、省级一系列政策的出台,在公路领域,纯电动、混动汽车的比例将会逐渐提升,而传统的汽油、柴油汽车比例将会逐渐降低。同时,随着氢能技术的不断发展,氢能汽车也将有一定程度的推广应用。

（三）结果说明

从能源消费总量看,交通行业的能耗将呈先增长后降低的趋势,预计到 2025 年增至 2773.3 万吨标煤,到 2030 年逐步降低至 2763.7 万吨标煤,到 2035 年继续降低至 2729.2 万吨标煤,到 2025 年降低至 2344.0 万吨标煤。从细分类型来看,汽车运输总体呈下降趋势,其中汽车客运从 2018 年的 1154.8 万吨标煤降低至 2050 年的 671.7 万吨标煤,汽车货运从 2018 年的 1029.8 万吨标煤降低至 2050 年的 967.2 万吨标煤。水路货运总体呈上升趋势,从 2018 年的 252.3

万吨标煤上升至 2050 年的 304.0 万吨标煤。航空客运总体也呈上升趋势,从 2018 年的 120.9 万吨标煤上升至 2050 年的 236.2 万吨标煤(表 4-17)。

表 4-17 交通领域用能需求预测

(单位:万吨标煤)

交通类型	2018 年	2025 年	2030 年	2035 年	2050 年
汽车,客运	1154.8	968.8	899.5	858.2	671.7
汽车,货运	1029.8	1148.3	1125.3	1100.4	967.2
铁路,客运	8.8	10.3	10.9	10.7	8.7
铁路,货运	5.3	6.5	7.1	7.8	8.6
水路,客运	0.9	1.0	1.0	1.0	1.0
水路,货运	252.3	295.9	300.4	306.4	304.0
航空,客运	120.9	192.4	230.5	245.1	236.2
航空,货运	77.8	150.0	189.0	199.6	146.5
合计	2650.6	2773.3	2763.7	2729.2	2344.0

从能源结构看,交通行业的主要能源仍然将是汽油、柴油、航空煤油等传统化石能源。但汽油、柴油的占比将会持续降低,其中汽油消费占比将从 2018 年的 43.5% 降低至 2050 年的 20.3%,柴油消费占比将从 2018 年的 38.9% 降低至 2050 年的 33.8%,而航空煤油占比将从 2018 年的 7.4% 上升至 2050 年的 16.2%。同时,电力、天然气、氢能等能源的消费占比将逐步上升。电力消费占比将从 2018 年的 0.7% 上升至 2050 年的 13.5%,天然气消费占比将从 2018 年的 3.7% 上升至 2050 年的 4.6%,而氢能将从 2018 年的 0 上升至 2050 年的 1.3%(图 4-30)。

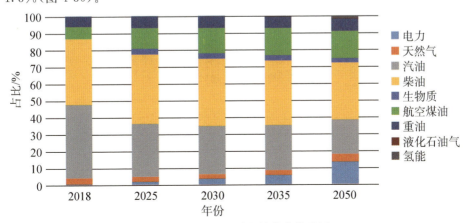

图 4-30 交通行业能源结构变化预测

四、建筑行业

建筑行业排放主要是建筑物化石燃料消费排放,其电力(扣除分布式发电量)、热力等需求归入电力、热力等加工转换部门。建筑用能主要包括商业建筑、城镇居民建筑和农村居民建筑等用能。建筑行业碳排放主要与建筑运营过程中的能源消费(如电力和热力使用)、建筑材料的选择、建设规划与设计、建筑设备的使用和管理、人均建筑面积、城镇化水平等因素相关。随着人均建筑面积增加、城镇化水平稳步提升,建筑行业碳排放在今后一定时期内将继续增加。

(一)历史趋势

从不同建筑类型的能耗看,浙江省商业建筑能耗最大,其次是城镇居民建筑,农村居民建筑相对较低。2013—2017 年,不同建筑类型能耗均呈增加趋势,其中商业建筑能耗从 2013 年的 828.1 万吨标煤增加至 2017 年的 1152.4 万吨标煤,增幅为 39%;城镇居民建筑能耗从 2013 年的 503.9 万吨标煤增加至 2017 年的 776.2 万吨标煤,增幅最大,为 54%;农村居民建筑能耗从 2013 年的 484.3 万吨标煤增加至 2017 年的 541.1 万吨标煤,增加了 12%(图 4-31)。

图 4-31 2013—2017 年建筑行业能耗变化

减少建筑物的碳排放对于实现巴黎气候目标以及 2050 年之前净零碳排放至关重要。相关研究显示,建筑物的温室气体排放占全球总排放量的 39%,其中 28% 为建筑运营产生的排放,11% 为建筑材料和建筑施工带来的排放。建筑构件主要分为供暖、制冷、照明、电器和其他五类,烹饪和热水的燃料消耗纳入电器,电视、计算机等家用电器纳入其他构件。从不同建筑构件能耗占比看,建筑中电器能耗占比最高,超过三分之一,其次是其他构件,建筑中供暖能耗占比最低,在 11% 左右。从能耗占比的变化趋势看,2013—2017 年,除电器能耗占比有减少趋势外,供暖、照明、制冷、其他构建件能耗占比均呈增加趋势,但幅度不大(图 4-32)。

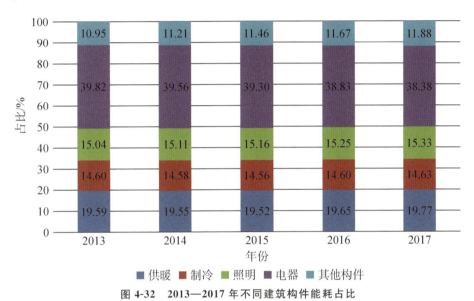

图 4-32 2013—2017 年不同建筑构件能耗占比

(二)预测考虑

1. 能源消费总量

政策背景:我国正实施多种政策及项目以提高建筑能效,包括推行建筑规范和标准、绿色建筑评级系统、金融激励措施和既有建筑改造方案等。自 1995 年起,中央政府开始把建筑能效纳入五年规划。自 2000 年以来,地方政府也纷纷效仿,许多城市都发布了《建筑节能专项规划》。浙江省也相继出台多项政策文件,开展建筑节能。积极建立健全建筑节能监管体系,制定《浙江省绿色建筑条例》《民用建筑项目节能评估和审查管理办法》。同时完善建筑节能标准体系,在开展《浙江省建筑节能标准体系研究》的基础上,组织研究制定了《居住建筑节能设计标准》《公共建筑节能设计标准》《民用建筑绿色设计标准》《民用建筑可再生能源应用核算标准》《建筑太阳能光伏系统应用技术规程》等地方标准和技术导则。此外,浙江省还制定了《浙江省可再生能源建筑一体化应用试点示范工作实施方案》等规范性文件,明确可再生能源利用设施设备应与建筑一体化设计、施工。

预测考虑:随着社会和经济的发展,各类建筑面积、城镇人口和户数均明显增加,农村人口减少,但家庭中电冰箱、空调、热水器等各类设备的拥有率明显增加。从建筑能耗强度影响因素来看,一方面,提高灯具、冰箱和空调等设备的效率,能够有效减少能耗强度;另一方面,随着办公电器、家电、炊事等设备种类的增加,用能设备增加,从而促使能耗强度增加。结合我国统计口径、能源平衡表等可以发现,商业建筑用能主要包括批发零售、住宿餐饮等用能,以及信息传输计算机服务和软件业等用能。根据历史趋势预测批发零售、住宿餐饮等用能。结合历史趋势,以及《浙江省新型基础设施建设三年行动计划》等关于数据中心、5G基站等新基建建设的需求,预测"十四五"期间信息产业及其他产业将保持高速增长,后续逐步放缓。对于生活用能,结合历史趋势、数字经济时代智能家居发展水平等,以及日本(2252千瓦时)、韩国(1277千瓦时)、德国(1703千瓦时)等发达国家人均生活用电等指标进行预测,"十四五"期间居民生活用能将继续较快增长,后逐步放缓。

2. 能源结构

从能源用途来看,居民建筑主要的用能包括家电、照明、炊事、生活热水、空调和采暖能耗;商业建筑主要的用能为办公电器、照明、空调、采暖、生活热水和其他能耗。从能源使用类型看,目前电力、天然气、液化石油气和煤炭在城镇建筑中广泛应用,而在农村建筑中电力、煤炭、生物质(秸秆、薪柴等)和沼气等类型能源广泛应用。由于清洁能源和可再生能源的大量使用能够提高能源使用效率,为进一步优化能源结构,需要降低煤炭消费占比直至淘汰,实施可再生能源替代,以电代气、以电代油。推进炊事、生活热水与采暖等建筑用能电气化将成为建筑行业未来的发展趋势。通过逐步削减化石燃料供暖、使用本地或异地的可再生能源、减少使用高全球变暖潜能值的制冷剂,以及在建筑中使用低碳、可回收、可再生的材料,建筑行业有望实现零碳排放。

(三)结果说明

从能源消费总量看,建筑行业能耗将大幅增长,预计到2030年增至4231.4万吨标煤,到2050年增至5397.4万吨标煤。其中,商业建筑能耗和城镇建筑能耗均持续增长,到2050年分别增长至2675.1万吨标煤和2304.3万吨标煤;农村建筑能耗呈先增后减趋势,在2030年前后达到峰值,后持续下降,到2050年已下降至 2018 年前水平(表 4-18)。

表 4-18 建筑行业用能需求预测

(单位:万吨标煤)

建筑类型	2018 年	2025 年	2030 年	2035 年	2050 年
商业建筑	1218.3	1645.6	2006.7	2379.2	2675.1
城镇居民建筑	829.7	1244.2	1634.2	2006.3	2304.3
农村居民建筑	551.3	578.7	590.5	564.3	418.0
合计	2599.3	3468.5	4231.4	4949.8	5397.4

从能源结构看,建筑行业油品(主要是液化石油气)、煤炭将逐步被电力和天然气替代,主要以绿电、绿氢等替代煤油气。到 2035 年,煤炭完全被电力和天然气替代,电力消费占比达到 72%;到 2050 年,油品消费占比显著下降,电力消费占比将达到 77%,能源结构进一步优化(图 4-33)。

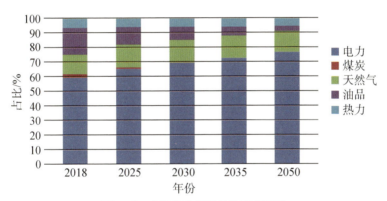

图 4-33 建筑行业能源结构变化预测

五、土地利用变化和林业行业

土地利用变化和林业行业温室气体排放在浙江省温室气体排放总量中占比较小,且为负排放。土地利用变化和林业行业碳排放量主要与当地土地利用管理、土地利用结构、森林覆盖率、森林蓄积量等因素相关。随着农业、森林、湿地等减排增汇技术发展,土地利用变化和林业行业在减排增汇上将发挥更大的作用。

(一)历史趋势

"十一五"以来,浙江省持续加强森林和湿地保护,保持森林面积、森林覆盖率和森林蓄积"三增长"。1979年第一次浙江省森林资源清查显示,全省森林面积为342.89公顷,森林蓄积量7918万立方米,森林覆盖率36.44%。经过40年的培育保护,到2018年底,全省森林覆盖率达到61.15%(按浙江省以往同比口径),活立木蓄积量3.85亿立方米(图4-34),森林生态服务功能总价值6413.94亿元。总体上,在林地和森林面积保持基本稳定的前提下,全省森林质量稳步提高,林分结构持续改善,生态服务功能进一步增强。

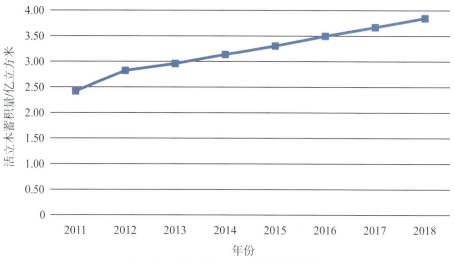

图4-34 浙江省活立木蓄积量变化趋势

（二）预测分析

预测森林蓄积量。浙江省林业发展"十三五"规划指出,到2020年,全省林木蓄积量达到4亿立方米。假设浙江省森林蓄积量占活立木总蓄积量比例保持2014—2018年平均水平(90%),2020年森林蓄积量将达3.59亿立方米。《全面开启新时代林业现代化建设新征程》提出的我国三个阶段的预期目标:到2020年,林业现代化水平明显提升,生态环境总体改善,生态安全屏障基本形成,森林蓄积量达到165亿立方米;到2035年,森林蓄积量达到210亿立方米;到21世纪中叶,森林蓄积量达到265亿立方米。

（三）结果说明

假设浙江省占全国森林蓄积量比例未来30年内不发生变化,按如期实现林业现代化建设目标推算2035年、2050年森林蓄积量。经推算,2035年浙江省森林蓄积量应达到4.57亿立方米,2050年达5.77亿立方米。

第三节　情景设定

EPS 模型政策包中总共有 80 项不同政策,浙江省 EPS 模型根据控温减排的主要目的,通过研究评估等筛选了具有减排效果且成本相对较低的政策组合,在参考情景的基础上设定低碳和近零两种政策情景。在政策选择过程中主要遵循以下原则:①确保政策的长期稳定性,为企业提供稳定的发展标杆;②保持动态更新,持续完善政策,避免投机漏洞;③侧重用市场手段,进行负外部性定价或采用价格发现机制;④侧重对减排结果进行奖励,而非技术或投资。

目前,浙江省 EPS 模型中主要控温减排政策来自 EPS 模型内的政策包。同时,在政策情景建立与政策设定过程中,同步考虑现有国家政策、重大战略和省内政策,借鉴国际及其他省市经验,选择更加有效且适应浙江省实际情况的政策。不同情景下政策设定见表 4-19。

低碳情景:在参考情景的基础上,采用较强的节能减排措施,近期目标是为全国二氧化碳排放争取 2030 年前达峰贡献浙江力量,远期到 2050 年为实现全球 2℃控温目标而努力。

近零情景:在低碳情景的基础上,采用更强的节能减排措施,体现"重要窗口"应对气候变化的工作担当,响应"全国争取 2060 年前实现碳中和"的目标,对标欧盟长期温室气体低排放发展战略目标及举措,致力于实现 2050 年能源领域净零排放、温室气体排放总体近零,以期为浙江省研究制定长期低排放战略服务。

表 4-19　各部门不同情景下政策设定

部门	政策名称	低碳情景政策设定及说明	近零情景政策设定及说明
电力	可再生能源配额制	2017 年,可再生能源发电量(含水电、生物质、垃圾、风电、电站光伏等)占全省发电量比例为 27.15%。根据预测,BAU 情景下可再生能源比例到 2050 年将达到 45%。低碳情景下适当提高可再生能源占比,到 2050 年达到 50%	根据浙江省可再生能源(范围同低碳情景)资源开发预测,2050 年可再生能源比例可以达到 70%
	禁止新建燃煤电厂	从 2020 年到 2034 年均不执行禁止新建燃煤机组,这一政策从 2035 年开始禁止新建燃煤机组,一直持续到 2050 年	提前禁止新建燃煤机组
	提前淘汰燃煤电厂	2035 年起提前退役机组,到 2050 年政策执行力度达到 100%。政策设置:煤电机组每年提前退役 2500 兆瓦;天然气调峰机组每年提前退役 2500 兆瓦;热电联产机组每年提前退役 500 兆瓦	2035 年起提前退役机组,到 2050 年政策执行力度达到 100%。政策设置:煤电机组每年提前退役 3500 兆瓦;天然气调峰机组每年提前退役 1300 兆瓦
	达成额外需求侧响应潜力比例	从 2020 年起,需求侧响应能力在 BAU 情景基础上再增加 20%	从 2020 年起,需求侧响应能力在 BAU 情景基础上再增加 50%
	额外储电电池年增长比例	在当前储能电池能力增长比例的基础上再增加 12%,从 2020 年起执行	在当前储能电池能力增长比例再增加 20%,从 2020 年起执行(比例为 1)
	电力调入调出	外来煤电到 2050 年在 BAU 情景基础上减少 50%;水电、光伏、核电、陆上风电增加 20%。该政策从 2024 年开始执行	外来煤电到 2050 年在 BAU 情景基础上减少 100%;水电、光伏、核电、陆上风电增加 90%。该政策从 2030 年开始执行

续表

部门	政策名称翻译	低碳情景政策设定及说明	近零情景政策设定及说明
工业	含氟气体替代	近期含氟气体处理主要以销毁为主,2030 年后开始逐步替代,到 2050 年实现 80% 替代	近期含氟气体处理主要以销毁为主,2030 年后开始逐步替代,到 2050 年实现 100% 替代
	含氟气体销毁	2030 年含氟气体销毁比例达到 60%,2050 年达到 90%。2018 年销毁比例为 45%,有一定基础,后续设定《蒙特利尔议定书》基加利修正案中的含氟气体减量要求	2030 年含氟气体销毁比例达到 70%,2050 年达到 100%
	提高工业效能标准	到 2050 年,通过技术手段、管理手段等,使工业各行业能效较 BAU 情景提高 30%(除煤炭开采)	到 2050 年,通过技术手段、管理手段等,使工业各行业能效较 BAU 情景提高 50%(除煤炭开采)
	工业燃料替代(到 2050 年)	水泥和其他碳酸盐的使用:煤炭、天然气、油品 50% 被替代	水泥和其他碳酸盐的使用:煤炭、天然气、油品 100% 被替代
		油气加工行业:煤炭、天然气、油品 50% 被替代	油气加工行业:煤炭、天然气、油品 100% 被替代
		钢铁行业:煤炭、天然气、油品 50% 被替代	铁钢行业:煤炭、天然气、油品 100% 被替代
		化工行业:煤炭、天然气、油品 58% 被替代	化工行业:煤炭、天然气、油品 100% 被替代
		水+废弃物处理:煤炭 100% 被替代	水+废弃物处理:煤炭、天然气、油品 100% 被替代
		农业:煤炭、天然气、油品 20% 被替代	农业:煤炭、天然气、油品 100% 被替代
		其他工业行业:煤炭 100%,天然气、油品 50% 被替代	其他工业行业:煤炭、天然气、油品 100% 被替代
	降低工业产品需求	水泥、钢铁、化工行业及水+废弃物处理通过回收利用,延长材料寿命,降低工业产品需求 10%	水泥、钢铁、化工等工业产品需求降低 25%(加强科技投入,延长材料寿命,强化环境税征收,限制工业产品消费等)

政策分类	政策名称翻译	低碳情景政策设定及说明	近零情景政策设定及说明
交通	提高车辆燃油经济性标准	到 2050 年,相比参考情景,各类交通的燃油经济性水平提升 20%(在参考情景下,能效水平每年均在稳步提升,因此假定额外提升的比例有限)	在近零情景下,考虑各类型燃油经济性有较大的额外提升。到 2050 年,轻型客运汽车的燃油经济性标准提升至 50%,重型货运汽车及货运船舶的提升至 30%,铁路的维持低碳情景不变(20%),其余均相比参考情景提升 30%,提升道路交通及船舶运输的燃油经济性
	电动化交通工具销售最小占比	到 2050 年电动车销售量达到汽车销售总量的 65%,重型货运仍较难实现大比例电动化。主要考虑国际上很多地区到 2030 年开始禁售燃油车等	考虑技术创新,2030 年电动化客运与货运汽车销售比例达到 50%;铁路、船舶与航空电动化达到 100%。近零情景下交通领域电气化达到较高水平
	氢燃料交通工具销售最小占比	2040 年氢燃料轻重型客运车、轻重型货运车销售占比达到 30%	2040 年氢燃料轻重型客运车、轻重型货运车销售占比达到 50%。未来道路交通主要依靠电动车、氢燃料汽车和生物质燃料汽车实现减排,因此为了实现深度减排,甚至近零排放,假定到 2050 年新增车辆除电动车外,其余由氢燃料汽车销售补足
	减少对电动汽车续航里程和充电时长的担忧	随着充电装置部署的增加以及电动车续航里程的提升,假设担忧减少 50%	加大充电装置部署力度,担忧减少 100%
	增加充电桩数量	达到每十万人中拥有 400 个充电桩。按现有规划,浙江省到 2020 年每千人将拥有 4 个充电桩。目前车桩比已达到 8.8∶1,基本可满足现有电动汽车充电需求,参考《浙江省新型基础设施建设三年行动计划(2020—2022 年)》,到 2022 年,全省建成智能公用充电桩 4 万根左右、自用充电桩 20 万根以上	达到每十万人中拥有 600 个充电桩

续表

政策分类	政策名称翻译	低碳情景政策设定及说明	近零情景政策设定及说明
建筑	改善设备标签	设置提升	设置提升
	节能标准能效提升率	暂不设定,因为浙江省目前已执行《居住建筑节能设计标准(2015 版)》(节能率 75%),处于全国前列	参考国际先进水平,针对新设备,供暖设备减少 20%,制冷设备、围护结构和炊事设备减少 35%,照明设备减少 40%,其他设备减少 20%
	新建筑使用能源的变化(即建筑电气化)	供暖实现 30%电气化;热水炊事设备等实现 70%的电气化;其他设备实现 90%电气化;制冷和照明已基本全部电气化。预计到 2050 年,设备使用基本全部实现电气化,但热水炊事设备还将依赖一部分天然气	供暖及其他设备都 100%电气化;热水炊事设备还会有一部分利用天然气,无法做到完全替代
	既有建筑节能改造率	城镇农村居民建筑改造 40%,商业建筑改造 50%,《浙江省建筑节能及绿色建筑发展"十三五"规划》提出到 2020 年累计完成既有公共建筑节能改造 1000 万平方米、既有居住建筑节能改造 2000 万平方米,分别约占 2020 年公共和居民建筑面积的 1%;假定到 2050 年,对居民建筑改造率达 40%,商业建筑改造潜力较高达到 50%	城镇农村居民建筑和商业建筑改造 70%,加大力度以提升节能水平
交叉部门政策	碳定价	到 2050 年,工业部门碳定价为 30 美元/吨;电力部门 60 美元/吨	到 2050 年,工业、电力部门碳定价为 60 美元/吨。提高碳定价,有利于降低化石能源需求,并导致技术选择的改变
	额外碳捕集与封存(CCS)技术	到 2050 年,工业和电力部门 CCS 应用在 BAU 情景基础上进一步增加 20%	到 2050 年,工业和电力部门 CCS 应用在 BAU 情景基础上进一步增加到 30%

政策分类	政策名称翻译	低碳情景政策设定及说明	近零情景政策设定及说明
供热	区域供热煤改气	到 2050 年,区域供热中煤改气实施比例为 50%。目前区域供热中煤炭占比 98.8%,天然气占比 1.2%	到 2050 年,区域供热中煤改气实施比例为 100%
	制氢方式转为电制氢比例	暂不设定	到 2050 年 100% 由电制氢
土地利用及林业	森林管理比例	到 2050 年,100% 优化前期未得到妥善管理的森林	同低碳情景
	再造林比例	暂不设定	到 2050 年,造林和再造林所占比例达到 10%(主要考虑到浙江省已有较高森林覆盖率)

第四节　本章小结

本章介绍了浙江省 EPS 模型的输入变量及数据来源,分领域对关键变量指标开展趋势分析和初步预测,并设置了低碳情景和近零情景两个政策情景开展浙江省 EPS 模型研究。

浙江省 EPS 模型以 2017 年为基准年,按照现有政策规划、技术水平发展所实现的排放路径构建了参考情景。坚持本地化的原则,模型所需的数据来源按优先级次序依次为浙江本地公开的数据资料、课题组调研数据、参照全国或全球行业数据、参照美国 EPS 模型数据等。

对于电力和区域供热行业,结合浙江省电力装机、外来电等电力保供现状,各电源建设周期等情况,以及储能、需求侧响应等进展和政策预期,开展电力电量平衡。水泥、钢铁、纺织、造纸等行业能源需求增速明显放缓甚至出现下降,且终端用能结构由化石能源逐步转向电力。工业领域能源需求增量较大的是油气加工(炼化)行业、化工行业、高端制造业,尤其是重大石化项目,主要有舟山绿色石化基地炼化一体化项目、镇海炼化扩建及乙烯项目、大榭石化扩建项目等。交通领域从运输结构上看,汽车客运略有下降并趋于平稳,公转水、公转铁趋势明显;从能源结构看,纯电动、混动汽车的比例将会逐渐提升,而传统的汽油、柴油汽车比例将会逐渐降低。建筑领域碳排放总体受各类建筑面积、人口数量、城镇化率等因素影响,今后一个时期居民生活用能仍将保持增长态势,能源结构电气化明显。在林业碳汇方面,总体按照全省占全国森林蓄积量比例保持不变,实现林业现代化开展预测。

浙江省 EPS 模型根据控温减排的目的,在参考情景的基础上设定低碳和近零两种政策情景。低碳情景在参考情景的基础上,采用较强的节能减排措施,近期目标是为全国二氧化碳排放争取 2030 年前达峰贡献浙江力量,远期到 2050 年为实现全球 2℃控温目标而努力。近零情景在低碳情景的基础上,采用更强的节能减排措施,体现"重要窗口"应对气候变化的工作担当,响应"全国争取 2060 年前实现碳中和"的目标,对标欧盟长期温室气体低排放发展战略目标及举措,致力于实现 2050 年能源领域净零排放、温室气体排放总体近零,以期为浙江省研究制定长期低排放战略服务。

第五章 浙江省碳排放预测分析

EPS 模型可以从分领域碳排放、政策实施绩效、公共健康及成本效益等维度对所构建的政策情景进行综合分析，供模型使用者选择合适的减排路径。本章基于设置的参考情景以及低碳、近零两个政策情景，首先分析三种情景下的温室气体排放总量、一次能源消费量和全社会用电量等综合性指标，其次基于剔除法研究 25 项单项政策的减排潜力和绩效水平，然后分析分领域温室气体排放结果，最后对比不同政策情景下的公共健康效益和经济成本效益。

第一节 总体分析

本研究关于温室气体排放处理与温室气体清单编制基本一致，采用生产法口径，即工业、交通、建筑等终端行业排放为直接排放，其电力及热力间接排放计入电力和区域供热等加工转换部门或净调入电力部分，同时为了更好地分析区域排放，将净调入电力间接排放计入排放总量中。

一、温室气体排放总量

为更好保障舟山绿色石化基地等国家重大战略项目的布局，大力发展数字经济，推动全球先进制造业基地建设，满足人民群众对美好生活的需要，浙江省温室气体排放从"十三五"到"十五五"期间基本处于较快增长期。不同政策情景下，达峰时间和 2050 年可实现的减排程度不同（图 5-1）：在参考情景下，温室气体排放从 2018 年的 5.1 亿吨二氧化碳当量（含电力调入调出排放，下同）较快增长至 2030 年的 6.8 亿吨二氧化碳当量，2018—2030 年年均增长 2.4%；随后进入缓慢增长期，于 2032 年达峰，峰值约 6.8 亿吨二氧化碳当量，2050 年总排放 6.2 亿吨二氧化碳当量、人均排放 10.1 吨二氧化碳当量。在低碳情景下，2028 年达峰，峰值约 6.2 亿吨二氧化碳当量，2018—2028 年年均增长 2.0%；随后开始下降，2050 年总排放 2.4 亿吨二氧化碳当量，占 1.5℃/2℃目标下中国 2050

年排放的 4.3% 左右①,人均排放 3.9 吨二氧化碳当量。近零情景下,2027 年达峰,峰值约 5.8 亿吨二氧化碳当量,2018—2027 年年均增长 1.4%;随后开始下降,2050 年总排放 0.4 亿吨二氧化碳当量,能源领域实现净零排放,人均排放 0.7 吨二氧化碳当量。

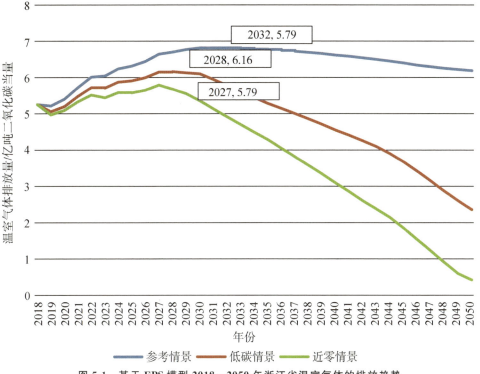

图 5-1 基于 EPS 模型 2018—2050 年浙江省温室气体的排放趋势

为了进一步探究国家重大战略项目在浙江省所形成的温室气体排放格局,本研究还单独对重大产业项目进行分析。若不考虑重大产业项目影响,根据历史规律,浙江省温室气体排放增速明显放缓,参考情景下 2018—2030 年年均增速降至 1.1%,而考虑重大产业项目影响后,2018—2030 年年均增速则提高到 2.2%。从图 5-2 可以看出,重大产业项目建设对浙江省"十四五""十五五"期间温室气体排放产生显著的影响。

——————————

①根据气候行动追踪(Climate Action Tracker)组织预测,2℃目标下中国 2050 年排放区间为 54.6 亿～82.1 亿吨二氧化碳当量,1.5℃目标下中国 2050 年排放区间为 4.5 亿～54.6 亿吨二氧化碳当量。取 1.5℃/2℃目标的临界值 54.6 亿吨二氧化碳当量,对浙江省温室气体占比进行测算。

图 5-2　参考情景下浙江省重大产业项目对温室气体排放的影响

在参考情景下,温室气体总排放达峰时间最早的为交通行业(2025 年),其次是工业行业(2027 年);其他行业达峰时间均在 2030 年之后——电力行业 2033 年达峰,农业行业 2035 年达峰,建筑行业 2039 年达峰,废弃物和区域供热行业由于尚未实施减排政策而不达峰。峰值最高的是电力行业(3.25 亿吨二氧化碳当量),其次是工业行业(2.21 亿吨二氧化碳当量)。

在低碳情景下,交通行业、建筑行业、农业行业温室气体排放均能在"十四五"期间达峰,除废弃物行业外所有行业均能在 2030 年之前达峰,工业行业达峰时间与参考情景下相同(2027 年),电力和区域供热行业均在 2030 年达峰。峰值最高的为电力行业(2.94 亿吨二氧化碳当量),其次是工业行业(1.95 亿吨二氧化碳当量)。

在近零情景下,电力、交通、建筑行业温室气体排放的达峰时间比低碳情景进一步提前(分别为 2027 年、2021 年、2021 年),其他行业的达峰情况都与低碳情景相同。2050 年各行业的温室气体排放量均小于 0.3 亿吨二氧化碳当量,接近零排放(表 5-1)。

表 5-1　不同情景下浙江省各行业温室气体总排放、燃料燃烧二氧化碳排放情况

情景	相关指标	各行业温室气体排放（二氧化碳当量）								各行业燃料燃烧二氧化碳排放						
		工业	农业	废弃物	建筑	交通	电力	区域供热	汇总	工业	农业	建筑	交通	电力	区域供热	汇总
参考情景	达峰时间	2027年	2035年	不达峰	2039年	2025年	2033年	不达峰	2032年	2027年	2030年	2039年	2025年	2033年	不达峰	2032年
	峰值/亿吨	2.21	0.22	—	0.18	0.57	3.25	—	6.82	1.34	0.02	0.18	0.57	3.30	—	5.96
	2050排放量/亿吨	2.01	0.21	0.22	0.16	0.41	2.87	0.72	6.20	1.17	0.02	0.16	0.42	2.91	0.68	5.36
低碳情景	达峰时间	2027年	2021年	不达峰	2023年	2023年	2030年	2030年	2028年	2027年	2030年	2023年	2023年	2030年	2030年	2030年
	峰值/亿吨	1.95	0.22	—	0.17	0.56	2.94	0.67	6.16	1.26	0.02	0.16	0.55	2.99	0.64	5.48
	2050排放量/亿吨	0.62	0.21	0.20	0.07	0.26	1.09	0.34	2.35	0.33	0.01	0.08	0.26	1.10	0.33	2.11
近零情景	达峰时间	2027年	2021年	不达峰	2021年	2021年	2027年	2030年	2027年	2027年	2030年	2021年	2021年	2027年	2030年	2027年
	峰值/亿吨	1.88	0.22	—	0.16	0.56	2.70	0.67	5.79	1.18	0.02	0.16	0.55	2.75	0.64	5.14
	2050排放量/亿吨	0.17	0.20	0.22	0	0.01	0.18	0.09	0.43	0	0	0	0.01	0.18	0.09	0.27

注：水泥和其他碳酸盐的使用、钢铁行业温室气体排放在 2018 年之前已达峰，天然气和石油系统在 2038 年达峰，化工行业在 2028 年达峰，其他工业行业在 2034 年达峰。

二、一次能源消费量

与温室气体排放趋势一致,浙江省能源需求从 2017 年到"十四五"乃至"十五五"基本处于快速增长期。如图 5-3 所示,不同政策情景下,2018—2050 年浙江省一次能源消费量预测结果如下:在参考情景下,一次能源消费量从 2018 年的 2.2 亿吨标煤,较快增长至 2030 年的 3.9 亿吨标煤,2018—2030 年年均增长 4.9%;随后增速放缓,并逐步进入平台期,2045 年左右达峰,峰值约 4.2 亿吨标煤;到 2050 年维持在 4.2 亿吨标煤,人均能耗 6.8 吨标煤。在低碳情景下,2018—2030 年一次能源消费量年均增长 4.6%,2035 年达峰,峰值约 3.9 亿吨标煤。2050 年降至 3.51 亿吨标煤,人均能耗 6.8 吨标煤。在近零情景下,2018—2030 年一次能源消费量年均增长 4.1%,2030 年达峰,峰值约 3.6 亿吨标煤。2050 年降至 3.1 亿吨标煤,人均能耗 5.0 吨标煤。

图 5-3　不同情景下浙江省一次能源消费量预测结果

如果不考虑重大产业项目影响,浙江省一次能源消费量增速明显放缓,2018—2030 年年均增长 2.3%;而考虑重大产业项目影响后,2018—2030 年年均增速则提高到 4.7%。2018—2030 年浙江省预计新增一次能源消费量近 1 亿吨标煤/年。从图 5-4 可以看出,重大产业项目建设对浙江省"十四五""十五五"期间一次能源消费量影响也非常显著。

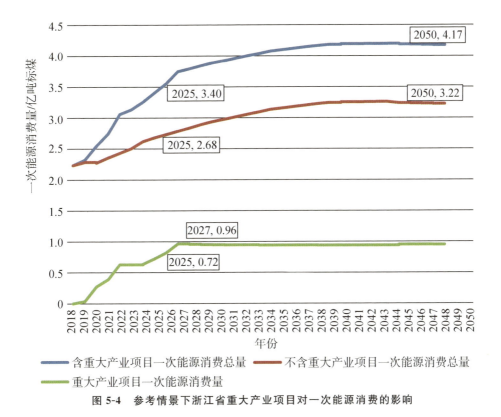

图 5-4 参考情景下浙江省重大产业项目对一次能源消费的影响

2018—2050 年,浙江省非化石能源消费占比持续提高。参考情景下,非化石能源消费占比由 2018 年的 19.2% 上升到 2025 年 21.0%,2050 年达到 31.7%。近零情景下,2025 年非化石能源消费占比达到 23.8%,2050 年占比达到 83.0%(图 5-5)。

图 5-5 不同情景下浙江省一次能源消费结构变化

三、全社会用电量

受电气化水平提高等因素影响,各情景下浙江省全社会用电量基本保持增长趋势。如图 5-6 所示,不同政策情景下,2018—2050 年浙江省全社会用电量预测如下:参考情景下,全社会用电量从 2018 年的 4307 亿千瓦时,较快增长至 2035 年的 7593 亿千瓦时,2018—2035 年年均增长 3.39%;随后继续增长至 2050 年的 8233 亿千瓦时,2035—2050 年年均增长 0.5%,人均用电量达到 1.34 万千瓦时。低碳情景下,全社会用电量 2035 年增长至 7635 亿千瓦时,2018—2035 年年均增长 3.43%;随后继续增长至 2045 年达峰,峰值为 8310 亿千瓦时,2035—2045 年年均增长 0.85%;后缓慢降至 2050 年的 8287 亿千瓦时,人均用电量达到 1.35 万千瓦时。近零情景下,全社会用电量 2040 年增长至 9086 亿千瓦时,2018—2040 年年均增速 3.45%;2041 年达峰,峰值为 9118 亿千瓦时;后缓慢降至 2050 年的 8569 亿千瓦时,人均用电量达到 1.40 万千瓦时。

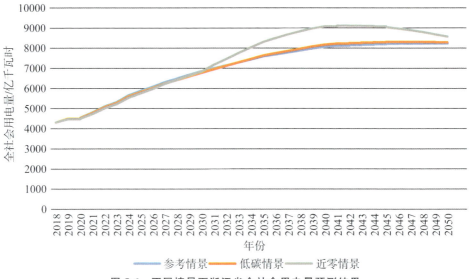

图 5-6　不同情景下浙江省全社会用电量预测结果

第二节　减排效果综合评估

在低碳和近零两个情景中,政策组合不同,政策的实施力度也有所不同。本节主要对单项政策的减排潜力和减排成本进行评估。浙江省 EPS 模型考虑了

25 项政策措施,根据年均减排量占整体减排量的百分比,将所有政策的减排贡献率进行了排序,同时对相似政策进行了归类。

在评估单项政策的减排潜力时,采用剔除法进行评估,即先计算政策包全部实施所产生的减排效果,再一项项剔除,每除去一项政策所减少的减排量即为该项政策的减排潜力。采用这种方法进行评估,在一定程度上反映了不同政策间的相互影响。在评估单项政策的减排成本时,主要比较每项政策的单位二氧化碳当量(每吨)的减排成本。由于单位减排成本是基于总成本和减排效果计算的,因此结果也包含了政策之间的相互影响。单项政策的减排潜力及减排成本并不是保持不变的,与政策执行力度、政策组合存在密切关系。不同政策执行力度和政策组合下,单项政策的减排潜力和减排成本也会有较大不同。

在低碳情景下,减排潜力较大的政策有提高零碳电力供应比例的措施(包括可再生能源配额制、加快核电建设、提升非化石电力占比、提前淘汰燃煤电厂等)、强化工业减排的措施(包括提高工业能效标准、含氟气体控制、工业能源结构低碳化等)、实施管理减排的措施(包括碳定价、碳捕集与封存等)(图 5-7 和图 5-8)。

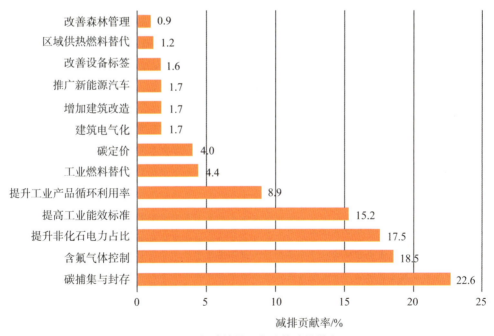

图 5-7 低碳情景下各政策减排潜力

图 5-9 显示了单个政策的年均减排潜力(柱的宽度)和实施该项政策的成本(柱的高度)。碳捕集与封存、提高工业能效标准和含氟气体控制政策具有很大

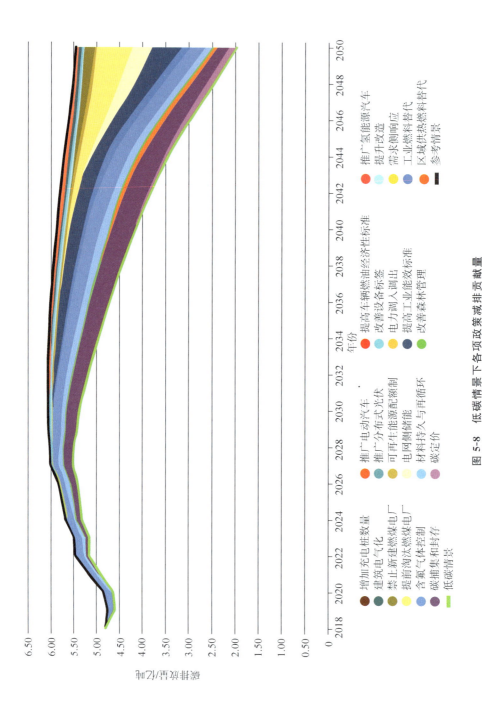

图 5-8 低碳情景下各项政策减排贡献量

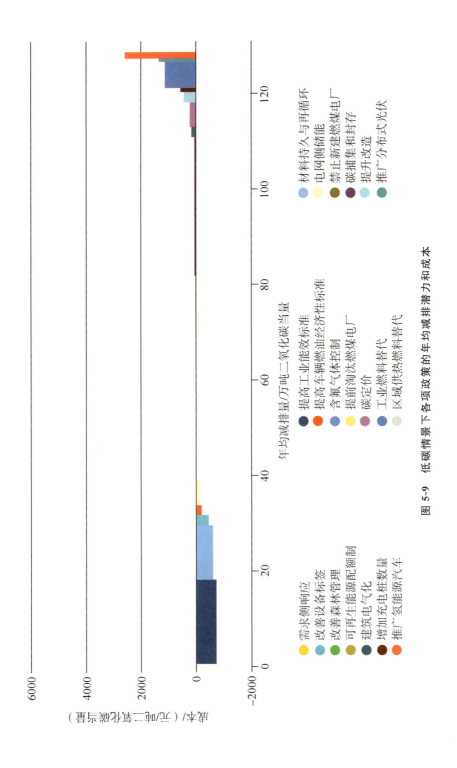

图 5-9　低碳情景下各项政策的年均减排潜力和成本

的减排潜力。同时,提高能效水平政策可以增加社会效益(减排成本为负数)。总体上,成本较低或者社会效益较好的政策多集中在能耗减少、经济性提升等方面。这些政策实施成本较低,同时减少了对燃料的需求,实现了社会成本的节约。

在近零情景下,政策实施力度更大,减排成效较大的政策主要包括提高工业能效标准,提升非化石电力占比,进一步强化工业减排(工业燃料替代、含氟气体控制等),实施碳捕集和封存,实行碳定价,建筑和交通领域推进电气化等(图 5-10)。

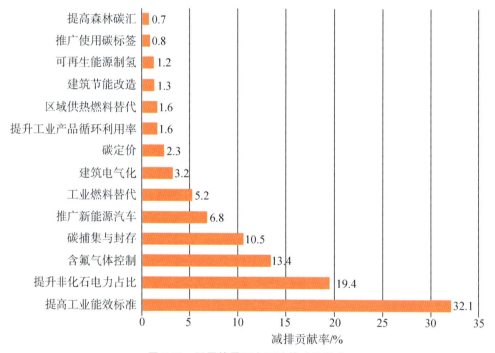

图 5-10　近零情景下主要政策减排潜力

与低碳情景不同,碳定价没有凸显出较大作用,很重要的原因是定价力度不大,没有起到较大的市场调节作用。且其他政策实施力度较大,进一步减弱了碳定价政策相对减排潜力。图 5-11 显示了近零情景下所有政策的减排贡献量及碳排放量。

与低碳情景类似,节能和提高能效的政策成本较低,可带来较大社会效益。需要大量科技投入和新旧替换的相关政策减排成本比较大。其中,减排成本最大的是推广氢能源汽车(图 5-12)。

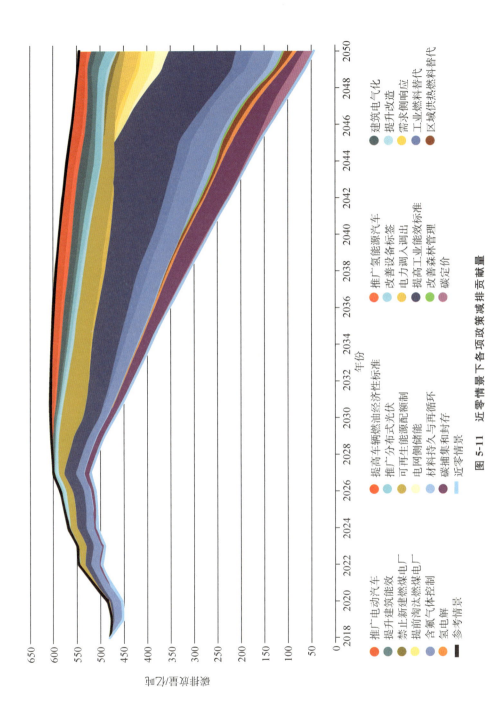

图 5-11 近零情景下各项政策减排贡献量

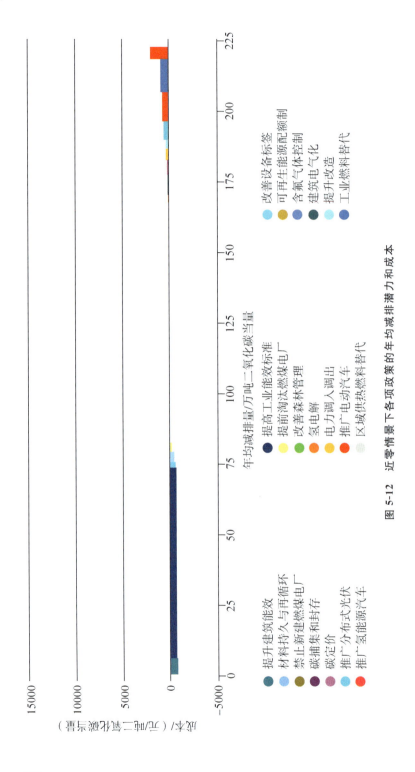

图 5-12 近零情景下各项政策的年均减排潜力和成本

第三节　重点领域预测结果分析

一、电力和区域供热行业

电力行业是浙江省温室气体和燃料燃烧 CO_2 的最大排放源[1]。在参考情景下,电力行业的温室气体总排放和燃料燃烧 CO_2 排放将在 2033 年达峰,峰值水平分别为 3.25 亿吨二氧化碳当量和 3.30 亿吨左右,之后逐渐下降,到 2050 年降到 2.87 亿吨二氧化碳当量和 2.91 亿吨左右(图 5-13)。

图 5-13　不同情景下电力行业温室气体总排放量、燃料燃烧 CO_2 排放量

在参考情景下,煤电是主要的基荷电源,天然气、核电、风电和分布式光伏等清洁能源逐渐增长,到 2050 年成为重要的发电品种(图 5-14)。煤电、外来电和核电是主要的电力来源。煤电在 2018 年占到一半,而后逐渐下降,到 2050 年约占两成。核电、外来电的占比逐渐上升,分别由 2018 年的 13％、23％上升到 2050 年的 23％、32％(图 5-15)。

---

[1]电力行业的温室气体排放包括由发电厂燃料燃烧带来的 CO_2、CO、NO_x 等排放。其中,CO_2 在电力行业温室气体排放中的占比超过 99％。

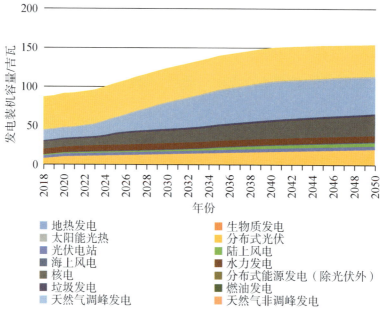

图 5-14　参考情景下不同能源品种电力装机容量

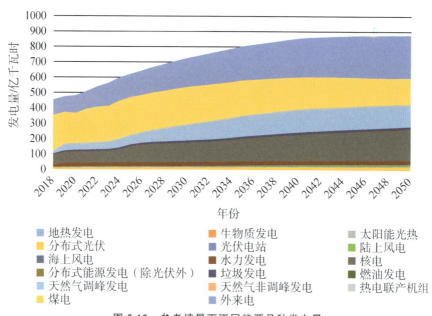

图 5-15　参考情景下不同能源品种发电量

区域供热行业的温室气体总排放和燃料燃烧 CO_2 排放持续不达峰,一直缓慢增长到 2050 年的 0.72 亿吨二氧化碳当量和 0.68 亿吨左右[①](图 5-16)。

图 **5-16** 不同情景下区域供热行业温室气体总排放、燃料燃烧 CO_2 排放量

在低碳情景下,电力行业的温室气体总排放和燃料燃烧 CO_2 排放将在 2030 年达峰,峰值分别约为 2.94 亿吨二氧化碳当量和 2.99 亿吨,2050 年温室气体总排放量可降到 1.09 亿吨左右。区域供热行业的温室气体总排放和燃料燃烧 CO_2 排放也将在 2030 年达峰,峰值分别约为 0.67 亿吨二氧化碳当量和 0.64 亿吨,2050 年温室气体总排放量可降到 0.34 亿吨二氧化碳当量左右。减排潜力最大的政策为提前淘汰燃煤电厂,减排成本为 35.55 元/吨。电网侧电化学储能减排贡献率为 21%,同时也产生一定的净收益。禁止新建燃煤电厂和可再生能源配额制的减排贡献率分别是 14% 和 8%,两者减排成本较低。区域供热燃料替代是成本最高的减排政策,主要是由于部分燃料由煤炭转为氢气。需求侧响应减排贡献较小,但其产生的净收益最大(图 5-17)。

在近零情景下,电力行业的温室气体总排放和燃料燃烧 CO_2 排放将在 2027 年达峰,峰值分别约为 2.70 亿吨二氧化碳当量和 2.75 亿吨,2050 年温室气体总排放量可降到 0.18 亿吨二氧化碳左右。区域供热行业的温室气体总排放和燃料燃烧 CO_2 排放将在 2030 年达峰,峰值分别约为 0.67 亿吨二氧化碳当量和 0.64 亿吨,2050 年温室气体总排放量可降到 0.09 亿吨二氧化碳当量左右。可再生能源配额制度是减排潜力最大的政策,同时也会产生一定的净收益。其他

---

①区域供热行业温室气体排放包括直接燃料燃烧产生的 CO_2、CO、NO_x 等排放。其中,CO_2 排放在区域供热行业温室气体排放中的占比超过 98%。

政策相对减排贡献较小,其中提前淘汰燃煤电厂、禁止新建燃煤电厂均能产生一定的减排净收益。电力和供热行业是近零情景下继工业行业之后减排潜力第二大的行业,总年均减排潜力约为 0.39 亿吨二氧化碳当量(图 5-18)。

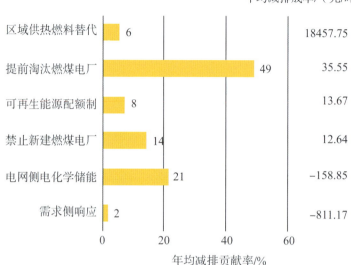

年均减排成本/(元/吨二氧化碳当量)

项目	年均减排成本/(元/吨二氧化碳当量)
区域供热燃料替代 6	18457.75
提前淘汰燃煤电厂 49	35.55
可再生能源配额制 8	13.67
禁止新建燃煤电厂 14	12.64
电网侧电化学储能 21	−158.85
需求侧响应 2	−811.17

年均减排贡献率/%

图 5-17 低碳情景下电力和区域供热行业政策影响评估

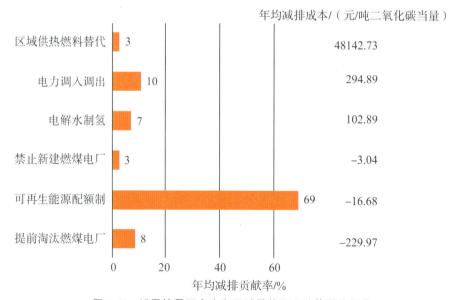

年均减排成本/(元/吨二氧化碳当量)

项目	年均减排成本/(元/吨二氧化碳当量)
区域供热燃料替代 3	48142.73
电力调入调出 10	294.89
电解水制氢 7	102.89
禁止新建燃煤电厂 3	−3.04
可再生能源配额制 69	−16.68
提前淘汰燃煤电厂 8	−229.97

年均减排贡献率/%

图 5-18 近零情景下电力和区域供热行业政策影响评估

二、工业行业

工业行业是浙江省温室气体和燃料燃烧CO_2的第二大排放源。工业行业燃料燃烧CO_2排放和温室气体总排放之间的差异被归咎于工业过程排放。2018年工业过程排放占工业行业温室气体总排放的54％。但参考情景下工业过程排放已趋于稳定,因此工业温室气体总排放的变化趋势主要由燃料燃烧CO_2排放主导。受新上石化项目的影响,工业燃料燃烧CO_2排放在2027年前增长较快,2025年达1.34亿吨左右,2027年后在目前已有的减排措施下排放量缓慢下降,2050年降到1.17亿吨左右。工业行业的温室气体总排放在2027年达2.21亿吨二氧化碳当量左右,2050年达2.01亿吨二氧化碳当量左右(图5-19)。

图 5-19　不同情景下工业温室气体总排放量、燃料燃烧CO_2排放量

在参考情景下,化工、水泥行业是2018年温室气体排放较大的工业行业,分别占38％和31％。2019年起受新上石化项目的影响,油气加工行业的占比逐渐增大,2027年起占到工业行业温室气体总排放的38％,化工、水泥行业分别占26％和21％,2027年之后的工业行业排放结构基本保持不变(图5-20)。

在低碳情景下,工业行业的温室气体总排放和燃料燃烧CO_2排放将在2027年达峰,峰值分别约为1.95亿吨二氧化碳当量和1.26亿吨,2050年温室气体总排放可降到0.62亿吨左右。工业政策的总年均减排潜力约0.59亿吨二氧化碳当量。减排潜力最高的工业行业政策是含氟气体控制(包括含氟气体替代、含氟气体销毁),年均减排潜力约0.24亿吨二氧化碳当量,对工业行业的减排贡献率达到 40％[1]，减排成本为 7.21 元/吨二氧化碳当量。该政策将使浙江省在 2025 年左右满足《蒙特利尔议定书》基加利修正案中的含氟气体减量要求，政策设定的力度大，因此减排潜力大，也是浙江省目前已有较好技术基础的含氟气体控制政策。减排潜力第二位的政策为提高工业能效标准，即从 2030 年起提高所有工业行业的能效，到 2050 年提升 30％，温室气体年均减排潜力约 0.18 亿吨二氧化碳当量，减排贡献率达 30％。同时，该政策也是净收益最大的政策，温室气体减排 1 吨二氧化碳当量可节约成本约 733.01 元。各工业行业常用的提升能效的方法包括采用更先进的技术设备、开展节能改造、提高产业集中度等，提高锅炉能效、促进能源高效梯级利用、促进工艺过程节能等节能措施还可节约成本。减排潜力第三位的政策为降低工业产品需求，实现资源循环利用，减排贡献率达 20％，同时减排产生净收益为 614.89 元/吨二氧化碳当量。工业燃料替代政策的减排贡献率为 10％，成本最高，主要因为煤炭价格比替代燃料（电、天然气等）要低得多（图 5-21）。

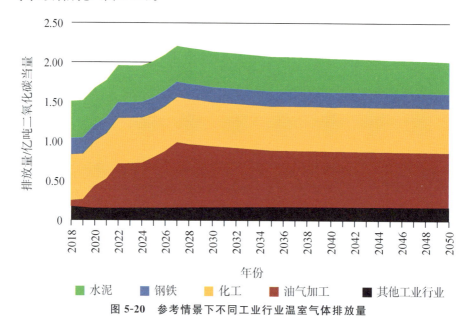

图 5-20　参考情景下不同工业行业温室气体排放量

---

①减排贡献率反映了低碳情景和近零情景下，某项政策在其他政策配合下对总体减排的贡献，而非某一情景下，未启用其他政策时单项政策的减排贡献。

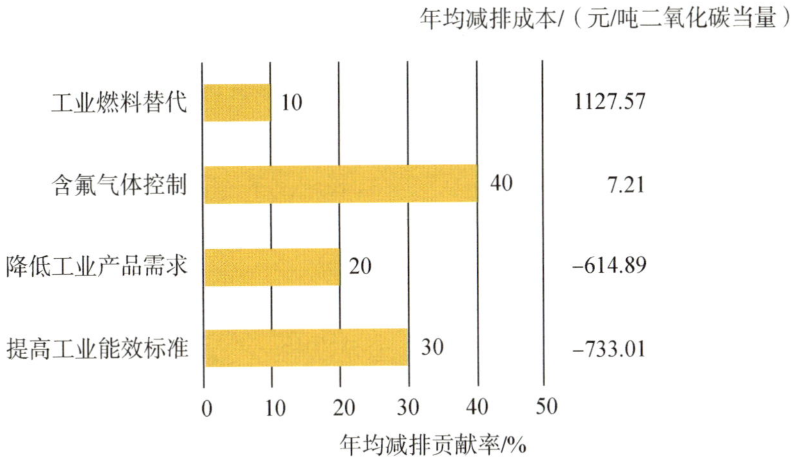

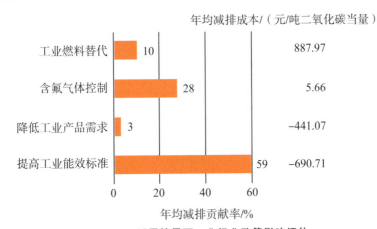

年均减排成本/（元/吨二氧化碳当量）

工业燃料替代 　10　　　　　　　1127.57

含氟气体控制 　40　　　　　　　7.21

降低工业产品需求 　20　　　　　　　−614.89

提高工业能效标准 　30　　　　　　　−733.01

年均减排贡献率/%

图 5-21　低碳情景下工业行业政策影响评估

在近零情景下,工业行业的温室气体总排放和燃料燃烧 CO_2 排放仍在 2027 年达峰,峰值分别约为 1.88 亿吨二氧化碳当量和 1.18 亿吨,2050 年温室气体总排放可降到 0.17 亿吨二氧化碳当量左右。工业政策的总年均减排潜力约为 1.15 亿吨二氧化碳当量。减排潜力最大的政策是提高工业能效标准,年均减排潜力约 0.68 亿吨二氧化碳当量,减排贡献率达 59%,主要是由于近零情景下对能效标准的提升力度加大,到 2050 年提升 50%。其次是含氟气体控制政策,减排贡献率为 28%。在近零情景下,可产生净收益的政策仍然是提高工业能效标准和降低工业产品需求(图 5-22)。

年均减排成本/（元/吨二氧化碳当量）

工业燃料替代 　10　　　　　　　887.97

含氟气体控制 　28　　　　　　　5.66

降低工业产品需求 　3　　　　　　　−441.07

提高工业能效标准 　59　　　　　　　−690.71

年均减排贡献率/%

图 5-22　近零情景下工业行业政策影响评估

三、交通行业

在参考情景下,交通行业的温室气体总排放和燃料燃烧 CO_2 排放将在 2025 年达峰,峰值水平均在 0.57 亿吨(二氧化碳当量)左右[①],之后逐渐下降,到 2050 年分别降到 0.41 亿吨二氧化碳当量和 0.42 亿吨左右[②](图 5-23)。

图 5-23 不同情景下交通行业温室气体总排放、燃料燃烧排放量

在参考情景下,小汽车和越野车、中型和重型货车是 CO_2 排放量较高的交通工具,两者相加在 2018 年占到交通行业 CO_2 排放量的 70% 以上(分别占 39% 和 33%)。小汽车和越野车的 CO_2 排放量从 2018 年至 2050 年明显下降,2050 的占比降至 20%,其余交通工具的 CO_2 排放量变化不大(图 5-24)。

[①]交通行业温室气体总排放包括由燃料燃烧带来的 CO_2、挥发性有机物(VOC)、CO、NO_x、CH_4、N_2O 等排放。其中,CO_2 排放在交通行业温室气体排放中的占比超过 98%。

[②]由于全球增温势为负值的某些污染物(如 NO_x)的排放,燃料燃烧 CO_2 排放高于温室气体总排放。交通、电力行业均有此情况。

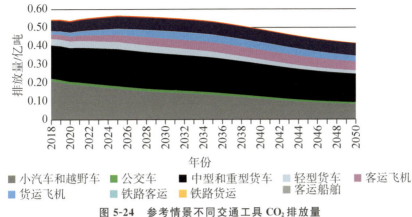

图 5-24 参考情景不同交通工具 CO₂ 排放量

在低碳情景下,交通行业的温室气体总排放和燃料燃烧 CO_2 排放均在 2023 年达峰,峰值分别为 0.56 亿吨二氧化碳当量和 0.55 亿吨,到 2050 年均可降到 0.26 亿吨(二氧化碳当量)左右。提高车辆能效标准是交通行业减排潜力大且成本效益好的政策,年均减排潜力约 0.019 亿吨二氧化碳当量,减排贡献率达 46%。加快充电桩布局和推广氢能源汽车的减排贡献率分别为 20% 和 34%,但推广氢能源汽车成本较高(图 5-25)。

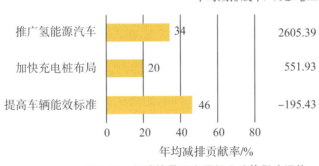

图 5-25 低碳情景下交通行业政策影响评估

在近零情景下,交通行业的温室气体总排放和燃料燃烧 CO_2 排放均在 2021 年达峰,2050 年均可降到 0.01 亿吨(二氧化碳当量)左右。减排潜力最高的交通行业政策为推广电动汽车,年均减排潜力约 0.10 亿吨二氧化碳当量,减排贡献率达 70%。推广氢能源汽车的减排贡献率为 30%。在近零情景下,交通行业的两项减排政策均不能节约成本,推广电动汽车的成本低于推广氢能源汽车(图 5-26)。

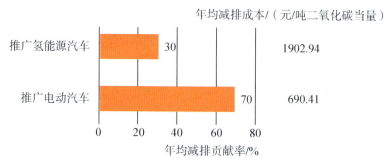

图 5-26　近零情景下建筑行业政策影响评估

四、建筑行业

建筑行业是浙江温室气体和燃料燃烧 CO_2 的主要排放源之一。不同政策力度下,建筑行业达峰时间、峰值不同。在参考情景下,建筑行业将在 2039 年实现碳达峰,峰值水平在 0.18 亿吨二氧化碳当量左右,到 2050 年降到 0.16 亿吨二氧化碳当量左右;在低碳情景下,建筑行业在 2023 年碳达峰,2050 年降到 0.07 亿吨二氧化碳当量左右,与参考情景相比,到 2050 年可减少约 0.09 亿吨二氧化碳当量的碳排放;在近零情景下,建筑行业达峰时间比低碳情景提前,将在 2021 年碳达峰,峰值为 0.16 亿吨二氧化碳当量,之后持续下降且下降速率高于低碳情景,到 2041 年左右降幅趋缓,碳排放量趋于稳定,2050 年实现净零排放[①](图 5-27)。

图 5-27　不同情景下建筑行业温室气体总排放量、燃料燃烧 CO_2 排放量

①建筑行业温室气体排放包括直接燃料燃烧产生的 CO_2、CO、NO_x、CH_4、VOC 等排放。其中,CO_2 在建筑行业温室气体排放中的占比超过 99%。

在参考情景下,建筑行业的温室气体总排放和燃料燃烧 CO_2 排放将在 2039 年达峰,峰值水平均在 0.18 亿吨(二氧化碳当量)左右,2018—2039 年年均增速分别为 0.76%、0.86%,之后逐渐下降,到 2050 年降到 0.16 亿吨(二氧化碳当量)左右。建筑行业用能最大建筑类型为商业建筑,其次是城镇居民建筑,且两者从 2018 年到 2050 年的占比均上升。农村居民建筑用能最少,且占比在逐渐下降(图 5-28)。2018 年商业建筑、城镇居民建筑和农村居民建筑的用能占比分别为 47%、32% 和 21%,2050 年为 49%、44% 和 7%。

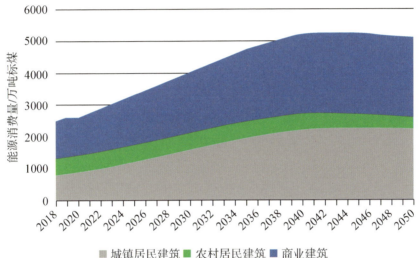

图 5-28 参考情景下不同建筑类型能源消费量

在低碳情景下,建筑行业的温室气体总排放和燃料燃烧 CO_2 排放将在 2023 年达峰,峰值分别为 0.17 亿吨二氧化碳当量和 0.16 亿吨,之后持续下降,2050 年温室气体总排放可降到 0.07 亿吨二氧化碳当量左右。减排潜力最高的建筑行业政策是建筑构件电气化和增加建筑翻新改造,减排贡献率均为 31%。改善建筑标签的减排贡献率为 28%,且可产生净收益 461.28 元/吨二氧化碳当量。此外,推广分布式光伏的减排贡献率达到 10%(图 5-29)。

在近零情景下,建筑行业的温室气体总排放和燃料燃烧 CO_2 排放在 2021 年达峰,峰值均为 0.16 亿吨(二氧化碳当量),之后持续下降,2050 年温室气体总排放可降到 0.2 万吨二氧化碳当量左右。减排潜力最高的政策为建筑构件电气化,减排贡献率达到 29%。推广分布式光伏、提升建筑能效、增加建筑翻新改造和改善建筑标签的减排贡献率分别为 27%、24%、12% 和 8%。提升建筑能效为近零情景下新增的政策,成本效益最佳,将产生 753.27 元/吨二氧化碳当量的减排净收益。

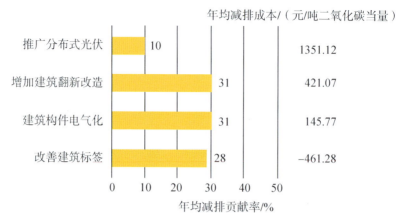

图 5-29　低碳情景下建筑行业政策影响评估

第四节　公共健康分析

一、公共健康与人类福祉

　　随着社会经济的发展,污染物排放问题也日益受到关注,例如工业生产过程中排放的 SO_x、NO_x、可吸入颗粒物(PM_{10})、细颗粒物($PM_{2.5}$)和 VOC 等污染物。这些污染物污染环境,产生酸雨(硫氧化物、氮氧化物等排放物易形成酸雨)、雾霾等气候环境问题,不仅对植物、建筑物等造成危害,还直接影响人类身体健康。大气污染易引起人体呼吸道疾病,妨碍正常的生理机能。各个领域在发展运行过程中排放不同的温室气体,会对气温产生直观的影响,导致生态环境破坏等相关问题。目前,多项研究显示,气温升高使人类健康问题增加。

　　公共健康是保护和改善人民及其社区健康的科学,保护范围为全体人民。其工作内容具体包括改善环境卫生,控制传染病,教育每个人注意卫生,组织医护人员为疾病早期诊断和预防性治疗提供服务,建立社会机制来确保社区中的每个人都能达到适于保持健康的生活标准。公共健康的目的是将人类的健康问题作为一个整体,通过有效的手段减少患病和提前死亡的人数。它的应用需要多部门协作,上至各级政府,下到网格化发展的社区。

二、浙江省污染物治理

　　近年来,浙江省全面深化污染防治攻坚,出台《关于深入打好污染防治攻坚战的实施意见》,推动实施了新一轮污染防治攻坚行动。相关污染物治理条例见表 5-2。

水污染方面治理成效明显。以工业园区的源头治水管控为核心抓手,切实推进工业园区污水治理,推进污水管网建设与企业自筹项目建设整改,工业废水排放强度逐年削减;在近岸海域污染防治上,开展长江口—杭州湾综合治理对策研究,推进近岸海域污染防治工作。2022 年上半年地表水国控断面Ⅰ—Ⅲ类水质断面占比 98.7%,同比增加 3.8 个百分点;浙江全省近岸海域优良(Ⅰ、Ⅱ类)水质面积比例同比上升 6.8 个百分点。

表 5-2　浙江省污染物治理条例一览表

条例名称	公示时间
浙江省机动车排气污染防治条例(2020 年修正文本)	2020 年 11 月 27 日
浙江省饮用水水源保护条例(2020 年修正文本)	2020 年 11 月 27 日
浙江省大气污染防治条例(2020 年修正文本)	2020 年 11 月 27 日
浙江省固体废物污染环境防治条例(2017 修正)	2017 年 9 月 30 日
浙江省排污许可证管理暂行办法(2015 修正)	2015 年 12 月 28 日
浙江省水污染防治条例(2017 修正)	2017 年 11 月 30 日
浙江省动物防疫条例(2017 修正)	2017 年 11 月 30 日
浙江省城镇污水集中处理管理办法	2019 年 8 月 2 日
浙江省海洋环境保护条例	2019 年 9 月 26 日

积极推进科学治气,打好"蓝天保卫战",不断深入推进 VOC 源头替代以防治 VOC 污染;在钢铁、水泥行业,推进超低排放改造;开展空气质量巩固攻坚行动,建立半月度全省环境空气质量形势分析研判制度,实行空气质量通报提醒和治气指导帮扶机制,并进一步完善汽车检测与维修(I/M)制度,大力实施清新空气行动。2022 年上半年设区城市 $PM_{2.5}$ 平均浓度 27 微克/米^3,空气质量优良天数比率平均为 90.3%。

"全域治废"力度加大。积极推进"无废城市"建设,旨在实现固体废物产生量最小、资源化利用充分、处置安全;积极提升固废处置能力,新增危险废物年利用处置能力 53.65 万吨,治理成效明显。

三、公共健康模型分析

根据 EPS 模型,对浙江省非温室气体污染物排放和人口过早死亡率等进行了模拟。在低碳情景和近零情景下,相关政策均可帮助大幅减少这些污染物的排放,进而降低过早死亡率,有效保障社会健康发展。模型结果主要可以分为两个部分:非温室气体污染物排放变化趋势;人类健康和福祉相关指标变化趋势。

（一）非温室气体污染物排放变化趋势

非温室气体污染物主要内容包括:硫氧化物、氮氧化物(除外 N_2O)、PM_{10}、$PM_{2.5}$ 和 VOC 等。

1. 硫氧化物（SO_x)

在参考情景下,SO_x 排放将在 2027 年达峰,峰值水平 222.3 万吨,到 2050 年下降到 188.4 万吨。在低碳情景下,SO_x 排放将在 2027 年达峰,峰值水平 218.3 万吨,到 2050 年下降到 65.8 万吨。在近零情景下,SO_x 排放将在 2027 年达峰,峰值水平 205.5 万吨,到 2050 年下降到 20.6 万吨(图 5-30)。

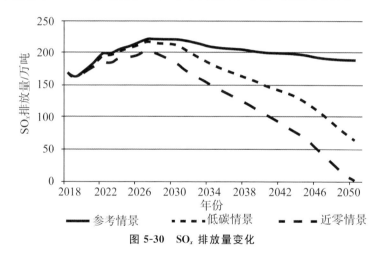

图 5-30 SO_x 排放量变化

2. 氮氧化物（NO_x)

在参考情景下,NO_x 排放将在 2030 年达峰,峰值水平 176.2 万吨,到 2050 年下降到 149.4 万吨。在低碳情景下,NO_x 排放将在 2029 年达峰,峰值水平 172.4 万吨,到 2050 年下降到 71.5 万吨。在近零情景下,NO_x 排放将在 2027 年达峰,峰值水平 155.7 万吨,到 2050 年下降到 5.8 万吨(图 5-31)。

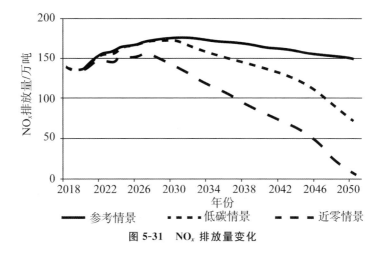

图 5-31 NO$_x$ 排放量变化

3. 可吸入颗粒物(PM$_{10}$)

在参考情景下,PM$_{10}$排放将在 2035 年达峰,峰值水平 48.6 万吨,到 2050 年下降到 43.9 万吨。在低碳情景下,PM$_{10}$排放将在 2030 年达峰,峰值水平 45.8 万吨,到 2050 年下降到 22.4 万吨。在近零情景下,PM$_{10}$排放将在 2027 年达峰,峰值水平 39.0 万吨,到 2050 年下降到 4.2 万吨(图 5-32)。

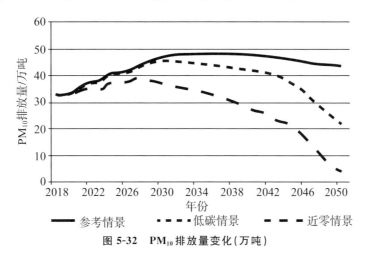

图 5-32 PM$_{10}$排放量变化(万吨)

4. 细颗粒物(PM$_{2.5}$)

在参考情景下,PM$_{2.5}$排放将在 2035 年达峰,峰值水平 46.3 万吨,到 2050 年下降到 41.5 万吨。在低碳情景下,PM$_{2.5}$排放将在 2030 年达峰,峰值水平 43.6 万吨,到 2050 年下降到 20.0 万吨。在近零情景下,PM$_{2.5}$排放将在 2027

年达峰,峰值水平36.9万吨,到2050年下降到1.9万吨(图5-33)。

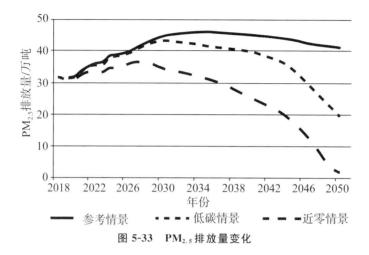

图 5-33　PM$_{2.5}$排放量变化

5. 挥发性有机物(VOC)

在参考情景下,VOC排放将在2022年达峰,峰值水平11.9万吨,到2050年下降到7.2万吨。在低碳情景下,VOC排放将在2022年达峰,峰值水平11.9万吨,到2050年下降到5.1万吨。在近零情景下,VOC排放将在2021年达峰,峰值水平11.6万吨,到2050年下降到0.4万吨(图5-34)。

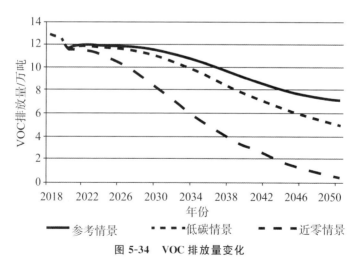

图 5-34　VOC排放量变化

(二)人类健康和福祉相关指标变化趋势

人类健康和福祉主要通过减少的常规空气污染物排放所导致的过早死亡数

的变化量加以衡量。EPS 模型通过将 SO_x、NO_x、$PM_{2.5}$ 和 VOC 的排放变化与单位污染物排放致死因子相乘这一方式计算其具体数值。

在低碳情景下,到 2050 年,减少的颗粒物污染排放可使年过早死亡数减少220546 例。在近零情景下,到 2050 年可使年过早死亡人数减少 371811 例,随着减排措施的不断完善,减少的年过早死亡数变化趋于平稳(图 5-35)。

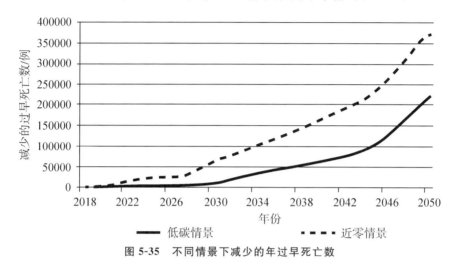

图 5-35 不同情景下减少的年过早死亡数

第五节 成本效益分析

不同政策会导致资本设备及运行维护等支出费用的变化。从效益来看,除上述变化带来的直接经济效益以外,还包括由政策产生的社会效益,具体指碳效益与健康效益。EPS 模型可以对社会效益进行货币化估算,以此更加准确地衡量不同政策所带来的总成本效益。

一、资本设备及运行维护支出

本书着重关注政策实施导致的资本设备支出变化(如新建发电厂或建筑供暖设施带来的支出变化)以及运行维护支出变化,后者主要包括燃料使用和劳务税的支出变化,并且燃料使用的占比显著高于劳务税。此外,需要指出的是,EPS 模型中评估的资本设备及运行维护支出变化均未考虑政府补贴的影响。同时,EPS 模型评估的支出变化结果均为所评估的政策情景与参考情景之间的差值,当支出变化为负值时,意味着该政策情景下的政策组合较参考情景更节约成本。

在低碳情景下,到 2050 年由于政策实施带来的资本设备支出增量为 731.5 亿元。运行维护支出短暂上升后不断下降,到 2050 年与参考情景的差值降低到 −741.2 亿元。综合而言,到 2050 年资本设备和运行维护支出的净减少量为 9.7 亿元(图 5-36 和图 5-37)。

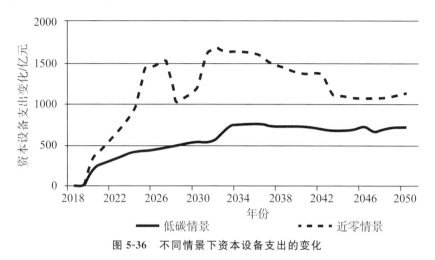

图 5-36　不同情景下资本设备支出的变化

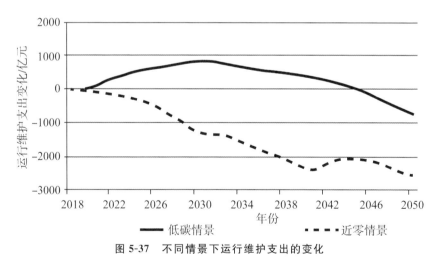

图 5-37　不同情景下运行维护支出的变化

在近零情景下,到 2050 年资本设备支出变化为 1130.0 亿元。相较于低碳情景,运行维护支出变化有较大的下降幅度,到 2050 年将降至 −2588.6 亿元。综合而言,在近零情景下资本设备和运行维护支出净减少量在 2050 年达到 1458.6 亿元(图 5-36 和图 5-37)。

由于碳定价政策的设定,在近零情景下燃料消费会显著减少,因而运行维护成本更加节约。总体来讲,近零情景虽然能够实现能耗与排放的高质量管控,但在资本设备支出上始终高于低碳情景。

二、碳减排的货币化效益

碳排放会导致气候变暖,引起海平面上升、农业区转移、水资源短缺等不利现象,从而增加社会成本。碳减排的货币化效益是指温室气体减排所节约的社会成本[①](即减少单位二氧化碳当量所规避的气候损失资金量)。

在低碳情景下,到 2050 年碳减排带来的货币化效益达到 1850.6 亿元,而在近零情景下碳减排的货币化效益达到 2784.9 亿元。两种情景下,碳排放的货币化效益分别相当于 2050 年 GDP 的 0.7%、1.0%(图 5-38)。

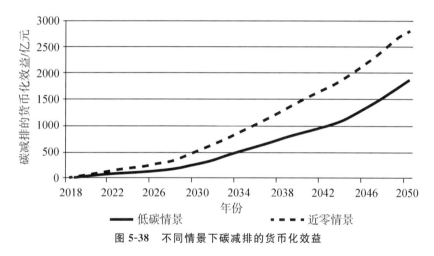

图 5-38 不同情景下碳减排的货币化效益

三、减少过早死亡的货币化效益

对常规空气污染物排放量降低带来的健康效益进行衡量,具体计算方式为:将降低常规空气污染物排放所减少的过早死亡数乘以世界银行给出的中国统计寿命价值(795000 元/人)[②]。由此可估算,到 2050 年,低碳情景将带来 1753.3

①注:数据来源于 Ricke K,Drouet L,Caldeira K,et al. 2018. Country-level social cost of carbon. Nature Climate Change,8:895-900. 全球平均 417 美元/吨,美国 48 美元/吨,中国 24 美元/吨。

②注:数据来源于世界银行发展研究组《生命统计价值:中国研究》。

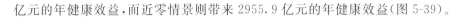

亿元的年健康效益,而近零情景则带来 2955.9 亿元的年健康效益(图 5-39)。

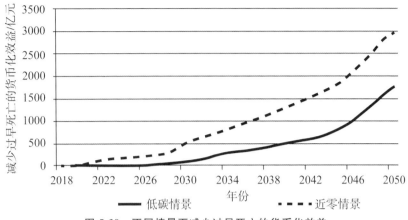

图 5-39　不同情景下减少过早死亡的货币化效益

四、总成本效益

与参考情景相比,一方面,低碳和近零政策情景可避免过早死亡和气候变化带来的经济损失。随着减排行动的持续推进,此部分带来的经济效益逐年提升。另一方面,不同政策情景会使设备投资、运行维护成本等发生变动,但长远看,运行维护成本的降低会带来成本的节约(图 5-40)。

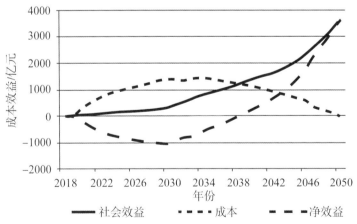

图 5-40　低碳情景相较于参考情景的成本、社会效益和净效益变化

将以上直接成本的节约额与货币化的社会效益进行加和,得到总成本效益(净效益)。低碳情景和近零情景的净效益分别从 2039 年和 2028 年起为正值。

以近零情景为例,相对净效益在初期因为成本的增加而呈现亏损,2028 年之前采取减排行动的成本高于社会效益;但随着减排效果不断凸显,2028 年之后相对净效益将变得越来越显著。到 2050 年,低碳情景和近零情景均能得到显著的经济效益,相较于参考情景的年净效益将分别达到 3613.6 亿元、7199.5 亿元(图 5-40 和图 5-41)。

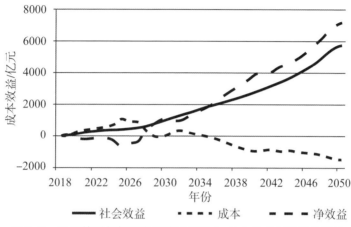

图 5-41 近零情景相较于参考情景的成本、社会效益和净效益变化

第六节 本章小结

本章基于设置的参考情景以及低碳、近零两个政策情景,从分领域碳排放、政策实施绩效、公共健康及成本效益等维度对所构建的政策情景进行综合分析,主要结论如下。

国家重大战略项目布局重塑浙江省温室气体排放格局,温室气体排放达峰预计推迟至"十五五"期间,2050 年有望实现碳中和。在参考情景下,温室气体排放在 2032 年达峰,2050 年较峰值减排 8.8%,人均排放 10.1 吨二氧化碳当量。在低碳情景下,2028 年达峰,2050 年较峰值减排 61.3%,与参考情景相比下降 61.9%,人均排放 3.9 吨二氧化碳当量。在近零情景下,2027 年达峰,2050 年基本实现碳中和,较峰值相比减排 93.1%,与参考情景相比下降 93.2%,人均排放 0.7 吨二氧化碳当量。如果不考虑重大产业项目影响,浙江省温室气体排放增速明显放缓,2018—2030 年年均增长 1.1%,而考虑重大产业项目影响后,新增二氧化碳排放 0.9 亿吨/年,2018—2030 年年均增速则提高到 2.2%。可以看出,重大产业项目建设对浙江省"十四五""十五五"期间温室气体排放产生显著的影响。

一次能源需求刚性增长,预计 2030 年达峰,能源体系有望实现深度脱碳。在参考情景下,2045 年达峰,2050 年人均能耗 6.8 吨标煤。非化石能源消费占比持续提高,由 2018 年的 19.2% 上升到 2025 年的 21.0%,2050 年达到 31.7%。在低碳情景下,2035 年达峰,2050 年人均能耗 5.7 吨标煤。在近零情景下,2030 年达峰,2050 年人均能耗 5.0 吨标煤。2025 年非化石能源占比达到 23.8%,2050 年进一步达到 83.0%,能源体系有望实现深度脱碳。如果不考虑重大产业项目影响,浙江省一次能源消费量增速明显放缓,2018—2030 年年均增长 2.3%,而考虑重大产业项目影响后,新增一次能源消费量近 1 亿吨标煤/年,2018—2030 年年均增速则提高到 4.7%。重大产业项目建设对浙江省"十四五""十五五"期间能源消费影响也非常显著。

电力和工业是最大碳排放源,也是减排潜力最大的领域。关键的减排政策包括能效提升、能源结构优化等。在参考情景下,2018 年电力、工业排放占比约 44%、33%,2050 年电力排放占比维持在 43%,工业排放占比提高到 37%。在近零情景下,电力减排力度大,2050 年电力排放降至 1780 万吨,较参考情景下降 93.8%,排放占比降至 21%。2050 年工业排放降至 5940 万吨,较参考情景下降 75.7%,但因工业、农业、废弃物处理等继续深度减排难度大,工业排放占比达到 69%。浙江省 EPS 模型考虑了 25 项政策措施。在低碳情景下,减排潜力较大的政策有提高零碳电力供应比例的措施(包括可再生能源配额制、加快核电建设、提升非化石电力占比、提前淘汰燃煤电厂等)、强化工业减排的措施(包括提高工业能效标准、含氟气体控制、工业能源结构低碳化等)、实施管理减排的措施(包括碳定价、碳捕集和封存等)。近零情景政策实施力度更大,减排成效较大的政策主要包括建立零碳电力供应和能源体系,进一步强化工业减排(电力和氢能替代、提高工业能效标准、降低工业生产过程排放),实施碳捕集和封存、实行碳定价,建筑和交通领域推进能源结构零碳化和能效提升等。

应对气候变化的政策行动,从长远来看不但不会阻碍经济发展,而且可通过避免气候变化带来的经济损失,提高公共健康水平,带来绿色发展的就业岗位,从而实现多赢。总体来看,在近零情景下,相对净效益在初期因为成本的增加而呈现亏损,2028 年之前采取减排行动的成本高于社会效益;但随着减排效果不断凸显,2028 年之后相对净效益将变得越来越显著。减排政策可大幅减少污染物的排放,进而降低过早死亡人数,预计 2018—2050 年累计超过 336 万人将从减少的空气污染物中获益。

第六章　浙江省减碳路径选择

区域减碳路径设计需在全国一盘棋的总体部署下,坚持系统观念,统筹好发展和减排、整体和局部、短期和中长期的关系,因地制宜选择总体路径和分领域路径。本章基于模型分析,提出了浙江省深度减排分阶段路线,并分领域提出了减排增汇的具体路径举措,为浙江省碳达峰碳中和提供政策支撑。

第一节　浙江省深度减排分阶段路线

短期来看,浙江省深度减排面临重大挑战。浙江省近年布局的舟山绿色石化基地建设、镇海炼化扩建项目以及大榭石化扩建项目等国家重大战略项目,温室气体排放逐步释放,这将重塑浙江省温室气体排放格局。同时,随着浙江省社会经济持续发展和人民生活水平的不断提高,能源消费和碳排放仍将保持惯性增长。目前浙江省化石能源在一次能源消费结构中仍占主导地位,可再生能源资源禀赋一般,发展空间有限,短期内重塑能源体系难度较大。综合考虑上述因素和国家提出的新目标——力争于 2030 年前碳排放达到峰值,浙江省应强化减排政策举措,争取于 2027 年实现碳达峰。

长期来看,深度减排是推进浙江现代化建设的重要助力,主要体现在以下几个方面。①助推浙江经济"绿色复苏"。通过深度减排行动,加快浙江省能源体系、产业体系升级步伐,推动浙江省实现经济社会更高质量发展,实现疫后经济的"绿色复苏"。②助力浙江开放发展,打造双循环战略枢纽。浙江作为外向型经济省份,2019 年对外贸易依存度达到 49.4%,超过全国平均 17.6 个百分点。深度减排行动将强化浙江与国内国外市场的沟通连接,扩大绿色低碳技术、产品的引进、输出,深化浙江开放发展格局,助力浙江打造国内国际双循环的战略枢纽。③作为生态文明建设的重要内容,深度减排也是美丽浙江建设的题中之义。深度减排行动将协同推动能源利用清洁化、产业发展绿色化,带来污染物减排等效益,助力生态文明建设。率先谋划深度减排行动、提前实现碳中和目标,既是浙江扛起"重要窗口"使命担当的体现,也是浙江代表中国向世界展示风采的又一重要机遇。

一、碳达峰路线

浙江省应坚持科学稳健原则,有序释放国家战略项目排放,力争于 2027 年达峰。围绕碳达峰目标,重点聚焦控制增量排放,降低存量排放。分行业来看,能源部门应按照"减煤、控油、增气、增非"发展思路,推进能源低碳转型,审慎新建清洁煤电机组,积极打造以沿海核电基地、华东抽水蓄能基地、海上风电基地、分布式光伏领跑省为核心的清洁能源生产基地,积极发展"蓝氢",通过实施可再生能源配额考核和绿证交易、储能和需求侧响应、电力领域碳排放市场交易、供热部门煤改气等举措,力争新增用能需求由非化石能源满足。工业部门应着力优化产业结构,通过技术创新等提升能效水平,优化能源结构,提高电气化水平,处置销毁含氟气体,降低工业生产过程温室气体排放,实现产业绿色低碳转型。建筑部门应重点推进建筑电气化,实施建筑节能改造,依托未来社区建设等推广绿色节能建筑,实现建筑领域绿色低碳转型。交通运输部门应加快轨道交通建设,提高交通电气化水平,推广电动汽车、氢燃料电池汽车。农林部门应改善森林管理,提高森林碳汇。

二、碳中和路线

从 2027 年碳达峰至 2050 年,浙江省应坚持积极有为原则,实施分类施策、梯次推进的减排策略,从强化控碳向深度脱碳转变,通过大幅提高非化石能源占比、优化产业结构和推动碳移除技术应用等脱碳举措,推动 2050 年实现碳中和目标。分行业来看,能源部门应全面实施可再生能源配额制,进一步扩大可再生能源利用,大规模削减煤电,积极打造以"绿氢"为发展重点的氢能全产业链。到 2050 年,可再生能源和核电成为主力电源,火电机组成为调峰电源,并采用碳捕集与封存(CCS)技术实现火电机组深度脱碳。工业部门应进一步优化燃料结构,推动工业领域电力、氢能替代化石能源使用,提升工业产品回收利用率,实施短流程炼钢,全面控制含氟气体排放,在重点排放行业推广 CCS 技术以深度脱碳,全面实施碳定价制度。交通运输部门应进一步提高氢燃料电池汽车、电动汽车占比。建筑部门应全面推进建筑电气化,提高建筑节能水平。

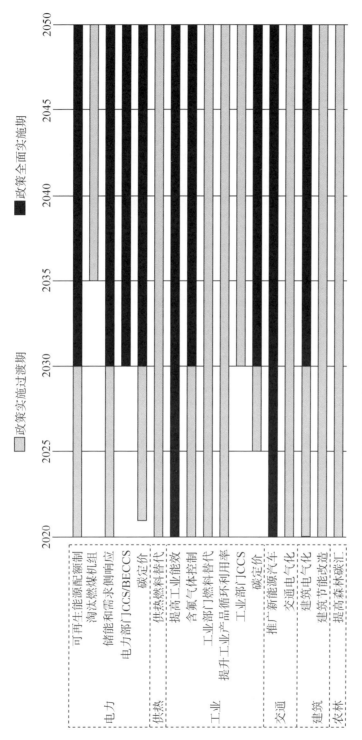

图 6-1 近零情景下各行业主要减排举措实施路线

第二节　电力和区域供热行业减排路径

一、推动实施可再生能源配额制

可再生能源配额制政策成本较低,可最大程度提高可再生能源发电量,但受限于浙江省可再生能源的资源禀赋。建议实施可再生能源配额制,大力开发省内光伏、海上风能和生物质能等非水可再生能源,有序推进分散式风能、潮流能、地热能等利用。"十四五"期间加大可再生能源电力消纳责任权重考核制度实施力度,并制定中长期发展目标。推动绿色电力数字化交易,支持可再生能源发电抵扣能耗指标和企业碳足迹认证,为"十四五"可再生能源发展和低碳发展提供发展空间和动力。

专栏 6-1　美国加州实施可再生能源配额制

美国除风电上网电价生产税抵免,以及其他可再生能源发电技术基于装机容量的投资税收抵免外,并没有制定任何国家层面的可再生能源政策。相反,美国给予了各州很大的可再生能源政策空间,使其对能源结构有很大的控制权。美国共有 29 个州制定了能源结构和目标各不相同的可再生能源配额制,占全国发电量的 55%。

2002 年,加州率先采用了可再生能源配额制,此后一直在可再生能源领域处于领先地位。目前,加州在可再生能源装机容量和发电量方面领先于美国其他州,太阳能发电量占比最高,2016 年达到 13.8%,这在很大程度上得益于该州持续改善的政策。加州目前的可再生能源配额制目标是到 2030 年可再生能源发电量占比达 50%。加州的负荷服务商(LSE)一直超额完成可再生能源配额制目标,充分利用了其充满吸引力的投资环境,提高了履约的确定性。

二、积极安全有序发展核电

浙江省已建、在建和规划的有秦山、三门、三澳、金七门四大核电基地。初步摸查发现,相关核电集团有 10 个以上核电厂址,预计可新增装机容量 7000 万千瓦以上。要进一步提升核电的主力电源定位,将核电作为第一主力电源进行布局和推进。①抓住机遇加快推进核电进展,加快推进核电新厂址纳规;②根据厂址条件和环境容量,开展三澳、金七门等厂址扩容研究论证,推进已有厂址扩容;③开展新一轮核电选址及中长期规划,做好核电厂址储备,加强核电厂址资源保护力度;④探索先进核电技术应用示范,结合高耗能项目布局及降碳需求推进高温气冷堆、快堆、模块式小型堆等技术应用,加快核能多元利用、综合利用等。

三、控制燃煤电厂排放量

从政策评价结果看,控制煤电政策有一定的碳减排潜力,但并不明显,且需承担一定的经济成本。建议加强对电力生产企业考核,以及配套老旧、低效煤电机组提前淘汰政策,进一步加快零碳能源发电对传统燃煤发电的替代。在保证电力稳定供应的前提下,有序实施煤电机组缓建或禁止建设。

四、提高电网弹性和灵活性

从模型结果看,加强电网建设是减排量大但成本较高的政策,但强化电网侧储能应用和推动需求侧响应,是十分有效且具有净收益的政策,有利于扩大可再生能源的利用。建议不断优化主网架布局和结构,提升电力传输效率,提高调峰设备的使用效率。加快抽水蓄能电站建设,创新抽水蓄能和天然气调峰机组运营管理机制。优化电力系统调峰能力,鼓励实施电力需求侧响应示范工程,建立健全电力需求侧响应工作机制和交易规则。完善电力辅助服务市场机制,加快电网侧电化学储能应用,推动分布式储能产业发展,实现削峰填谷。

专栏 6-2 美国得克萨斯州运作高效的电力批发市场

得克萨斯州是美国七个集中式电力批发市场之一。其电力可靠性委员会(ERCOT)在一个单一电网的覆盖范围内运行全州的电力批发市场,这也是其独特性所在,而美国的其他电力批发市场则在另一个更大的互联电网覆盖范围内运行。得克萨斯州电力批发市场还包括以下特征:没有针对容量的市场;上限电价极高,可达到 9000 美元/兆千瓦时。通过运作高效、技术中立的电力批发市场,得克萨斯州能够从其可再生能源配额制和输电线路投资中获益。

得克萨斯州是最成功的风电集成市场之一,风电装机容量达 21000 兆千瓦,峰值负荷为 71000 兆千瓦。2016 年,风电为得克萨斯州贡献了 15% 的发电量;2017 年 3 月,风电占得克萨斯州总发电量的比例达到了史上最高(25.4%)。

ERCOT 政策制定者做出了两个重要的政策决定,在为电力用户带来巨大收益的同时也推动了清洁电网的部署。其中一个政策决定是创建一批竞争性可再生能源区,投资近 70 亿美元用于输电项目建设,以充分挖掘风能资源丰富的偏远西部地区的可再生能源资源,该项目已于 2013 年完成。安装在这些地区的输电线路立即缓解了主要的输电压力,并向可再生能源项目开发商发出了明确的市场信号,产生了超过 20000 兆千瓦的新风电,是排名第二的艾奥瓦州的 3 倍。竞争性可再生能源区是技术中立的,不需要一定拥有风能资源,但可以让更多风能资源参与市场竞争。预计这些地区将激发至少3000兆千瓦的太阳能项目,以补充风电产量。另一个政策决定是,不再将市场装机容量的扩张作为政策目标。因为只要有足够的发电量,装机容量自然会达到一定水平。得克萨斯州提高了实时电价上限,并在备用装机容量下降的情况下启动了加价机制。通过精心设计的批发市场吸引高效电网投资,为用户节省了数十亿美元的成本支出,ERCOT在淘汰数千兆瓦低效老旧燃气和燃煤电厂的同时,还利用超低价格的新燃气发电和风电,建成了更清洁、成本更低、更灵活及更可靠的电网。

五、积极争取清洁的外来电力

增加外来电政策具有良好的减排潜力,但经济成本相对较高。建议近期全面推进白鹤滩水电送浙特高压直流工程,积极争取吉泉直流增量分电浙江。远期进一步争取新增外来电通道,优化外来电结构,新增外来电坚持以非化石电力为主,降低高碳区域电力入浙比例。

六、推动供热部门"煤改气"

目前来看,供热部门煤改气政策具有可观的碳减排效应,但也面临着经济成本压力。浙江省天然气体制改革的深入推进及沿海液化天然气(LNG)接收站的陆续建成投产,使气价有望进一步下降,为"煤改气"的实施提供条件。建议全面淘汰10蒸吨/小时以上35蒸吨/小时以下的燃煤锅炉。强化天然气供应保障,加快LNG接收站建设,提高天然气管道覆盖率。关停能耗、环保指标不达标的燃煤小热电,鼓励新建天然气热电联产或天然气分布式能源。远期,稳步推进燃煤热电改天然气热电联产。

第三节　工业行业减排路径

一、水泥行业减排路径

（一）节能技术

从生产工艺改进、设备更新、能源管理系统应用到新能源利用等多个层面,全方位提升能源利用效率,实现行业绿色发展。对标行业先进水平,找出能耗浪费点和差距,通过技术升级和管理优化,针对性地实施节能措施。应用多通道燃烧节能技术、高固气比水泥悬浮预热分解技术、四通道喷煤燃烧节能技术等节煤技术,以及高效节能选粉技术、高效优化粉磨节能技术、曲叶型系列离心风机技术、稳流行进式水泥熟料冷却技术、新型水泥预粉磨节能技术等节能节电技术。

（二）水泥生产工艺变化

应用新型干法水泥窑无害化协同处置污泥技术,将城市干化污泥作为辅助燃料或原料,通过将水泥窑废热烟气干化后的污泥入窑焚烧,实现污泥的无害化、减量化和资源化利用;同时将其作为替代燃料,节约一小部分燃煤,减少二氧化碳减排。利用电石渣制水泥规模化应用技术,减少石灰石用量,降低碳排放。用飞灰、粉煤灰和高炉矿渣替代部分水泥熟料,减少水泥熟料的需求量,降低碳排放。

（三）能源替代

水泥回转窑部分煤炭使用替代。水泥生产工艺的煤炭燃烧消耗集中在水泥熟料煅烧阶段,通过煤炭燃烧使得回转窑的温度控制在 1450 摄氏度以上。如果采用重油和天然气燃烧,在窑内烧成带温度相对较低的情况下液相黏度也不会高,这不利于熟料的烧结,因此在水泥熟料煅烧阶段暂无其他能源品种可替代煤炭。

二、油气加工行业减排路径

（一）能效提升

提高锅炉能效。在油气加工行业中,锅炉作为重要的热源设备,其能效提升对于降低能耗至关重要。根据油气加工过程的实际热需求,合理选择锅炉额定功率和数量,确保锅炉负荷与需求相匹配,避免"大马拉小车"或频繁启停导致的能源浪费。在锅炉运行过程中,结合实际负荷需求调节锅炉的排烟量、风量、汽温、汽压、水位等,使燃料能够完全燃烧。安装燃烧智能管控装置,对燃烧过程进行精确控制。对锅炉热交换器进行定期检查、清洗和维护,清除积灰、结垢等,减少热阻,确保其传热效率。

能源高效梯级利用。除了传统锅炉之外,一些石油加工生产过程(如催化裂化等)装置也会产生较多热量,企业可通过更换先进的技术设备、开展节能改造、开展含硫污水的串级利用、进行凝结水回收利用等,实现对相关装置热量的回收,以减少原生能源的消耗量,实现能源高效梯级利用。例如,应用烟气冷凝器或半冷凝器,回收烟气中的潜热,将原本随烟气排放的大量热量转化为可用热能,从而降低排烟温度,减少热损失,提高锅炉总体热效率。

工艺技术节能。产业集中度进一步提高,大型化和规模化生产实现节能降耗。原料向轻质化发展,从源头降低能耗。通过单元过程强化、新型反应、分馏过程及其装置控制、在线优化等手段,提升装置操作和控制能力,降低单位产品能耗。强化隔热保温,应用新型分壁式蒸馏塔、膜分离技术、超临界技术、节能型过程装备与工艺设备技术、流程模拟及先进控制软件信息技术等,实现工艺过程节能。

（二）燃料结构替代

推动天然气制氢替代煤制氢。随着石油化工行业加氢工艺快速发展,炼油厂对氢气的需求剧增。目前,较为成熟的加氢工艺主要是煤制氢和天然气制氢。相关研究显示,煤制氢工艺碳排放强度为 22 吨二氧化碳/万元,天然气制氢工艺碳排放强度为 4.8 吨二氧化碳/万元,仅为煤制氢的 1/4 左右。推动天然气制氢替代煤制氢,将大幅度降低石化企业温室气体排放。

（三）末端减排

推动开展碳捕集、利用与封存。目前我国在石油化工领域已开展多个碳捕集、利用与封存示范工程,如陕西延长石油集团针对石油化工与煤耦合副产品开展全流程碳捕集、利用与封存。此外,省内也有多家企业针对煤制氢等过程开展二氧化碳回收工作,如镇海炼化就针对制氢装置开展了二氧化碳回收,相关回收技术已较为成熟。针对制氢装置、动力煤燃烧过程等积极推进碳捕集、利用与封存或二氧化碳回收,温室气体减排效果将十分明显。

三、钢铁行业减排路径

（一）采用先进技术

重点利用余压余热,全面实现轧制工序连铸连轧、热装热送,应用富氧燃烧技术、蒸汽梯级高效利用技术、高炉煤气高温超高压再热发电技术等。同时,可引导钢铁制造业与"互联网＋"融合发展,实施钢铁企业智能制造示范工程。

（二）能源替代

鼓励钢铁行业降低铁钢比,提高外购焦炭、外购烧结矿和球团矿的比例,减少炼焦、烧结、高炉用煤。依据工艺流程及天然气替代的可操作性,在焦炉、焙烧炉等炉窑中使用天然气来代替以往喷吹煤粉掺混混合煤气。进一步推广"煤改气"在钢铁企业的应用,淘汰煤加热炉和煤制气燃烧加热炉,采用天然气、高炉煤气、转炉煤气。目前,氢能在德国、瑞典等国家和地区已成功应用,未来我国也可有所布局。

（三）工艺升级改造

对烧结、炼焦、炼铁、炼钢、轧钢等所有生产环节实施升级改造，从有组织排放、无组织排放及运输过程等方面落实排放指标要求。对超低排放技术改造、生产洁净化、制造智能化、工业旅游等改造项目加大政策支持力度，采取措施包括差别化电价、项目补助、信贷融资支持、开通项目审批绿色通道、重污染天气豁免限产、产能置换等。

四、纺织行业减排路径

（一）加强节能节电

织造纱线和布匹生产的电能消耗占纺织企业电能消耗的八成左右，湿加工环节的电能消耗占 15% 左右，主要消耗在机械运转上。减少加工步骤是节电的关键，将湿加工与其他加工处理结合，可减少洗涤和烘干的次数。此外，淘汰能耗高、效率低的旧式纺织机械，采用新一代高效能、低能耗的设备，如节能型细纱机、高速剑杆织机、节能型针织机等，可以提升传动效率，优化机械结构和智能化控制系统，显著降低单位产量的能耗。

（二）采用先进的技术工艺

印染不仅是耗水、排污的重点行业，也是耗能的主要行业之一。印染行业取水、排放废水量大的一个主要原因就是工艺设备比较落后，如间歇染色设备的浴比大多在 1：15 左右，而国外染色设备的浴比为 1：8～1：5。应加强清洁生产，采用低水耗、低化学品消耗的染整技术，优化废水处理与回用，使用环保染料与助剂，减少生产过程中的资源消耗和环境污染。运用数字化、智能化技术优化生产流程，精准控制温湿度、物流等，避免无效能耗。如绍兴东盛印染厂曾引进意大利气流染色机，浴比在 1：5 左右，与普通染色设备相比，可实现节电 20%，节水 75%，节汽 65%，减污 75%。

（三）加强循环利用

纺织企业在生产过程中，除了需要源源不断的电能之外，热力需求也较大，且要求保持稳定。可建立绿色供应链，推广使用低碳或零碳原材料，如有机棉、生物基纤维、再生纤维等，降低碳足迹。设置废弃物分类收集设施，对生产过程中产生的边角料、废纱、废布等进行分类回收。在烘干前尽量挤干水分，至少可降低 15%～20% 的热能消耗；采用热能回收装置，最大限度地提高热能利用效率；设计合理的冷却水循环系统，减少新鲜水用量，提升水资源利用效率。例如，浙江富润印染有限公司(绍兴)启动了系统性节能减排技改项目,安装定型机废气余热回收装置,将定型机所排出的高温废气回收处理后形成热风,再用到烘干等生产环节上;增加淡碱回收装置,每月可回收 250 克/升的浓碱 600 吨左右。

五、造纸行业减排路径

(一)技术节能降碳

进行电机系统改造,更新淘汰低效电动机,改用高效节能电动机,采用变频调速装置,采用先进的电力电子技术传动方式,逐步以交流调速取代直流调速,优化电机系统的运行和控制。利用余热、余压、余能,如自备电站的(冷)热电联供系统;将碱回收炉排气用于加热蒸煮木片;回收纸浆黑液、树皮、木屑、可燃垃圾、废水处理厂排出的污泥和沼气等,利用其中的可燃成分(作为燃料)产生热能;回收利用预热木片磨木浆热。可采用屋顶光伏发电,替代和减少化石能源消费;用重油及天然气替代煤炭,并尽量在制造纸浆过程中获取特有的伴生能源。

(二)结构节能

推动造纸行业规模化、规范化,发展大型制浆造纸企业集团,淘汰产品质量差、资源消耗高、环境污染重的小企业。开发低定量、功能化纸及纸板新产品,减少原料使用,降低全生命周期碳排放。提高废纸回收利用率,合理利用非木浆,形成以木纤维、废纸为主,非木纤维为辅的造纸原料结构。

(三)工艺节能

淘汰高消耗、低水平造纸机和落后的生产工艺。引进高得率纸浆和废纸浆造纸技术,节约纤维资源,鼓励新上无元素氯漂白、全无氯漂白、低白度纸浆及其纸产品生产,未漂白纸浆及其纸产品生产等先进技术。针对脱墨工序,引进浮选脱墨工艺、生物酶脱墨或中性脱墨工艺等先进脱墨工艺。采用高效废水处理技术,加强废水资源化回用。尽量减少辊子的数量,合理使用刮刀,调节好刮刀的线压力,适度的网、毯张力可明显降低电耗。

(四)设备节能

废纸制浆造纸企业应采用无元素氯漂白工艺和装备,纸机配套使用白水循环利用技术和装备,鼓励企业引进热泵等蒸汽热量回收技术,浓缩过程有条件尽量使用螺旋挤浆机、多盘浓缩机等高效洗涤和浓缩装备,碎浆过程采用高浓碎浆工艺和装备。加快淘汰落后产能,淘汰洗涤法脱墨工艺和装备、元素氯漂白工艺和装备。

（五）优化产品设计

目前,浙江省内造纸企业产品整体档次偏低,附加值不高。建议企业提升产品档次,注重研发投入,加强与科研院所的合作等。如原生产瓦楞原纸和箱纸板的企业要向高强度、低定量纸产品生产领域发展;原生产白纸板的努力向食品、饮料、日化、医药、服装等中高端纸产品需求领域发展;原生产特种纸的要向高技术含量、高附加值、低定量、功能化、可以替代进口的纸产品生产领域发展。

第四节　交通行业减排路径

一、加快交通装备升级

引导社会车辆向新能源化发展,深化落实新能源汽车产业发展规划,促进新能源汽车产业发展,提高新能源汽车供应能力。在公共领域率先推广新能源化,采取财政补贴、车企回购等方式,引导城市公交车、巡游出租车、网约出租车等公共交通车辆新能源化更新。加大新能源或清洁能源邮政快递车辆应用政策支持力度,鼓励邮政快递企业在购置和更新车辆时,同等条件下优先选用新能源或清洁能源车辆。鼓励相关企业在安全可控前提下,在长江干线、京杭运河、长三角沿海等水域开展氢(内燃机)、氨、非粮食原料等先进生物液体燃料和可再生合成燃料船舶的试点。加快氢燃料电池动力在重型货车领域推广应用,助推宁波、嘉兴等具备储氢优势的地市及有条件的港区率先开展氢能中重型货车试点应用。严格营运货车排放准入标准,加快完成国三及以下排放标准柴油货车淘汰,逐步推进国四及以下排放标准柴油货车淘汰。加速推广营运货车国六及以上排放标准,持续提升国六及以上排放标准营运货车占比。

二、深化运输结构调整

推进"公转水"集中攻坚行动。引导从事中长途货运的大型工矿企业、生产企业和新建物流园区等由公路运输转为水路运输,以点带面带动全省大宗货物和中长途货物"公转水"。大力发展集装箱江海河联运,加快浙北集装箱运输主通道以及京杭运河、杭甬运河、钱塘江中上游等集装箱运输通道建设。积极引导集装箱"陆转水",加大"散改集"力度,推进冷藏、罐式等集装箱江海河联运。提高港口和船闸作业效率,简化运输船舶和集卡车辆进出港手续,优化船舶过闸流程,加强码头作业和船闸联合调度等智慧化管理,提高水路运输效率。加快完善铁路运输支线网络,持续推进铁路专用线疏港、进厂、入园布局,着力扩大港口铁路集疏运规模,优化升级铁路集疏运体系,提升"门到门"服务质量。优化铁路港前站布局,完善港区铁路装卸站场及配套设施,推进集疏港铁路向堆场、码头前沿延伸,实现港站一体化。创新铁路运输组织模式,积极发展"轨道+仓储配送"、铁路双层集装箱运输、铁路集装箱双重运输等运输新模式。拓展集装箱海铁联运业务,扩大现有"散改集""公转铁"及海铁联运班列开行规模,增加铁路班列开行班次,推动既有线路业务提升。推广标准化载运单元,鼓励"散改集"运输模式创新,积极引导适箱货物入箱运输,鼓励标准托盘和运输包装循环共用,推进冷藏、罐式、危险品等集装箱专业化运输。提高船型标准化率,重点推广500～1000吨级标准化船舶和内河集装箱、化学品等专用船舶,研发和推广应用新一代标准化船型。推进多式联运衔接水平提升行动,探索运输服务联动机制,开展多式联运运输组织全过程作业标准化、规范化研究。

三、提高运输组织效率

积极发展城市绿色配送。优化城市配送网络布局,鼓励各地利用综合货运枢纽或空间闲置率较高的老旧火车站、客运站等资源,新建或改建城市共同配送中心。加快温州、台州城市绿色配送示范工程创建,通过示范工程创建,完善城市配送物流基础设施、加快推进城市配送车辆车型更新、创新运输组织模式,从而提升城市配送绿色化水平。创新"统仓统配""多仓共配"等仓配一体化物流模式,推广"新零售+物流"配送、即时配送、无接触配送等服务。扎实推进道路货运转型升级,通过制定政策、实施货运车辆准入管理等方式,引导鼓励货车大型化发展;将厢式化引导工作纳入老旧营运货车淘汰政策内容中,对更新厢式化车辆、冷链运输车辆在补助政策上予以区分。加强对网络货运企业专业化、规模化、合规化引导,推动专业化、合规化程度高的企业纳入税务机关集中代开增值税专用发票试点。重点围绕宁波舟山港集装箱运输、义乌物流枢纽专线运输等业务,培育一批规模化道路网络货运平台。多渠道推广发行货车ETC(电子不停车收费),提高车辆通行和物流效率。做好高速公路区间内货车差异化收费试点、"绿色通道"和其他减免车辆高速公路通行优惠措施工作。

四、提升绿色出行比例

深入实施公共交通优先发展战略。推进城市交通拥堵综合治理。打造"五型公交"服务品牌,提升城市公交300米站点覆盖率,持续提高城市公共交通出行满意度。大力发展自行车、步行等慢行交通,以及网约车、共享单车、汽车租赁等共享交通模式。加快建设轨道交通网络,构建多样化公共交通服务体系。引导公众优先选择乘坐公共交通、步行和骑行等绿色出行方式。严格控制高排放车辆。探索低碳出行碳普惠激励措施,通过奖励、积分和荣誉等多种鼓励形式,倡导私家车车主绿色低碳出行。鼓励对自愿停驶的车主提供配套优惠措施,探索建立私家车停驶与机动车保险优惠减免相挂钩的制度。推广实施分区域、分时段、分标准的差别化停车收费政策。

五、推进低碳基础设施建设

建设一批低碳交通枢纽。推进低碳公路服务区建设。助推新建、改建高速公路服务区在设计、建设、运营各个阶段融入照明节能、通风节能、综合节能理念。引入太阳能光伏、自然光照明、光导照明、自然通风、雨水调蓄等节能技术。推进低碳水上服务区建设,推动水上服务区靠泊船舶全面使用岸电,建设岸电监管平台,实行水上服务区岸电使用过程信息化管理。加大 LED(发光二极管)节能灯在室内照明中的使用比例,加快光伏技术在室外路灯、监控视频等方面的运用,降低水上服务区能源消费。以大型物流枢纽为重点,推进新能源和清洁能源在物流车、集卡、叉车等园区内车辆中的应用。积极推广园区内办公楼、仓库引入节能照明和节能控温设计理念,鼓励使用导光管、光伏发电等先进技术,减少园区能源消费。推进低碳综合客运枢纽建设,构建综合客运枢纽内"分布式光伏＋储能＋微电网"的交通能源系统,积极推广枢纽内使用太阳能光伏、热泵等节能技术,降低枢纽内能源消费。加快美丽交通"廊道"建设。以普通国道、省道和重点农村路为重点,高标准创建"畅、安、舒、美、绿"的美丽公路,实现诗画韵味的万里美丽绿道基本贯通。深化路域环境整治,创建"四沿"美丽公路,打造 351 国道山海协作路等一批沿海、沿江、沿湖、沿山美丽公路示范工程。以省级以上干线航道为重点,创建一批"畅、洁、绿、美"的美丽航道。促进交旅融合,打造水上旅游特色航区。加快充换电基础设施建设。加快公共停车场一体化建设,支持企事业单位、居民区按需配建以交流慢充为主的自用充电设施。加快城乡公共充换电网络布局,推动乡镇、农村充电设施建设。与加油站、加气站等合建新能源汽车充(换)电设施。鼓励个人通过个人自建、车企代建和个人委托第三方建设等形式进行充电桩建设。加强"光储充放"新型充换电站技术创新与试点应用,鼓励"光储充放"多功能综合一体站建设。以高速公路为重点,加快综合供能服务站建设,因地制宜改造提升现有加油(气)站为综合供能服务站,补齐交通能源基础设施短板,完善配套储运设施和服务体系。

第五节　建筑减排路径

一、提升建筑能效水平

建立健全绿色低碳标准体系。提升新建建筑绿色低碳标准,将低能耗建筑基本要求纳入工程建设强制规范,推动超低能耗、近零能耗建筑规模化发展。加快推进公共建筑和居住建筑节能改造,健全既有建筑改造标准体系。大力推广绿色节能建筑,实现建筑领域绿色低碳转型。推进既有公共建筑能效提升。逐步推广既有公共建筑用能系统调适技术,基于建筑用能数据的楼宇节能诊断,在保证适度的建筑光、风、热等环境品质的前提下,优化建筑各类设备系统的节能控制策略。推动公共建筑用能设备迭代更新。推广应用节能新技术与新产品,提升公共建筑用能系统能效。鼓励在公共建筑节能改造中采用能效水平达到2级及以上的用能设备,及时淘汰低能效设备,推动既有建筑用能设备能效提升。积极推进既有公共建筑领域能源结构优化,提高建筑用能电气化水平,促进建筑用能低碳化。提升公共建筑用能管理智能化水平。扩大公共建筑用能监测覆盖范围,加强公共建筑用能监测,健全公共建筑节能监管体系,推进建筑能耗统计、能源审计和能效公示。

二、推广可再生能源建筑应用

提高建筑终端电气化水平,鼓励"光储直柔"技术应用。扩大建筑终端用能的清洁电力替代,积极推动以电代气、以电代油,推进炊事、生活热水与采暖等建筑用能电气化,推广高能效建筑用电设备,建立以电力消费为核心的建筑能源消费体系。提高新建建筑可再生能源应用力度。公共建筑优先应用光伏建筑一体化技术;居住建筑大力推广光伏建筑一体化技术、太阳能光热技术与空气源热泵热水技术。鼓励发展柔性用电建筑。推动既有建筑可再生能源应用。鼓励既有建筑加设太阳能光伏系统,如鼓励有条件的教育、医疗、体育等其他既有民用建筑结合建筑改造应用太阳能光伏系统。积极稳妥开展核能供暖示范,因地制宜推广光伏发电、空气源热泵热水、水(地)源热泵、导光管采光系统等,探索分布式氢能利用。鼓励新建建筑因地制宜应用地源热泵技术;在地表水或海水资源丰富的区域,推广应用水源热泵技术;对于天然光不能满足采光标准的场所,因地制宜推广应用导光管采光技术;如果建筑本身具有余热或废热,或者周边有具有余热或废热的建筑,可积极利用余热或废热。

三、推进城市和农村建筑用能低碳转型

推进城市建筑用能低碳转型。城市建筑的用能,包括取暖、制冷和家庭炊事等,均应以绿电为主。推进城市节约用水,大力推广节水器具应用,新建公共建筑及既有公共建筑节能改造中采用能效 2 级及以上的节能器具。推广市政LED 灯源的使用与替换,优化市政照明系统的控制。加强城市生态环境建设,因地制宜推广建筑立体绿化技术的应用,推广墙体绿化、屋顶绿化、围栏绿化、阳台绿化,充分利用建筑立面及屋顶空间。推进海绵城市区域化建设,建设绿色屋顶、植草沟、林荫停车场、生态绿地等雨水源头减排设施,促进雨水就地蓄积、渗透和利用,有效提升雨水资源化利用效率。推进农村建筑用能低碳转型。因地制宜推动生物质能、太阳能在农村建筑中的应用,提升农村用能电气化水平,持续推进农村电网改造升级,推动城乡电力公共服务均等化。扩大农村天然气利用,推动城市天然气管网向乡镇和城郊村、中心村延伸,以微管网方式推进管道燃气覆盖偏远村。

四、推进城乡建设绿色低碳转型

推广绿色建造方式。加快推进以机械化为基础、以装配式建造和装修为主要形式、以信息化和数字化手段为支撑的新型建筑工业化。大力发展钢结构等装配式建筑,推进钢结构装配式住宅试点建设。鼓励政府投资新建公共建筑、保障性住房和市政桥梁、轨道交通等项目,优先采用钢结构等装配式建筑。推广绿色建材应用。打造一批绿色建材应用示范工程,逐步提高城镇新建建筑中绿色建材应用比例。探索竹木建材装饰材料、户外用材的应用,加大绿色低碳新材料的推广力度。推广应用整体厨房、卫浴等集成化、模块化建筑部品。强化绿色施工管理。应用先进技术工艺,完善资源循环利用体系,推动建材循环利用,减少施工活动对环境的负面影响。通过信息化手段监测并分析施工现场扬尘、噪声、光、污水、有害气体、固体废弃物等各类污染物。落实工地周边围挡、物料堆放覆盖、土方开挖湿法作业、路面硬化、出入车辆冲洗、渣土车辆密闭运输等施工扬尘防控措施;引导督促施工单位使用符合排放要求的非道路移动机械。

五、提升建筑绿色低碳标准

提升新建居住建筑和公共建筑设计节能率。将低能耗建筑基本要求纳入工

程建设强制规范,提高建筑建设底线控制水平。在有条件地区结合未来社区建设,大力推广绿色低碳生态城区、高星级绿色建筑、超低能耗建筑,选择试点项目建设近零(零)能耗建筑。加强工程建设全流程管理。健全节能评估和审查制度,加强民用建筑碳排放评估,强化竣工能效测评、建筑能耗监测,开展建筑设计与实际运行能耗的对比研究,实现建筑低碳节能建设全过程闭环管理,促进建筑节能技术的迭代升级。加强建筑领域低碳技术应用。开发建筑设计新模型,优化建筑运行机制;推动装配式建筑、"光储直柔"等适宜技术的转化应用;探索切合浙江省实际的超低能耗与近零(零)能耗建筑的实现路径与适宜的关键技术。

第六节　农林及生态系统减排增汇路径

一、农业、林业减排路径

发展低碳农业发展模式。要进一步强化低碳农业技术创新与推广,探索构建一个完整的低碳农业生产体系,对种植制度开展低碳化改革,进一步推动养殖业等产业低碳化,探索推动农产品运销环节低碳化。创新应用低碳农业技术,如创新林草增汇技术,关注土肥低碳技术,整合农业清洁能源技术。注重低碳农业规划、应用和推广,制定与当地实际相符合的农户低碳生产发展规划,总结提炼各产业具有操作性的低碳生产农业模式,建立健全农业技术推广体系,并增加对农户的教育培训和行为引导。

专栏 6-3　发展低碳生态农业技术

稻田甲烷减排技术:通过优化稻田水分管理、选择低甲烷排放水稻品种、合理施肥及稻田秸秆还田等方式,减少甲烷的产生和排放。这些技术旨在提高稻田生态系统的碳固定能力,降低温室气体排放,从而实现农业的可持续发展。

农田氧化亚氮减排技术:优化施肥方式、减少氮肥施用、改进肥料种类及提高水肥耦合效率,在实现作物增产的同时,有效降低氧化亚氮的排放量,提升氮肥的利用效率,进而减少农业生产对环境的负面影响,促进农业绿色可持续发展。

保护性耕作固碳技术:通过减少耕作频次和强度,保持土壤覆盖和减少扰动,增加土壤有机碳含量,从而有效固定大气中的碳。

农作物秸秆还田固碳技术:通过将农作物秸秆粉碎后直接还田,增加土壤有机质含量,提高土壤肥力,同时将碳素固定在土壤中,减少其氧化释放,从而达到固碳减排的目的。

牧草生产固碳技术：通过优化种植结构、加强草地管理，提升牧草产量，进而提高草地的固碳能力。这一技术不仅有助于改善土壤质量，促进草地生态系统的平衡，还能为畜牧业提供可持续的饲料来源，实现生态与经济的双赢。

秸秆能源化利用技术：通过秸秆的气化、液化或固化等处理，可以将其转化为生物质燃气、生物油等可再生能源，用于替代传统化石能源。

农村沼气综合利用技术：通过厌氧发酵处理畜禽粪便、农作物秸秆等有机废弃物，产生沼气作为清洁能源供应农村生活用能，沼渣和沼液则可作为用于农业生产的有机肥料。

畜禽粪便管理温室气体减排技术：通过科学处理畜禽粪便，如固液分离、沼气发酵等，有效减少甲烷、二氧化碳和氧化亚氮等温室气体的排放。同时，该技术还注重粪便的资源化利用，如将其作为农田肥料，提高资源利用效率，从而实现减排与农业生产的双赢。

渔业综合养殖碳汇技术：选择具有碳汇功能的养殖品种，构建多营养层次的养殖系统，提高水体空间利用率和养殖效益。同时，该技术通过收获、沉积等方式将碳存储于水体中，形成渔业碳汇，为应对气候变化和推动渔业可持续发展提供了有效途径。

持续提升林业碳汇能力：统筹推进山水林田湖草沙系统治理，深入开展大规模国土绿化行动，开展植树造林，扩大森林面积，提高森林覆盖率。稳步推进城乡绿化，科学开展森林抚育经营，精准提升森林质量，优化林分结构，加快珍贵树种用材林培育。积极发展生物质能源，加强林草资源保护，持续增加林草资源总量，巩固提升森林、草原、湿地等生态系统碳汇能力。

减少林业碳排放：通过推广可持续林业经营模式、发展林业碳汇项目、加强林业资源保护等方式，优化林木种植结构，合理利用和保护林木资源，增加林木蓄积量，从而固定大量二氧化碳并延缓其释放速度。加强火灾防控工作，减少火灾对森林的破坏和所造成的碳排放。

保护湿地与控制林地水土流失：加强湿地生态系统的监测与评估，合理规划湿地资源利用，减少污染排放，并恢复受损湿地，以维持其生态功能和水源涵养能力。同时，为控制林地水土流失，需采取植树造林、退耕还林等措施，增强林地的植被覆盖，改善土壤结构，提升土壤保持能力。

发展林木生物质能源替代化石能源：林木生物质原料通过直接燃烧、木纤维水解转化为乙醇、热解气化，以及利用油料能源树种的果实生产生物柴油等途径，部分替代化石能源。同时，利用现有宜林荒山荒地和盐碱地、矿山复垦地等难利用地，定向培育一部分能源林，扩大林木生物质替代化石能源的比例。

173

二、森林生态系统增汇路径

根据联合国粮食农业组织 2020 年全球森林资源评估结果,全球森林面积为 40.6 亿公顷,约占全球陆地面积的 31%,森林碳储量高达 6620 亿吨。全球森林的碳储量约占全球植被碳储量的 77%,森林土壤的碳储量约占全球土壤碳储量的 39%,森林是陆地生态系统最重要的碳库。人类活动改变土地利用方式是影响森林土壤碳汇的直接因素。原始森林的大量砍伐、造林面积的减少,导致森林碳汇过程和碳储总量的剧烈变化。科学增加森林碳库和提升森林碳汇能力,重点要尽可能地扩大森林面积,同时还需要精准提升森林质量,提升人为活动管理水平,充分考虑气候变化等自然环境因素,进一步保护好现有森林资源的碳储存。

（一）提升国土绿化水平,提高植被覆盖率

围绕"双碳"战略目标,科学制定国土绿化的路径图和时间表。未来应按照统筹山水林田湖草系统治理要求,科学合理做好植树造林和封山育林工作,强化退化土地治理与修复,进一步实行退耕还林还草等重大生态修复工程,深入推进大规模国土绿化行动。同时,深入开展全民行动,提倡植树活动,积极推进森林城市和美丽乡村建设,通过多途径、多方法、多形式推动增绿增汇。

（二）优化林种结构,提高森林质量

研究表明,改善林分结构,将纯林改造为混交林往往具有更好的固碳效益。由于不同树种的固碳效率存在差异,选择高固碳效率的造林树种,可以增强森林的固碳能力,还可以生产具有高经济价值的木材。科学适当的管理措施,如施肥、采伐剩余物管理、造林密度调整、轮伐期与采伐方式调整等,也能提高森林生态系统的碳储量和固碳效果。因此,建议实施森林质量精准提升工程,科学编制森林经营方案,规范开展森林经营活动。

（三）减少森林破坏,保护现有碳储存

严格保护自然生态空间,加强国土空间用途管控,开展自然保护地整合优化,确保林地保有量不减少,有效保护森林生态系统的原真性、完整性、生物多样性和碳汇功能。严格保护、合理利用森林资源,强化森林采伐管理,严格禁止违法毁林,减少因不合理土地利用或土地破坏等活动引发的碳排放。加强各类灾害防治,保护森林资源安全,减少因火灾和病虫害等造成的碳排放。

三、湿地生态系统增汇路径

湿地是重要的土地利用类型之一,具有显著的储碳、固碳功能。湿地碳汇与环境变化及人类管理方式密切相关,提升湿地碳汇功能是实现"双碳"目标的重要途径之一。湿地中的有机碳主要储存在湿地土壤和湿地植被中。湿地碳储量取决于湿地类型、面积、植被、土壤厚度、地下水位、营养物质、pH 值等因素,大量开垦和破坏湿地,将不可避免地导致大量温室气体的排放。然而,如果能够及时保护湿地,确保其稳定性,甚至努力恢复受损湿地,那么湿地的固碳功能将得到有效保护,从而有助于减缓全球气候变暖的趋势。

(一)修复与重建湿地植被

植被修复不仅是直接扩充植物碳库的途径,它还能通过光合作用的产物经由根系输送至土壤,以及凋落物的积累等过程,间接地丰富土壤碳库,促进土壤团聚体的形成。在植被修复的初期,植被的固碳作用往往更为显著,但随着植被逐渐成熟,土壤碳库对湿地固碳的贡献会日益显著。为确保修复效果,我们需要根据环境条件、湿地退化程度及人类活动影响等因素,量身定制修复方案。以红树林修复为例,水文状况、滩涂的高度、底质特性、所选物种、种植密度及种苗来源等,都直接影响着修复后红树植物的生长状况、有机物的沉降与分解过程,进而决定生态系统的固碳能力。因此,选择适宜的修复地点、合适的物种以及合理的种植策略,是提升修复效果和增强碳汇功能的关键所在。

(二)加强湿地水文调控

湿地水文过程作为维系湿地生态系统功能的核心要素,深刻影响着湿地动植物种群分布以及土壤生物地球化学循环的特性。因此,通过对湿地水文进行精准调控,我们可以显著改变湿地水体对碳元素的吸收与转化能力,进而影响植物光合固碳的速率和土壤碳元素的含量,增强整个生态系统的碳汇功能。还湿作为一种重要的生态恢复手段,主要通过工程措施在排干的区域抬高水位,使退化湿地重新恢复到水分饱和的状态。这一过程虽然可以通过降低有机质分解速率来减少 CO_2 的排放,但所创造的厌氧环境却也促进了 CH_4 的排放,从而在一定程度上削弱了 CO_2 的减排效果。因此,在实施还湿工程时,需要综合考虑其对不同温室气体排放的影响,以实现最佳的生态恢复效果。

(三)推进湿地底质改良

通过添加生物炭和菌剂等物质,我们能够激活退化湿地土壤中的微生物活性,从而进一步提升湿地的碳汇功能。生物炭作为一种实现 CO_2 负排放的有效技术,不仅具备强大的固碳能力,还具有多种环境效益。全球范围内的研究显示,施用生物炭可以减少温室气体的排放。目前,生物炭在森林可持续管理和农田作物增产等领域已得到广泛应用。在湿地生态系统中,生物炭的添加不仅能促进植物的健康生长,减少无机营养物质的流失,还能与水位调节措施相结合,有效降低温室气体 CH_4 和 N_2O 的排放。此外,生物炭不仅能减缓土壤有机碳的矿化过程,还能增加土壤中新植物残体的保留量,达到 $4\%\sim6\%$ 的增幅。在湿地恢复和人工湿地建设中,生物炭能够显著提升湿地的碳汇功能,为应对全球气候变化做出积极贡献。

四、农田生态系统增汇路径

农田土壤具有极大的固碳减排潜力和减排成本优势,是应对气候变化、实现碳中和的重要途径。目前,浙江省农作机械化发展水平较低,农田固碳减排存在巨大潜力。未来 50 年,实施有效的农田管理措施(有机肥应用、秸秆还田、保护性耕作)对土壤固碳的贡献率为 $30\%\sim36\%$。

(一)提倡农田有机肥的施用

有机肥的施用是增加土壤有机碳最有力的驱动因素,能显著增强土壤有机碳的储存能力。一方面,有机肥的施用使得作物根系更为发达,借助微生物的作用,作物能够固定更多空气中的碳元素。同时,有机肥显著增强了土壤团聚体的稳定性,有效减少了碳的损失,从而有助于提升土壤的碳汇能力。另一方面,有机肥的添加还显著提高了土壤有机质含量。这些有机质中,既有易于被微生物利用的不稳定成分,也有与土壤健康息息相关的稳定态腐殖质。特别是腐殖质,它能够长期储存碳元素,为土壤提供持久的碳源。值得注意的是,有机肥的类型、用量及配施方式等因素,都会对土壤的固碳效果产生深远影响。在堆肥过程中仅接种少量真菌就能促进土壤碳的大量储存,改善土壤健康。

(二)开展作物轮作与种植覆盖作物

单一种植方式的农业生产体系在抗病虫害、土壤肥力提升等方面表现较差,需要投入农药、化肥等化学制品来控制杂草、病虫害和提供肥力,但这会导致土壤生物的消亡,土壤碳损失加剧。而作物轮作、多样化的种植结构不仅可使农田抗病虫害能力增强,土壤肥力提升、养分均衡,而且可使土壤生物多样性增加,有助于土壤固碳。土壤微生物在构建土壤碳库中具有重要作用,是土壤碳储存的关键因子。土壤中稳定态碳主要由死亡生物与矿物结合后经分解所产生的微生物碳固定形成。长期的碳储存与微生物碳的固定有关,其主要发生在粒径30～150微米的土壤孔隙中,而多样化种植下的根系更易产生这种孔隙。经济作物轮作和种植覆盖作物使土壤持续覆盖,可为细菌和真菌提供可利用能量和宿主根系,增加土壤微生物量和土壤碳。

（三）推广低碳农业发展模式

构建与推广低碳农业技术,需要建立一套完整的低碳农业生产体系。这一体系涉及对现有种植制度的低碳化改革,推动养殖业的低碳发展,并注重农产品运销环节的低碳化。在技术应用方面,积极开发林草增汇技术,重视土肥低碳技术的研发,并整合农业清洁能源技术,以实现农业生产的低碳化。同时,加强低碳农业的规划、示范和推广工作。这包括制定符合地区实际的农户低碳生产发展规划,梳理各产业低碳生产的可操作农业模式,改革和完善农业技术推广体系,以及加强对农户的教育培训和行为引导。通过这些措施,推动低碳农业技术的广泛应用,促进农业生产的可持续发展。

五、海洋生态系统增汇路径

2009年,《蓝碳:健康海洋对碳的固定作用——快速反应评估报告》提出了"蓝碳"的概念,该报告指出世界上每年依靠光合作用捕获的碳中,55%由海洋生物捕获。蓝碳通常由海岸植物（红树林、盐沼植物和海草）、覆盖广阔海岸带的海藻,以及占海洋生物量90%以上的微生物组成。海洋生物捕获碳的存储时间可达数千年,这是蓝碳的巨大优势。海洋是地球最大的活跃碳库,其容量分别是大气碳库的50倍、陆地碳库的20倍。除了生物储碳,地球上的过量碳在地质年代慢慢积累在海床上。

（一）加快发展海洋渔业

海洋渔业碳汇是海洋生物碳汇的关键构成,渔业生产活动能够显著促进海洋生物吸收水体中的二氧化碳,并在收获过程中将这些碳元素从水体中移除。无需投放饵料的渔业生产活动均具备碳汇功能,其中包括藻类养殖、贝类养殖、增殖渔业、海洋牧场以及捕捞渔业等多种形式。初步估计,我国海水养殖的藻类和贝类每年固碳量超过300万吨,显示出巨大的碳汇潜力。为进一步提升碳汇能力,应积极推动滩涂浅海贝藻类的增养殖工作,特别是促进紫菜、海带等产业的绿色发展。同时,应加快以深远海自然生长为特色的离岸自然发展带建设,鼓励发展大型深水抗风浪网箱养殖技术。此外,支持沿海地区建设增殖放流基地,科学开展海洋生物增殖放流活动,有助于增加海洋生物种群数量。此外,应建设一批生态功能突出、示范作用显著、管理水平较高的海洋牧场，这不仅有助于涵养海洋生物资源，也是实现海洋渔业碳汇的重要途径，对于维护海洋生态平衡和应对气候变化具有重要意义。

（二）加大海洋污染防治力度

环境污染对滨海湿地和近岸海域的健康构成了严重威胁，进而削弱了它们的固碳功能。因此，确保海洋生态的健康是提升碳吸收能力的基石。陆源污染物的持续排放向海洋输送了大量营养盐，造成近海水体的严重富营养化问题。含氮、磷等的过量营养盐的存在，会刺激海洋微型生物加速降解原本应长期保存的惰性溶解有机碳，使得这些有机碳转化为二氧化碳并重新释放到大气中，从而削弱了海洋的碳汇功能。为应对这一挑战，必须强化陆海污染的一体化治理策略，加快推行入海污染物总量控制制度，以河口、海湾为关键控制节点，建立流域入海断面陆源污染物的种类、数量和浓度等交接机制。同时，实施沿海工业园区污染物排放的限值限量管理，严格工业园区的水污染管控要求。加大对直排海企业污水排放的监管力度，严格控制工业污染物的深海排放行为，并严禁一切排污单位向海域直接排放未经处理或处理不达标的废水。此外，还应实施入海河流水环境的综合整治，建立"清单式"的入海污染物削减机制，确保主要入海河流全面消除劣Ⅴ类水质，并持续削减省控及以上入海河流的总氮浓度。这些综合措施的实施，能够有效减轻环境污染对滨海湿地和近岸海域的负面影响，进而提升整个海洋生态系统的固碳能力。

（三）加强滨海湿地修复

滨海湿地，这一介于陆地与海洋之间的复杂自然综合体，以其独特的生物过程，如盐沼草、红树林、海草和其他藻类的光合作用，捕获并储存碳元素。这些碳元素主要以生物量和生物沉积的形式，在底质沉积环境中得以保存。由于滨海湿地经常被周期性潮汐淹没，其碳吸收效率极高，碳汇功能尤为显著。鉴于滨海湿地的重要性，必须实施最为严格的海洋生态红线保护和监管制度。这意味着将滨海湿地等敏感、脆弱的生态系统明确纳入海洋生态红线区的管辖范围，并实施强制性的保护和严格的管控措施；必须坚决停止一切破坏性的滨海湿地开发活动，严禁采取任何人工促淤的方式加速沿海滩涂的形成，以避免其碳汇功能的快速丧失。除国家重大项目外，应全面禁止围填海活动。同时，积极开展浅滩湿地生态系统的修复工作，加强入海河口生态湿地的建设。通过"退养还滩""退围还湿"等措施，努力恢复重要湿地的生态环境。此外，还应在沿海滩涂困难立地积极开展植树造林和潮间带种植活动，并加强对沿海侵蚀性岸线的生态整治和修复工作,以进一步保护和提升滨海湿地的碳汇功能。

第七节 本章小结

本章基于模型分析,提出了浙江省深度减排分阶段路线,并分领域提出了减排增汇的具体路径举措,为浙江省碳达峰碳中和提供政策支撑。

战略安排上,浙江省应坚持积极稳健原则,有序释放国家战略项目排放,力争于 2027 年达峰,并实施分类施策、梯次推进的减排策略,从强化控碳向深度脱碳转变,推动 2050 年实现碳中和目标。浙江近年布局的舟山绿色石化基地、镇海炼化扩建项目及大榭石化扩建项目等国家重大战略项目,共新增温室气体排放近 9000 万吨二氧化碳当量,并将在 2019 年至"十五五"期间逐步达产,温室气体排放逐年释放,这将重塑全省温室气体排放格局。同时,随着社会经济持续发展和人民生活水平的不断提高,能源消费和碳排放仍将保持惯性增长。综合考虑上述因素和国家提出的新目标——力争于 2030 年前碳排放达到峰值,浙江应强化减排政策举措,重点聚焦控制增量排放,降低存量排放,力争于 2027 年实现碳达峰。从 2027 年碳达峰至 2050 年,减排策略应从强化控碳向深度脱碳转变,通过大幅提高非化石能源占比、优化产业结构和推动碳移除技术应用等脱碳举措,推动 2050 年实现碳中和目标。

实施路径上,浙江省应分阶段、分领域、分梯次推动各项政策举措落地生效。目前至 2027 年,能源部门应按照"减煤、控油、增气、增非"发展思路,推进能源低碳转型,审慎新建清洁煤电机组,积极打造以沿海核电基地、华东抽水蓄能基地、海上风电基地、分布式光伏领跑省为核心的清洁能源生产基地,积极发展"蓝氢",通过实施可再生能源配额考核和绿证交易、储能和需求侧响应、电力领域碳排放市场交易、供热部门煤改气等举措,力争新增用能需求由非化石能源满足。工业部门应着力优化产业结构,通过技术创新等提升能效水平,优化能源结构,提高电气化水平,处置销毁含氟气体,降低工业生产过程温室气体排放,实现产业绿色低碳转型。建筑部门应重点推进建筑电气化,实施建筑节能改造,依托未来社区建设等推广绿色节能建筑,实现建筑领域绿色低碳转型。交通运输部门应加快轨道交通建设,提高交通电气化水平,推广电动汽车、氢燃料电池汽车。农林部门应改善森林管理,提高森林碳汇。能源部门应全面实施可再生能源配额制,进一步扩大可再生能源利用率,大规模削减煤电,积极打造以"绿氢"为发展重点的氢能全产业链。到 2050 年,可再生能源和核电成为主力电源,火电机组成为调峰电源,并采用 CCS 技术实现火电机组深度脱碳。工业部门应进一步优化燃料结构,推动工业领域电力、氢能替代化石能源使用,提升工业产品回收利用率,实施短流程炼钢,全面控制含氟气体排放,重点排放行业推广 CCS 技术以深度脱碳,全面实施碳定价制度。交通运输部门应进一步提高氢燃料电池汽车、电动汽车占比。建筑部门应全面推进建筑电气化,提高建筑节能水平。

第七章　浙江省低碳发展的主要实践

近年来,浙江省立足经济发展、能源安全、碳排放和居民生活"四个维度",聚焦能源、工业、建筑、交通、农业、居民生活和科技创新"6＋1"领域,扎实、有序推进绿色低碳转型,碳达峰碳中和工作取得了积极成效。

第一节　加快构建碳达峰碳中和工作体系

一、开展碳达峰系统性研究

以能源平衡表为基础,初步摸清全省碳排放家底,识别关键排放领域。从供给侧看,能源领域的碳排放是关键;从消费侧看,工业领域的碳排放是关键。围绕"四个维度",基于经济社会发展目标、能源需求、产业结构调整、重大项目建设等多重因素,聚焦能耗总量、能耗强度、碳排放总量、碳排放强度"四个指标",对标对表分析碳减排潜力,开展多场景分年度测算,科学设定碳达峰目标,提出了能源、工业、建筑、交通、农业和居民生活等六大重点领域碳达峰的实现路径。在全国率先召开碳达峰碳中和推进会,全面部署推进各项工作,打响实现碳达峰碳中和的第一枪。

二、高标准谋划政策体系

谋划构建"双碳"领域"1＋N＋X"政策体系,印发了《关于完整准确全面贯彻新发展理念做好碳达峰碳中和工作的实施意见》《浙江省碳达峰实施方案》,统筹推进"6＋1"领域和 11 个设区市的碳达峰实施方案及系列配套政策编制,形成以《碳达峰碳中和实施意见》为指引,以碳达峰实施方案为核心,以分领域分区域碳达峰实施方案为支撑,以财税、金融、考核、标准等系列配套政策为保障的政策体系。

三、加大科技创新支撑力度

印发《浙江省碳达峰碳中和科技创新行动方案》，围绕 2025 年、2030 年两个时间节点，制定全省碳达峰碳中和技术路线图。加大政策扶持力度，设立"双碳"科技专项，累计组织实施"尖兵""领雁"科技研发计划项目 108 项，省财政共支持经费 3.75 亿元，带动企业投入 16.34 亿元。按照"以交易中心为主体，N 个绿色技术合作中心协同"的合作框架，有选择、有步骤、有层次推进国家绿色技术交易中心建设，促使全国统一的绿色技术交易市场加快形成。打通绿色技术供需桥梁，建设绿色技术主动式撮合智慧平台，提供全链式支撑服务，有效促进绿色技术资源共建共享。系统打造新型实验室、技术创新中心体系，在"双碳"领域布局了白马湖实验室、东海实验室。截至 2022 年底，全省拥有能源清洁利用、亚热带森林培育等 5 家国家重点实验室，太阳能利用及节能技术等 71 家省级重点实验室，化学储能电源等 7 家省级工程技术研究中心，秀洲光伏等 5 个产业创新服务综合体。

四、加快数字化和试点示范

在省级层面，按照"跨领域、场景化""大场景、小切口"要求，着力构建碳达峰碳中和数智体系，建成全国首个碳达峰碳中和综合管理平台，建设全省统一的碳排放数据库，实现对"6＋1"领域、11 个设区市及 4.7 万余家企业碳排放数据的动态监测研判。围绕政府治碳、企业减碳、个人普惠的需求，构建低碳高质量发展指数等 10 余个算法模型，在政府治理端上线碳排放统计核算及预测预警场景，实现对全省碳达峰形势的动态研判和应对处置；在企业服务端上线"节能降碳 e 本账"，精准描绘企业"碳画像"，提供碳金融、政策查询等服务，助力企业低碳转型；在个人服务端上线省级碳普惠应用，累计用户数超 130 万。同时，各地在"双碳"数字化改革中取得积极成效，涌现出湖州碳效码、萧山"双碳大脑"、临安天目碳中和等一系列创新场景应用。

第二节　六大领域低碳发展实践

一、能源领域

可再生能源实现了跨越式的发展。"十四五"以来，浙江省加速推进"风光倍增工程",加快推进抽水蓄能电站建设,截至 2023 年底,全省可再生能源装机容量达到 5659 万千瓦,提前两年实现了"十四五"风光倍增目标,可再生能源装机占比首次超过煤电装机占比。浙江省积极落实国家"光伏领跑者"计划,推进分布式光伏发电应用示范区建设,进一步加大光伏扶贫力度,因地制宜地发展互补型光伏电站,推广太阳能、农业(渔业)、旅游业等资源综合开发利用发展模式。截至 2023 年底,光伏装机容量达 3356 万千瓦,其中分布式光伏装机容量 2689万千瓦,居全国前列。作为海洋大省,浙江省积极遵循"统筹规划、分类指导、有序建设"的原则,在宁波市、温州市、台州市等地建设海上风电基地,实现近海海上风电规模化发展,逐步探索利用专属经济区建设深、远海海上风电,推进海上风电母港建设,探索开发深远海海上风电。截至 2023 年底,岱山 4 号、嘉兴 1 号等一批海上风电项目建成并网,苍南 4 号实现全容量并网,台州 1 号、象山 1 号二期、象山涂茨等项目开工建设,全省风电装机规模达到 583 万千瓦。同时,浙江省依托站址资源优势,在抽水蓄能电站建设上领跑全国,打造华东抽水蓄能基地。通过合理有序发展抽水蓄能电站,加快水电增效扩容更新改造,实施抽水蓄能与核电、省外特高压来电、可再生能源的联合运行机制。截至 2023 年底,浙江省在运抽水蓄能电站总装机规模达到 668 万千瓦,在建总装机规模达到 1810 万千瓦。此外,浙江省可再生能源产业的发展也取得了长足发展。充分发挥行业龙头企业的骨干作用,不断完善上下游产业链,注重技术、设备、服务的整体输出,大力培育发展风、光、潮流能等新能源产业。目前浙江省在风电整机、齿轮箱、变流器等行业拥有一批龙头企业;光伏组件产能与辅材企业均位居全国前列;潮流能装备研发取得重大突破,舟山 LHD 潮流能示范项目已完成多轮装备技术更新并实现长期并网运行,装机容量达 1700 千瓦。

有序推进一批重大能源项目建设。在核电项目方面,按照国家建设沿海核电基地的总体部署,有序推进核电安全发展和综合利用,夯实核电作为浙江省中长期主力电源的战略地位。通过采取国际最高安全标准、确保安全,选用先进成熟技术路线,按照连续建设的要求,逐年安排项目。"十三五"期间,三门核电一期项目建成,三门核电二期、三期,三澳核电一期项目建设工作有序推进,2023年底金七门核电一期项目获批。2023 年浙江省核电站发电量为 762 亿千瓦时,位居全国第三。在天然气项目方面,浙江省积极拓展气源供应渠道,着力打造海陆并举、多方气源、储用平衡的安全保供格局,建立与天然气消费快速增长相适应的气源保障体系。持续推进天然气管道建设,以集中区域外输通道建设为重点,推进高压力大容量主干管网建设,融合原油省级管网和国家管网。"十三五"

期间,舟山新奥 LNG 接收站一期、浙江 LNG 接收站二期等工程顺利建成,"五大横线、三大纵线"天然气管网体系建设稳步开展。在石油项目方面,浙江省着力打造世界级油品储备基地,海岛石油储备设施建设工作逐步加快,海上储油技术研究有序开展。加快石油管网设施建设进程,着力打造"四干三支"成品油管网布局,大力支持油库连接管道建设。"十三五"时期,浙江省甬台温成品油管道项目建成,舟山绿色石化基地二期、镇海炼化扩建、大榭石化扩建工作协调开展。另外,发挥煤电安全托底保障作用。浙江省主动调整煤电机组内部结构,充分发挥现有超低排放燃煤机组利用率水平。积极推进清洁煤电建设,加快淘汰煤电落后产能,实施煤电机组节能降碳改造、灵活性改造、供热改造"三改联动"。"十三五"期间,浙江省乐清电厂三期项目顺利建成,为全省能源供应安全提供了有力保障。同时,推动 30 万千瓦级煤电机组实行延寿等容量替代或转为应急备用电源的研究也正有序开展。

专栏 7-1　构建绿色低碳能源体系——海盐打造多场景核能供热示范工程

1. 案例概述

浙江海盐核能供热示范工程利用秦山核电基地机组剩余热功率,实现热水循环供热。项目结合生产、生活等多领域的实际需求,深化特色能源应用场景,通过规划引领、标准指导、多点布局等创新模式,依托核能逐步打造零碳工厂、零碳社区、零碳学校等"零碳细胞",形成一批零碳试点示范,为海盐绿色低碳发展注入"核动力"。项目全部建成后,具备 150 兆瓦供热能力,折算供热面积达 400 万平方米,相当于每年减少标煤约 2.46 万吨,减排二氧化碳 5.9 万吨、二氧化硫 1817 吨、氮氧化物 908 吨,将有效助力碳达峰碳中和战略目标的实现。

2. 主要做法

(1)统筹规划引领,规范标准指导。为高效推进核能综合利用,海盐县与秦山核电基地共同完成了《海盐县集中供热规划(2021—2030 年)》修编,将核能供热纳入海盐县集中供热规划体系。2022 年,双方联合启动《海盐县核能集中供热管道设施专项规划(2022—2030 年)》及《海盐县核能供热管网建设与管理标准》地方标准的编制,将为项目建设提供规范指导。

(2)核能工业供热争创"全国第一"。核能工业供热重点聚焦节能减碳目标,2022 年 7 月 15 日,海盐核能工业供热示范项目正式开工,11 月完成建设并试运行。该项目可为周边企业提供 24 小时热能供应保障,年工业供热约 28.8 万吉焦,相当于节约标煤约 1 万吨,减排二氧化碳约 2.4 万吨。核能工业供热不仅能给企业带来持续稳定的热源,同时价格也相对低廉。在现阶段,海盐核能工业供热价格和天然气价格联动,在为企业提供同等热量的情况下,前期价格大概是天然气的 80%。

（3）打造多场景民用核能供热"零碳细胞"。在民用领域，重点聚焦服务民生效应，2021年底已实现海盐城区三个小区约46万平方米的集中供热试点，后续计划结合社区改造建设，逐步构建"多元供应、融核入居、循环永续"的零碳社区场景。海盐县老年公寓内部改造完成后于2023年年底实现冬季正式供暖，海盐县老年活动中心等公建设施于2023年启动管网建设工作，可改善老年群体养老条件，打造零碳颐养康养平台。南苑宾馆、中国核电信息创新中心等商务和办公场所也于2023年首次实现供热，打造零碳商业供热新模式。海盐高级中学段供热主管网已建设完成，将率先打造零碳学校。

各项节能减排的工作效果显著。浙江省通过全面推行用能预算化管理，加强能源消费监测预警，严控煤炭消费总量，对重点用能单位进行节能管理。"十三五"期间，全省煤炭消费占比从52.4%下降至40.1%，非化石能源消费占比从16%升至18.3%，能源结构得到优化。同时，积极贯彻落实节能"三大"倍增计划，加快节能新技术、新产品推广应用，积极发展节能环保装备产业，大力培育节能服务业，共同推动节能环保产业实现跨越式发展。截至2021年，全省节能服务企业数量已超过400家，位居全国前列。深入推进燃煤电厂能效提升、窑炉改造、余热余压利用、电机和变压器能效提升、绿色照明、绿色数据中心六大节能工程，进一步挖掘节能技术改造潜力，通过节能技术改造进一步降低企业用能成本。"十三五"期间，全省实现了4180万吨标煤的节能量。通过开展能效"领跑者"活动，加强节能专项监察执法，大力推进节能标准的实施，运用好绿色标尺，倒逼产能过剩行业的结构升级和能效提升，去掉产业粗放式发展的"尾巴"。"十三五"期间，浙江省制定了《浙江省进一步加强能源"双控"推动高质量发展实施方案（2018—2020年）》等一系列制度文件，累计发布节能地方标准51项，节能工作基础得到了进一步夯实。

不断深化能源改革创新。电力体制改革稳步推进。"十三五"期间，浙江省率先启动电力现货市场交易，开展现货市场试运行，布局增量配电网改革试点工作。有序推行煤电集中竞价、电网代理购电过渡方案，创新设计兜底售电机制，保障售电市场平稳开局。天然气交易市场化加快。浙江省顺利完成省级管网重组整合，省级管网以市场化方式融入国家管网。此外，省内21家燃气电厂和部分城燃企业与中石油、中石化等上游资源方直接交易成果得到进一步巩固。用能权交易有序开展。浙江省加快完善用能权交易制度体系，确定总体实施方案并做出工作部署。结合实际制定办法，进一步明确用能权交易框架、范围、程序、规则和监管方案。融合各个交易流程系列模块，浙江省搭建了"一平台、三系统"

交易信息系统。全面推行区域能评工作。以重点区县或重大产业平台为评价对象,构建涵盖经济发展、产业结构、能耗结构及能效标准等多维度的能效评价体系,科学设置模型,并合理制定能源资源优化配置目标。建立年度、中期等定期评价制度,加强评价考核结果应用。加强数字化技术应用,着力提升节能监管能力,促进地方不断提升能源资源配置水平。

二、工业领域

加快发展绿色低碳新动能。作为数字经济大省,近年来,浙江省积极推进实施数字经济"一号工程",推动5G、物联网、互联网协议第6版(IPv6)等信息基础设施的试验与推广建设进程。深入推进国家信息经济示范区建设,实施大数据等数字经济产业专项,推动数字经济和实体经济深度融合,建设国际领先的数字经济中心。2021年,全省数字经济核心产业增加值总量达8348.27亿元,同比增长13.3%,"产业数字化"指数位居全国第一。在高端装备产业发展上,浙江省通过持续加大对装备制造业的投入,着力突破关键共性技术,积极开发模块化、组合化、集成化新技术,加强新一代信息技术在工业装备领域的快速应用,着力发展关键基础组件,重点布局节能与新能源汽车、高档数控机床、工业机器人等十大重点领域。2021年,全省高端装备制造业实现总产值21130亿元,首次突破2万亿元,拥有装备制造业国家级企业技术中心70余家。在节能环保产业方面,以高效节能装备、先进环保装备为重点,加大新能源和节能环保装备研发投入力度,加强核心技术攻关,积极拓展节能环保设计、环境综合治理等高附加值环节,鼓励企业开发环境友好型药剂、低碳化工艺、轻量化环保装备,提高污染治理绿色化水平。同时,浙江省加快培育重量级未来产业,聚焦更具前瞻性的人工智能、区块链、第三代半导体等颠覆性技术,加大力度引进核心技术和人才团队,积极推动产学研协调合作,完善资金补贴与税收优惠专项政策,支撑战略未来产业不断发展,积极抢占技术制高点。2021年,全省20家企业获评"未来工厂",8个"未来产业先导区"入围首批培育创建名单。

全面推进传统制造业改造提升。深化"亩均论英雄"改革,对工业企业、重点传统制造业和重点服务业积极开展"亩产效益"综合评价,涵盖亩均税收,亩均增加值等内容,并基于评价结果依法依规实施用地、用电、用水、用气、排污等资源要素差别化政策,构建与"亩产效益"挂钩的激励约束机制。2021年浙江省规模以上工业亩均税收32万元,单位工业增加值能耗下降5.8%。推广数字化技术应用,将数字化技术应用于传统产业的改造提升,深入实施"两化"融合登高计划,推动研发设计、生产、管理、营销等环节数字化,大力发展集成电路产业,加快推动工业技术软件化。不断加快建立快捷柔性化生产新模式,加快智能制造单元、智能生产线、智能车间、智能工厂建设,充分发挥科技赋能作用,推动传统制造业智能化升级。2021 年全省已培育数字化车间 423 家。持续推动工业领域节能提效,强化能源消费总量和强度"双控"及污染减排约束性指标管理,对高耗能、重污染行业项目进行严格的准入和节能审查,全面推行清洁生产,推动企业应用减污、节水、节能等先进工艺和技术装备,加快传统产业绿色低碳升级改造。2021 年,全省规模以上工业能耗强度下降 5.8%,石油石化、化纤印染、电力热力、水泥等重点行业能效水平领跑全国。加快淘汰落后产业攻坚行动,通过全面摸排高耗低效企业,建立高耗低效整治企业清单,实施"一企一方案",对标提升企业能效;坚决遏制"两高"项目盲目发展,处置不符合要求的"两高"项目,查处违法违规企业,停止超能耗"双控"要求项目。2021 年,全省梳理出可能存在问题的技术改造类项目 644 个。

专栏 7-2 普陀区打造船舶修造业绿色标杆,带动传统支柱产业高质量发展

1. 案例概述

船舶工业是普陀区两大传统支柱产业之一。近年来,普陀区船舶修造业抢抓低硫经济、自贸经济有利契机,深化绿色转型升级,走节能降耗、创新驱动、科技引领的高质量发展之路,建成全国最大的绿色修船基地,外轮修理量占全国 1/4,万邦船舶重工、中远海运重工获评全国仅有的两家"中国修船行业绿色修船示范企业",3 家企业跻身全球修船企业十强,4 家企业成为中国顶级修船企业组织"斯佩克"(SPCC)发起单位。

2. 主要做法

(1)规范引领,构建绿色制造标准体系。编制《修船企业绿色管理规范标准》《超高压水射流除锈作业标准》,参与主编《中国船舶维修涂装质量标准》《舟山市绿色船舶修理企业规范条件》等行业标准,建立绿色工程规划、资源节约、能源节约等七类组别标准体系,促进企业生产过程向绿色化、集成化、智能化转变。"绿色船舶修理企业规范管理"入选国务院自由贸易试验区第六批改革试点经验复制推广成果。

(2)数字赋能,搭建产业数字技术平台。创新 5G 融合应用,率先搭建"5G+AR远程质检"平台,推行"可视修船",较传统作业节约诊断和质检费用约 90%,节省时间约 50%,开创非现场质检先河。推进浏览器/服务器(B/S)架构综合指挥平台建设,推广"集成修船"。开发船舶修造项目管理系统,实现维修项目管理、进度跟踪、人员分布看板和管理信息传输等功能全覆盖,推动船舶修造企业管理现代化。

（3）技术创新，推动绿色修船低碳发展。全面推行超高压水除锈、自动化焊接、废水回收利用等绿色修船技术研发应用规模以上修船企业全覆盖，环保型原辅材料使用覆盖率超过80%。积极推进绿色工厂建设，万邦船舶重工建成全省首个"不拆瓦"光伏建筑一体化屋顶光伏项目，并网后预计每年发电量可达650万千瓦时。抢抓限硫令生效和压载水公约等国际航运业市场新机遇，引导区内船舶修理企业承接压载水系统改装、脱硫装置安装等高难度、高标准业务，实现船舶燃油硫含量从原有的3.5%降低到0.5%。

（4）链条延伸，开拓船舶产业新兴领域。积极发展不锈钢船、玻璃钢渔船、液化天然气船舶、轻奢国际豪华邮轮等新型船舶研发制造，共引进上下游企业23家，完成18艘玻璃钢渔船打造。推进绿色修船装备关键零部件国产替代，万邦船舶重工自主研发的"船坞勇士""船坞蓝鲸""船坞猫咪"等全套绿色坞修装备达到了国际领先水平，目前，"船坞蓝鲸"已成功出口新加坡，实现全省绿色修船高端装备的"境外首单"。

推进绿色制造体系建设。持续推进绿色工厂建设，鼓励工厂优先选用绿色原料、工艺、技术和设备，以满足基础设施、管理体系、能源与资源投入、产品质量、环境排放、绩效的综合评价要求。持续迭代完善绿色低碳工厂建设评价导则，支持企业对标先进，加快工厂绿色低碳转型，促进省、市、县联动分级推进绿色低碳工厂建设。在2021年工信部公布的第六批绿色制造名单中，浙江省49家工厂成功入选国家级绿色工厂，数量居全国第一。加快绿色园区布局，积极推动省级以上经济技术开发区、高新区等园区全面实施绿色低碳循环改造，推进园区空间布局、产业循环链接、资源高效利用、节能降碳和污染集中治理，推广屋顶光伏、光热、地源热泵和智能微电网建设，强化能源梯级利用，健全环境管理体系和能源管理体系。2021年全省国家级绿色工业园区数量居全国第二，共有绿色工业园区14家。贯通绿色供应链管理，以经营实力雄厚、管理水平高的供应链核心示范企业为主导，并鼓励其积极发挥引领带头作用；加强供应链上下游企业间的协调与协作，建立长效绿色供应链管理模式。例如，通过搭建绿色供应链信息管理平台，带动供应链上下游企业实现绿色发展，构建以生命周期资源节约、环境友好为导向，涵盖采购、生产、营销、回收、物流等环节的绿色供应链。在第六批绿色制造名单中，浙江省有绿色供应链管理示范企业18家，数量居全国第一，全省绿色供应链管理企业共计46家。完善绿色制造财政奖补机制，将绿色制造体系建设项目列入现有财政资金支持重点，对获得认定的绿色工厂、产品、园区、供应链管理企业给予资金奖励。落实绿色产品政府采购和财税支持政策，引导社会资金积极投入绿色制造领域。发展绿色金融，鼓励金融机构为绿色制造示范企业、园区提供便捷、优惠的担保服务和信贷支持。浙江省对国家级绿色工厂、绿色供应链管理企业分别给予 100 万元、50 万元的奖励,对省级绿色工厂、供应链管理企业分别给予 50 万元、30 万元的奖励。

推动工业领域资源综合利用。在固体废物综合利用方面,通过建立工业资源综合利用基地,完善工业固体废物与城市固体废物协同处置设施,开展工业资源综合利用。降低钢铁、有色金属、化工、矿业等行业工业固体废物产生强度,加快可循环、可降解材料及产品的开发及推广应用,促进新增工业固体废物能用尽用,出台省级法规《浙江省固体废物污染环境防治条例》(已于 2023 年 1 月 1 日起施行)。此外,浙江省全面推进小微产废单位危废收运体系建设,至 2021 年 5 月已建成 94 个集中收运平台,实现全省县(市、区)全覆盖。在工业水资源循环节约利用方面,浙江深入实施水效领跑者和节水标杆引领行动,鼓励工业园区合理利用非常规水源,推进工业园区水源向优质水源紧缺地区分质供水。促进末端废水资源化利用,支持高耗水行业开展工业废水园区综合治理、企业间循环利用和分级回用、企业内废水再利用。2021 年 9 月末,全省取用水管理专项整治行动全面完成,累计整改取水项目 2872 个,退出 313 个,均实现整改销号。在土地资源集约节约开发利用方面,浙江省深入推进"全国国土资源节约集约模范示范省"创建,深化"亩均论英雄"改革,积极推动城镇低效用地再开发,推进工业企业评价全覆盖,并向工业集聚区、楼宇和服务综合体延伸。建立并完善存量建设用地盘活与新增建设用地计划分配挂钩机制,以"增量撬动存量"。"十三五"期间,全省共盘活存量建设用地 82.9 万亩,完成城镇低效用地再开发 65.5 万亩。在再生资源高效高值利用方面,浙江省合理布局再生资源产业园、省域再生资源回收物流网络节点以及绿色分拣加工配送中心。构建进口优质再生资源供应链,开发高值化再生制品、高端智能再制造产品,提升战略金属资源回收利用比例。目前浙江省已经形成了以废金属、废塑料、废纸等再生资源回收利用为核心的社会循环产业链。

三、建筑领域

积极完善低碳建筑标准体系。根据建筑领域碳达峰碳中和工作统一部署,按照新国标《绿色建筑评价标准》和省标《绿色建筑设计标准》要求,各地市及时修编绿色建筑专项规划中的绿色建筑等级、装配式建筑建造和住宅全装修等的控制性要求,以便从源头上推进绿色建筑发展,提升绿色建筑占城镇新建民用建筑比例。目前,浙江省已完成《浙江省绿色建筑条例》等一系列规划文件的修订工作。同时,围绕建筑领域碳达峰碳中和工作,积极组织开展超低能耗建筑技术相关标准和科研项目的研究,进一步完善浙江省绿色建筑标准体系,充分发挥标准在工程建设中的引领作用,促进全省绿色建筑又好又快发展,编制发布《居住建筑节能设计标准》《公共建筑节能设计标准》《民用建筑可再生能源应用核算标准》《民用建筑数字化工程管理绿色低碳数据标准》等一批重点标准。例如,修订完善公共建筑和居住建筑节能设计强制性标准,将公共建筑和居住建筑设计节能率提升到 75％ 以上。在标准执行上,浙江省积极开展建筑标准复评工作,规范标准管理。不断提升依法行政水平,落实重大行政决策程序规定、行政规范性文件管理制度和公平竞争审查制度,严格执行公众参与、专家论证、风险评估、合法性审核、集体讨论决定等法定程序,确保各类政策措施的合法性和公平性。完善事中事后监管制度。

推进既有建筑节能改造工作。大力提升建筑能效水平。浙江省以大型公共建筑场馆和机关办公建筑为重点,结合城镇老旧小区改造、美丽城镇建设及海绵城市建设等重点工作,通过建筑外墙外保温、活动外遮阳、隔热屋面、太阳能、地源热泵等节能技术的应用,推动既有建筑节能及绿色化改造,提升既有建筑能效水平。截至 2022 年初,全省累计完成既有公共建筑节能改造 1200 万平方米。推进建筑节能低碳管理。浙江省不断加强低碳运营管理,改进节能降碳控制策略。加快实施建筑电气化工程,推广高效电气化应用技术与设备,提升建筑电气化水平。建立城市建筑用水、用电、用气等数据共享机制,提升公共建筑能耗监测能力。推进建筑节能低碳管理,推广合同能源管理,推进公共建筑能耗统计、能源审计及能效公示,强化宾馆、办公楼、商场等公共建筑低碳化运营管理。

推进新建建筑绿色升级。大力推行建筑可再生能源应用,以实施民用建筑节能评估和审查制度为主要抓手,大力推进太阳能光伏系统、太阳能光热系统、空气源热泵热水系统和地源热泵系统等的建筑应用。同时要求可再生能源设施设备与建筑一体化设计、施工和安装,确保建筑与环境的美观协调。到 2021 年底,全省累计完成太阳能等可再生能源建筑应用面积 1.4 亿平方米。推进绿色建造活动,推行以机械化为基础,以装配式建造和装修为主要形式,以信息化和数字化手段为支撑的新型建筑工业化体系。应用新型墙体材料和再生建材,大力推广绿色施工,积极发展装配式建筑和住宅全装修,促进建筑绿色化发展。杭州市、湖州市和绍兴市成为国家第一批政府采购绿色建材试点市,到 2021 年底,试点数量位居全国第一。推进零能耗建筑试点工作,通过加强规划引领,将高星级绿色建筑、超低能耗建筑示范试点、近零能耗建筑示范试点、零能耗建筑示范试点、高替代率可再生能源应用示范试点等绿色低碳节能指标落到实处。

专栏 7-3 温州理工学院滨海校区 2 号教学楼 A 栋近零碳改造示范项目

1. 案例概述

本项目建筑面积为 4065 平方米,作为首个校园既有公共建筑近零能耗改造项目,探索了夏热冬冷地区既有公共建筑深度绿色低碳改造技术路径,通过采用被动＋主动方式,对建筑围护结构、冷热源、新风、照明、光伏发电等系统性能进行全面提升,同时结合可再生能源智慧利用系统为师生提供健康、舒适的工作学习环境。项目建筑综合节能率达到 60.02%,建筑本体节能率 41.34%,可再生能源利用率 31.85%。目前已获得中国建筑节能协会颁发的近零能耗建筑设计标识,项目增量成本约为 1000~1200 元/米^2。

2. 主要做法

(1)被动式设计。项目充分利用浙江地区的主导风向,在过渡季充分利用自然通风。采用 STREAM 软件进行建筑自然通风模拟,对建筑开口通风效果进行模拟分析。项目开展围护结构节能改造,创新性地采用了超薄真空绝热板内保温体系,对非透明围护结构、外窗和外门的关键热桥处理工艺及气密性等性能进行了高效提升。外墙传热系数达到 0.6 瓦/(米^2·开尔文),屋面传热系数达到 0.29 瓦/(米^2·开尔文),地面热阻达到 1.24(米^2·开尔文)/瓦,高性能隔热铝合金外窗传热系数达到 1.5 瓦/(米^2·开尔文),太阳能得热系数达到 0.24。针对穿外墙管道、穿屋面管道、穿外墙风道、穿屋面的风道、外墙结构固定件、悬挑阳台、幕墙、门窗固定处等重要节点,进行无热桥及高气密性设计,保障围护结构保温性能。

(2)主动式设计。在项目建筑走廊东、南、西立面外窗设置活动遮阳,百叶角度、高度均可根据天气情况进行自动或手动调节,优化建筑遮阳措施效果。灯具均采用健康护眼 LED 灯具,并进行节能智慧控制,照明功率控制在 4 瓦/米^2。由于人员较密集,新风需求量较大,项目建筑设有全热回收效率不低于 75% 的新风热回收装置,对排风的余冷余热进行利用,实现较高的节能减排效果。

(3)可再生能源利用。项目依托人工湖(作为热泵低品质冷热源),采用(污)水源热泵系统满足空调采暖需求;一层室外设置空气源热泵系统作为师生用生活热水的热源;屋面设 316 平方米并网型太阳能光伏发电系统,满足建筑主要用电需求。采用膜处理技术进行水资源循环利用并实施部分建筑立体绿化。

全面开展绿色建筑评价标识工作。根据《住房和城乡建设部关于印发绿色建筑标识管理办法的通知》,进一步规范绿色建筑标识管理,完善绿色建筑标识申报、审查、公示制度,采用全国统一的标识式样,利用全国绿色建筑标识管理平台,提高绿色建筑标识管理工作效率和水平。不断加快推进绿色产品标准、认证、标识体系建设。2019 年,浙江省市场监管局等 14 个部门联合印发《关于加

快绿色产品认证工作的意见》,鼓励建材产品申请绿色产品认证。组织编制浙江省《绿色建材和绿色建筑政府采购基本要求》,推动政府投资或以政府投资为主的工程率先采用绿色建材,逐步提高城镇新建建筑中绿色建材应用比例。

四、交通领域

调整优化运输结构。统筹铁路、公路、航空、水运、管道等各种运输方式,构建江海、海河、海铁、海陆等多式联运体系,增强对长江经济带区域的辐射和服务能力。加强沿海、内河、无水港的联动发展,构筑港口经济圈,有效服务全省沿海和内陆地区的统筹发展,提升集疏运系统对港口经济圈的服务能力。2021年,全省完成集装箱海铁联运120.4万标箱,总量位列全国主要港口前三;集装箱海河联运量122万标箱,同比增长13.2%,海河联运量达到4210万吨。同时,浙江省加快推进多式联运枢纽建设,推动"四港"联动发展,做强"四港"运营商联盟,全方位提升公铁空布局和信息服务能力。深入推进枢纽工程建设,完善多式联运功能,提高转运效率。2021年,浙中多式联运枢纽港成功入选国家级示范物流园区。推进"公转铁""公转水"项目建设,引导综合货运枢纽集聚区域货源,推广城市建材及农副产品"铁路干线+新能源重卡接驳"绿色运输模式。鼓励在铁路货运站布设仓储中心或转运节点,发展铁路干线仓库公路补货模式。促进沿河运输"公转水",完善集装箱运输绿色通道政策,大力推进水运"散改集"。进一步简化船舶和集卡车辆的进出港手续,加强码头作业、船闸联合调度等智慧管理。2021年浙江省全年水路货运量达10.9亿吨,同比增长2.8%。

推动交通工具清洁化转型。积极推广清洁能源和新能源车辆应用,鼓励购置氢燃料电池等清洁能源公交车辆,提升城市主城区新增和更新公交车、出租车中使用新能源的比例。鼓励新建改建LNG单燃料动力船舶,积极探索发展纯电、燃料电池等动力船舶。并加快建设充电桩、综合供能站等基础配套设施建设。2021年,全省新增和更新清洁能源城市公交车2321辆,新增和更新清洁能源比例达到90%;新增和更新清洁能源出租车4109辆,新增和更新清洁能源比例达到80%。大力发展港口岸电。通过出台降费补助政策,不断创新岸电管理制度,进一步推动船舶受电设施改造,促使靠泊船舶主动使用岸电,积极开展新增船舶岸电接口服务工作,对具备连接岸电条件的船舶采取优先靠泊作业等举措,提高岸电使用率。2021年,全省港口岸电用电量增长11%,各项指标居长江经济带各省市前茅,湖州成为长江经济带岸电价格最低城市,相关经验做法亮相第26届联合国气候变化大会。此外,浙江还不断完善老旧营运货车淘汰更新政策,加快完成国三及以下排放标准柴油货车提前淘汰更新任务,严格执行船舶强制报废制度,加快淘汰高污染、高能耗的客船和老旧运输船舶。2021年,全省共淘汰国三及以下老旧营运柴油货车11280辆。

打造交通绿色低碳发展体系。积极建设绿色交通基础设施,将绿色生态理念贯穿到交通领域设计、施工、营运、养护、管理的全过程,不断推进土地和岸线资源的集约利用,大力推广资源节约循环利用新技术,推广可再生能源在交通基础设施中的应用。开展一批零碳、低碳枢纽和服务区示范创建工作,嘉绍大桥服务区被认定为全省首个一级低碳服务区。发展集约高效运输组织,鼓励运输企业规模化、集约化发展;优化港口生产组织,加快先进设施设备的应用,提高港口装卸作业效率;运用信息化技术,加强货源组织和运力调配,发挥物流公共信息平台作用,降低车船空驶率。完善配套充电设施建设,通过加快布局高速公路服务区快充站,实现服务多种车型的快充站全覆盖。加快岸电设施建设,基本实现沿海和内河主要港口、重点港区岸电设施覆盖。完善全省综合供能服务站布局,加快建设公共领域充换电站、充电桩,新增公用充电桩全部具备智能充电功能。2021年,全省建设城市公用充电站3737座,高速公路服务区充电站168座,换电站62座。

专栏7-3 宁波梅山港区低碳港口项目建设

1. 案例概述

宁波梅山港区地处长三角南翼,宁波—舟山港核心区域,东临国际航道和国际锚地,北靠北仑港区,南连佛渡、六横等舟山诸岛,西接象山港,具有独特的土地开发条件、丰富的岸线资源和雄厚的腹地经济实力,外向型经济发达。梅东公司以"近零碳"为建设目标,立足港区发展规划、能源资源条件和负荷供电需求,深化与国网宁波供电公司合作,全力打造梅山港区"源端清洁化、终端电气化、调控智慧化"的综合能源系统。围绕高水准绿色港口建设,从构建清洁低碳的能源体系、全面应用节能新技术、推进港区高压岸电建设、推广绿色照明应用、打造能源智能管理系统等方面,全方位推进低碳港口建设。

2. 主要做法

(1)优化装备节能创新改造。针对梅山港区多年存在的设备电压波动问题,通过行业专家共同参与综合能源系统规划,将能源清洁化技术路径与目前存在的电压波动根源进行有机结合,在实现能源结构优化的同时,彻底解决目前港区存在的突发性跳电故障。此外,通过大力推广应用变频调速技术、电能回馈装置和智能节电器等新产品、新技术,2021年底前全面完成轮胎式龙门吊混合动力改造。积极开展供配电系统节能技术的研究,推广应用动态无功补偿装置等智能化节能装置,治理电网谐波,改善电网质量,提高功率因数,减少电能损耗。

(2)提升港区终端电气化水平。梅山港大力提升港内流动机械设备清洁能源使用比例,逐步更新淘汰国三以下柴油动力流动机械设备,新增或更新流动机械设备优先使用清洁能源或新能源动力。加大电动智能集卡推广力度,积极推进存量正面吊、堆高机"油改电"技术应用,加大电动堆高机推广力度,大力提高通勤班车新能源比例。推进集卡换电站、码头高压岸电等港口供电设施建设。由国家电力投资集团出资建设的首套换电站于2021年底前投入使用,后续根据规划逐步建设换电站二期工程。加快码头低压岸电设施升级扩容改造,做好已建低压岸电设施接插件标准化改造,探索完善高压岸电供应服务体系。出台岸电使用配套制度及措施,推动靠港船舶使用岸电,争取实现靠港船舶应接尽接岸电。

(3)推进风光储项目建设。努力推进港区风电项目建设,加快分布式风电试点建设,提升可再生能源电力占比,构建清洁能源系统。目前港区主要建筑屋顶总计装机容量为2.38兆瓦,理论年发电量为303万千瓦时。按照先混凝土建筑后仓库屋顶的方案推进光伏改造,6—10号泊位各新建单体建筑在建设过程中同步完成屋顶光伏的建设。逐步开展储能系统的可行性研究和初步设计,采用"分时电价+储能装置"的方案,在条件合适后尽早开工建设。

(4)加强智慧管理建设水平。梅东公司聚焦在建和拟建的多个平台,如集团首个试点的梅东8号智慧化变电站后台系统、公司岸电运营管理物联网平台、电动集卡及换电站服务平台等,以服务梅山港区综合能源发展、支撑能源互联网高效建设为目标,融合建立以"大云物移智"技术为依托、以"1+1+N"(综合能源服务平台+能源大数据中心+多业务模块)为设计理念、"安全高效、平台共享、数据融通、应用智能、运营开放"的梅山港区智慧能源管理平台。

持续优化交通出行服务。浙江省不断强化完善综合立体交通网建设,通过优化配置通道资源,提升通道总体能力,扩容提升沿海通道及"两纵三横"综合运输通道,新增"一纵一横"通道,支撑和带动浙西、浙西南重点生态功能区实现跨越式发展,推动全省形成加密升级的"三纵四横"综合交通主骨架。截至2021年,浙江省"六轴、七廊、八通道"的国家综合立体交通网的主骨架空间已初步形成,高速铁路对百万以上人口城市的覆盖率超过95%。与此同时,浙江省积极加强都市区内部交通的一体化。不断完善机场、高铁站等综合交通枢纽布局,推进杭甬温机场改扩建等项目,加强都市区城市地铁、市域铁路、至周边县域的城际铁路、快速路网、绕城高速公路建设,加快推进杭州至富阳等都市区城际铁路建设。加强省域中心城市和县市节点之间、主城区与组团城市之间、综合交通枢纽与各节点之间的交通衔接。浙江省已实现高铁陆域市市通、高速公路陆域县县通,内河航道所有设区市通江达海。此外,浙江省还不断完善多层次多样化客运服务。例如,积极构建以轨道、航空、高快速路为主体的大容量、高效率快速客运网络;推进轨道交通"四网"融合,加密高铁服务网,探索利用普速、高速铁路开行城际列车,推动都市圈城际、市域(郊)铁路公交化运营;推动道路客运转型升级,规范发展定制化、预约化客运线路,加快城际道路客运公交化发展。截至2021年底,全省建设城际铁路及城轨500公里,其中建成100公里。

五、农业及碳汇领域

推动农业领域绿色低碳发展。引导报废能耗高、污染重、安全性能低的农机,完善农机报废更新政策,加快农机更新升级。2021年,在完成全省7600余台变型拖拉机全面清退的基础上,省公安厅、省农业农村厅联合出台了《全省道路禁止变型拖拉机通行》通告,持续深化和巩固了全省变型拖拉机清零成果。减少渔业碳排放,通过落实海洋渔船功率、数量"双控"制度,推动捕捞渔船减船转产;实施养殖水域滩涂规划,稳定水产养殖总面积,实现规模主体养殖尾水零直排;加快发展离岸型智能化深水网箱、深远海养殖平台等新型养殖模式,不断拓展养殖新空间。减少畜牧业碳排放。推进养殖场提质改造,推动畜禽养殖进一步朝着高标准、低排放、高效益的集约模式转型升级。推进畜禽健康养殖,规范并改进畜禽饲养管理。推进生态种养循环,形成养殖户、服务组织和种植主体紧密衔接的生态循环模式。减少化肥农药施用。优化农资供给结构,加强农资源头管控,重点推动养分利用率更高的配方肥替代平衡肥。推行肥药定额施用,开展肥药定额制示范区建设和"肥药两制"改革试点主体培育。加快数字农业工厂建设,实现按需灌溉、准确施肥及病虫害精准生物防治。提升农业碳汇能力。扩大农业生态系统碳库,推广保护性耕作模式,加快构建以浅海贝藻养殖为载体的海洋碳汇。积极推进农业碳排放与碳汇监测、报告和核查体系建设。加强农业碳账户等减碳固碳产品市场化、商业化可行性研究,探索纳入全省碳汇交易市场。

专栏 7-4

1. 案例概述

湖州市长兴县吕山乡雁陶村的"渔农光互补"综合示范项目占地总面积约 1500 亩(1 亩＝666.67 平方米),其中"渔光互补"部分占地面积约 1000 亩,将原有坑塘水面整合成标准鱼塘,实现上部光伏发电和下部渔业养殖相结合。"农光互补"部分占

地面积约 500 亩,由 24 个光伏联动大棚和 1 个观光棚组成,棚内主要种植铁皮石斛,项目于 2016 年 4 月正式并网。"渔农光互补"项目将光伏电站运营与渔业、农业、休闲旅游业相结合,打造渔、农、光为一体的农创小镇,为当地村民提供就业岗位 100 多个,将农地亩产收入从不到 1000 元提升至 3.5 万元以上,实现多方共赢,助力乡村振兴,为地方经济发展提供绿色清洁发展动力。

2. 主要做法

(1)积极发展绿色安全的休闲食品作物生产。在做到项目绿色全覆盖的前提下,主攻休闲食品作物生产。"农光互补"项目在上层光伏的基础上,计划下层种植 1000 亩迷你小番薯。番薯是传统的粗粮作物、高产作物,一年两季或一年多次种植多次收获,年产量每亩可以达到鲜薯 4000~5000 千克,但随着我国城乡居民消费水平的提高,番薯的消费出现了新的趋势,单个重 50~80 克(一两左右)、纺锤形的小番薯深受市场欢迎。清洗干净的小番薯,农田出产价格即可达到 6~8 元/千克,市场价 15~16 元/千克。

(2)营造特色的观光农业。光伏电站的建设,成片的千亩光伏板本身就为"农光互补"项目的观光带来特色。但单一的光伏电站很难长久吸引游客,因此项目在光伏板中间种植百亩以上樱桃和葡萄(采摘园),并布置 50 亩左右花海(种植薰衣草、马鞭草等),在不影响光伏发电的情况下在主道路和次道路两侧种植绿化林木和布置各种花坛,按美丽田园建设的要求,使得项目区具有丰富的景观特色,吸引各方游客。项目区主入口建有 3000 平方米连体大棚,进行现代农业设施栽培,种植各种花卉苗木,同时展示本地农业农村文化,充分营造现代农业气息和摄影景观背景,为游客休憩提供全方位服务。

(3)推进现代农业规模化、产业化发展。现代农业的规模化、产业化生产和组织形式,有利于形成有影响力的农产品和产生品牌的规模效应。项目在做好规模化、产业化、现代化的农业开发的基础上,考虑逐步开发具有"农光互补"特色的观光农业和精细、精致农产品,探索基于"农光互补"的精细、精致、精久"三精"农业。项目区同一作物即使由不同的农民季节性承包经营,也必须按照统一的标准化、规范化要求进行生产,并由项目区农业合作社统一经营。

持续增强林业碳汇能力。全面推进千万亩森林质量提升工程,加快推进战略储备林、美丽生态廊道和健康森林建设。持续推进林业固碳增汇,如开展新增百万亩国土绿化行动、森林城市建设和新一轮"一村万树"五年行动,在"十四五"期间力争完成新增造林 120 万亩。大力推进松材线虫病五年防治攻坚行动,力争实现疫区数量、疫情发生面积、病死树数量"三下降"目标。大力发展林业绿色低碳循环产业,例如支持安吉设立国家竹产业研究院,推动竹木人造板、竹木日用品等传统产业智能化绿色化改造,支持竹缠绕复合材料、竹质纤维、竹基复合材料、生物活性产品等新兴产业发展,发展林业生物质能产业,推进"以竹(木)代钢""以竹(木)代塑",扩大竹木制品碳存储容量。着力打造林业碳汇标志性成果,例如围绕服务保障"零碳"亚运,开展"我为亚运种棵树"活动,探索将森林经营成效开发为林业碳汇项目,创新集体林碳汇交易+企业认购捐赠、国有林场捐赠等方式,助力杭州亚运会实现碳中和。高标准建设林业固碳增汇试点。以造林绿化、质量提升、竹木制品固碳、机制创新为方向,推动森林、湿地碳汇能力提升。积极推进林业碳汇数字化改革,通过打造林业碳汇应用场景,率先建设林业碳账户、林业碳普惠、林业碳汇收储和交易等多跨应用,不断丰富"浙里种树"应用功能,提升林业碳汇智治水平。加快林业碳汇科研推广,加强固碳增汇技术、碳汇造林树种培育、湿地碳汇方法等关键领域集中攻关,强化林业碳汇科技支撑。

六、居民生活领域

全面深化生活垃圾综合治理。在源头端,强化生活垃圾源头减量。实行生活垃圾处理总量控制制度,各设区市制定了时限明确、措施有效的控制计划。积极引导单位和个人使用可循环、可降解、易回收产品,减少了生活垃圾产生。积极推进一次性塑料制品限制使用,明确了包括超薄塑料购物袋、一次性发泡塑料餐具等六类塑料制品的禁止生产和销售清单。重点推进电子商务、快递、外卖等行业使用绿色包装和减量包装;餐饮行业禁止使用不可降解一次性塑料吸管和餐具,并设置节约用餐标识,引导消费者适度点餐、光盘离席;旅馆住宿行业不得主动提供一次性用品;果蔬生产基地、农贸市场等推行净菜上市、洁净农副产品进城。2020年,浙江省生活垃圾总量相比上年增长率为零,成为全国首个实现生活垃圾总量"零增长"的省份。在过程端,深入推进生活垃圾全程分类管理。构建生活垃圾分类投放、分类收集、分类运输、分类处置体系,全面实施生活垃圾强制分类,推进生活垃圾资源化、无害化处置。重点推进前端分类设施及相关配套建设,优化转运站点和分拣中心布局,同步改造提升中转设施。深入开展省级高标准生活垃圾分类示范小区、示范片区和标准化县(市、区)创建工作,总结推广行之有效的分类模式。在处置端,积极推进生活垃圾零填埋。加快新建生活垃圾焚烧处理设施,同步改造优化现有焚烧设施炉型和工艺,降低焚烧灰渣产生量;将省级生活垃圾分类监管平台接入其他省级平台,落实垃圾收集、运输和处置全过程动态监管,实现省市县"一张网"监管。2021年,浙江省城乡生活垃圾集中收集处理基本实现全覆盖，11个设区市农村生活垃圾分类处理行政村覆盖率达96%，回收利用率在61%以上，资源化利用率在99%以上，无害化处理率达100%；全省49个垃圾填埋场除应急处置外全面终止作业，浙江省成为全国首个实现垃圾处理"零填埋"的省份。

全面推广绿色低碳生活理念。积极推进绿色创建行动。浙江省深入开展全民教育，将勤俭节约、绿色低碳的生活理念融入家庭教育、学前教育、义务教育及职工继续教育等体系，纳入美丽城市、美丽乡村创建及有关教育示范基地建设要求。广泛推进主题宣传，不断拓展"绿色细胞"创建形式和方式，积极开展绿色生活创建活动。充分发挥全媒体绿色价值观宣教功能，把绿色生活理念纳入节能宣传周、低碳日、环境日等主题宣传活动，传播绿色知识和行为规范，营造全社会崇尚、践行绿色发展理念的良好氛围，推动形成生态文化。2021年，浙江省大中城市中心城区绿色出行比例达73%，公共领域新能源车辆比例达62%。推进绿色消费革命。从绿色交通、垃圾分类、绿色消费等领域，利用数字化技术，积极探索碳普惠浙江路径，着力从个人消费端推动低碳减排，促进城市绿色发展。2019年，"蚂蚁森林"项目赢得联合国最高环保荣誉地球卫士奖，在沙漠里种下了2亿棵树，实现碳减排1200多万吨。仙居因地制宜推出"绿色货币"理念，鼓励游客通过践行绿色生活方式兑换绿色货币，践行"碳补偿""碳抵消"的消费理念。湖州市首创"生态绿币"机制。将民众参与垃圾分类、绿色出行、志愿服务等生态保护行为以绿币形式进行量化考核。成立"生态绿币"基金会，面向社会接受个人、单位和企业的捐赠。

专栏 7-5　仙居"绿币"模式营造低碳生活新风尚

1. 案例概述

台州市仙居县是国家生态文明建设示范县、国家全域旅游示范县、浙江省绿色化发展试点县。仙居"绿币"模式是仙居县以"绿色货币"奖励市民践行绿色生活方式的激励机制。市民参与绿色生活方式的相关活动记录经认定后，可获得相应的"绿币"奖励，1个"绿币"相当于1元人民币，可用于消费、生活缴费、公益捐赠等。该县以"绿色货币"奖励的方式，充分调动全民深度参与绿水青山守护工作，形成了绿色生活与生产交融共护生态的"三生"和谐局面。

2. 主要做法

(1)建立"绿币"运行机制。设立"绿币"银行，成立"绿币"基金，保障绿色货币制度常态化运作，用现金形式统一回购村级和景点收购的"绿币"。县治堵办、县绿色办和团县委共同发起并建立了"绿币奖励基金"，第一期投入了30万元。

（2）制定兑换清单。针对"食、住、行、娱、游"等五个环节中的文明行为,对接理论宣讲、教育服务、文化旅游、医疗健康、科技普法、健身体育等六大服务平台,整合"学习实践科学理论、宣传宣讲党的政策、培育践行主流价值、丰富活跃文化生活、持续深入移风易俗"五大主题资源,制定《新时代文明实践清单》,列出 7 条"绿币"兑换条件,即践行绿色生活方式、推行垃圾分类新风尚、组织或参加新时代文明实践志愿服务活动、坚持绿色出行文明出行、婚丧宴请办酒不铺张、践行慈孝行为、入选身边好人道德模范等典型。

（3）因地制宜推广"绿币"。如首创"绿币"的淡竹乡,针对乡村旅游衍生出的交通堵塞、垃圾乱扔、餐桌上浪费等不文明行为和问题,鼓励游客通过践行绿色生活方式兑换绿色货币,让游客自觉肩负环保责任,将低碳旅游观贯穿整个旅游全过程。在全县新时代文明实践工作中推出"绿币",如本地居民绿色出行,步行 6 万步、乘坐 15 次公交车、骑行 30 次公共自行车等,均可获奖 1 个"绿币"。每天对新时代文明实践活动进行"绿榜"排名,使得争当"绿币达人"成为一种新时代文明实践风尚。

（4）推动全国公众主动参与。在全国首创"科普绿币",公众参与科普阅读、转发、点赞、评论等行为均可获得相应的"科普绿币"。800 个"科普绿币"等值于 1 元人民币,兑换的"科普绿币"可直接在平台上提现或购买平台商品,也可捐赠用于建设相关科普基础设施。目前,已有 20 万余人下载并注册"爱仙居"应用程序参与"绿币"兑换活动,200 多个村成立了"绿币"基金,累计发放"绿币"300 余万元。

第三节　浙江省城市、县域的低碳发展实践

为深入贯彻习近平总书记有关碳达峰碳中和重要论述精神,国家发展改革委印发了《国家碳达峰试点建设方案》(发改环资〔2023〕1409 号),旨在探索不同资源禀赋和发展基础的城市和园区碳达峰路径,为全国提供可操作、可复制、可推广的经验做法。浙江省杭州市、湖州市被成功列入第一批试点城市。同时,为鼓励基层首创精神,点线面结合,探索多领域、多层级、多样化低碳零碳化发展模式。2021 年 8 月,浙江省碳达峰碳中和领导小组办公室印发了《浙江省关于开展低(零)碳试点建设的指导意见》,提出了低碳试点县、低(零)碳试点村镇,以及近零能耗建筑、零碳党政机关、低碳服务区、低碳农场等不同类型的示范试点。以下从城市、县域两个层面出发,总结提炼了各地低碳发展实践典型做法,以期为读者提供参考。

一、城市低碳发展实践

（一）杭州市

杭州市烟雨画桥、风帘翠幕，始终坚持绿色发展理念，积极打造美丽中国杭州样板，被誉为"生态文明之都"，先后获评国家生态市、国家生态园林城市、全国美丽山水城市等荣誉称号，连续六年获得省"五水共治"大禹鼎，连续七年获评美丽浙江考核优秀。萧山区、余杭区被评为全国生态文明建设示范区，桐庐县被评为全国"绿水青山就是金山银山"实践创新基地。杭州市森林面积1690万亩，森林蓄积量7103万立方米，森林覆盖率达66.9%，连续多年位居全国省会城市、副省级城市首位。杭州市生物多样性保护实践与成果在2021年联合国《生物多样性公约》缔约方大会第十五次会议（COP15）上精彩展出，4个案例成功入选"生物多样性100＋全球典型案例"。2023年11月，杭州市被列入国家首批碳达峰试点名单。其实践主要如下。

系统推进重点领域低碳化。在产业领域，明确提出构建绿色能源产业生态圈在内的五大产业生态圈，着力打造储能、氢能、光伏、风电、节能环保等低碳新兴产业。杭州市的数字经济已成为经济发展的主引擎，2022年数字经济核心制造业增加值1180亿元，占规上工业的28.1%。在建筑领域，杭州市是住房和城乡建设部公共建筑能效提升重点城市，近年来持续推进既有公共建筑节能改造，鼓励结合老旧小区综合改造、城市有机更新等工作同步实施既有居住建筑节能改造，推进绿色建筑建设运营，二星级以上高星级绿色建筑占比超过65%。在交通领域，杭州市中心城区、建成区范围新增及更新公交车中新能源和清洁能源车辆比例达100%（除应急保障用车以外），出租汽车（含网约车）中新能源和清洁能源车辆比例达80%，排名全国前列。通过提高运输组织效率，推动道路营运货车大型化，目前全市大型化车辆比例超过97%，ETC通行使用率达73.78%。

数字降碳控碳能力不断增强。从市级层面看，在能源领域建立"杭州市能源双碳数智平台"，构建全国首个地市级能源大数据中心，形成覆盖全市85%以上用能的公共数据库，开发能碳在线监测、预算化管理和能效诊断等应用场景，实现全市重点用能单位能耗"双控"和碳排放情况预算化、实时化、精准化管控；在工业领域推进"1＋N"工业互联网体系建设，以"链长制"工作为重要抓手，分行业、分能级、分领域推进工业互联网平台建设，支持"链主工厂"，打造工业互联网的"杭州场景"；在建筑领域打造"浙里建绿建通"数字化管理平台，实现绿色建筑全生命周期低碳化;在交通领域依托城市大脑平台,在全国率先试点城市数据大脑治堵,成功构建"万桩智联＋一网感知"的数字政府监管体系,建成全国首个覆盖全市域的充电桩"安心充电"数治平台;在碳统计核算方面,在全国率先构建全社会碳排放统计核算"数据大脑",实现碳排放统计数据的一键核算功能。从区县层面看,各区县也加快部署双碳数字管理系统。萧山区搭建了"双碳大脑"及"碳地图、碳足迹、碳管理、碳场景"四大板块,初步实现了"一屏全览、一路追踪、一体智治、一众应用";临安区建立了天目"临碳"数智大脑,开展数字化技术综合应用,实现了数据协同应用,全面推动区域"降碳排""增碳汇""优碳减"。从企业层面看,一批数字化应用场景也不断涌现,如浙江虎哥废物管理有限公司建立的再生资源"互联网＋"回收模式,再生资源回收利用率超过95％,入选国家碳达峰碳中和案例。

绿色低碳技术持续创新。杭州面向可再生能源、储能、氢能、CCUS等领域,对碳中和碳达峰关键核心技术进行重点攻关,在绿色低碳领域征集并实施杭州市重点科技研发项目,鼓励科研院所和企事业单位积极参与市级及以上科研项目。市属部门联合浙大城市学院率先成立杭州市"双碳"研究中心,成为杭州市后续"双碳"科技创新的重要支撑平台。工信部新型节能低碳材料生产应用示范平台、白马湖实验室等一批绿色低碳科技创新平台也成功设立。通过科技专项,每年支持实施15个左右碳达峰重点科技攻关项目。目前,杭州市拥有新能源领域技术专利11500多件,排名全国第五,具备强大的技术输出能力。科技驱动节能降碳优势显著,且节能降碳关键技术层出不穷。一是源头减碳类,二代(碲化镉、铜铟镓硒)和三代(钙钛矿)光伏薄膜技术,光热技术,熔盐储能技术,甲醇、氢气提纯技术等在全国甚至全球处于领先地位,光伏乙烯-醋酸乙烯酯(EVA)胶膜、储能能量管理系统(EMS)销量超过全球的50％。二是过程降碳类,如余杭区蓝天农业水产苗种养殖园在业内创新使用空气能热泵技术,综合节能率达到85％;杭州大悦城对空调系统、地库照明系统及厨房排烟系统进行节能改造,综合节能率达到35.8％。

绿色办赛,谱写碳中和赛事新篇章。实施绿色亚运、碳中和亚运会和"无废亚运"行动,将绿色、低碳、可持续理念融入亚运会全过程、各领域、各环节。实施场馆全过程绿色管理。56个场馆中,仅新建场馆12个,5个项目获得三星级绿色建筑设计标识,亚运村获绿色生态城区二星级规划设计标识,2个项目获得全国建筑业绿色施工示范工程。实施赛事全方位绿色服务。在能源方面,在亚运会历史上首次实现全部场馆绿电供应,主火炬首次使用甲醇作为燃料;在交通方面,接待、接驳、物流等车辆优先选用新能源车;在服装方面,亚运会工作人员、志愿者的服装采用可再生材料制作。倡导多层面绿色参与。发出"绿色办公十条"倡议,举办"绿色亚运低碳有你"赞助企业绿色行动;举办"人人1千克助力亚运碳中和"活动,参与人数1.07亿人次,获吉尼斯世界纪录;开展"我为亚运种棵树"活动,植树4800万株,建设亚运碳中和林26片。实施碳中和行动,上线亚运会碳中和数据管理平台、"亚运碳中和—减污降碳协同"平台,立项省级地方标准《大型赛事活动绿色低碳运营指南》和《"无废亚运"实施指南》,制定大型活动碳中和的碳普惠减排量管理办法,打造亚运会碳中和15项标志性成果,开展亚运会碳抵消指标捐赠,45家单位捐赠碳指标106.8万吨。

"双碳"制度支撑体系扎实有力。在能源领域,制定光伏建设补贴政策、公共机构屋顶分布式光伏管理指引等制度,临安区率先在全省探索固定资产投资项目能碳预评估制度,探索能耗"双控"向碳排放总量和强度"双控"转变。在工业领域,印发《关于加快推进绿色能源产业高质量发展的实施意见》,推进储能、氢能、光伏、风电、新兴能源和节能环保六大重点领域发展,编制《绿色能源产业"链长制"工作手册》。在建筑领域,建立新建民用建筑绿色低碳控制性指标源头管理制度,发布《杭州市绿色建筑专项规划修编》和《公共机构能源资源消费数据管理规范》,研究制定全国首个基于建筑能耗精细化调控的团体标准。在交通领域,制定《杭州市巡游出租汽车车辆技术标准》,解决了"油改电"的制度障碍,出台《杭州市公共交通绿色出行积分实施方案(试行)》《关于进一步优化杭州市公共交通票价优惠措施的通知》《杭州市营运国四柴油汽车淘汰补助实施方案》等文件,还发布了全省首个《内河纯电池动力船舶检验指南》。在农业领域,发布《生态农业建设项目方案》,制定《杭州市低碳生态农场(试验区)建设规范》,推进优质农产品碳标签建设,对红美人、沃柑等6种优质农产品开展碳足迹评估、发布碳标签。在居民生活领域,构建生活垃圾分类六全"杭州模式",建立《杭州市生活垃圾管理条例》等50余项保障制度。

（二）湖州市

湖州市是习近平生态文明思想的重要萌发地、"绿水青山就是金山银山"理念诞生地、中国美丽乡村发源地、绿色发展先行地。我国"双碳"目标提出后,湖州市积极行动,成立市级"一办七组"碳达峰碳中和工作专班,在全国首创"工业碳效码",率先探索转型金融,率先开展"双碳"认证试点,率先推进竹林碳汇、湿地碳汇收储交易,率先推广以竹代塑,打造形成余不谷国际度假小镇近零能耗建筑、"和平共储"综合智慧能源项目、练市低碳水上服务区等一批绿色低碳示范工程项目,成功获批国家可持续发展议程创新示范区。2021年,湖州市因生态文明体制改革、制度创新成效显著获得国务院督查激励,因推进碳达峰碳中和工作主动、成效较好获浙江省政府督查激励。2023年11月,湖州市被列入国家首批碳达峰试点名单。其实践主要如下。

碳效引领,推动工业绿色低碳转型。首创工业"碳效码"。归集统计、税务、电力等部门14类2300余万条数据,对全市33个行业381个细分行业煤、油、气、电、热等5大类39种能源产品消费情况进行大数据分析,上线工业碳平台,构建"碳监测""碳对标""碳中和""碳应用"核心模块,并上升为省工业碳平台。围绕企业碳排放水平、碳利用效率、碳中和情况,开展三大指标智能"对标",形成融合三个标识于一体的"碳效码",上线碳诊断、碳技改、碳金融、绿色工厂申报、绿电交易五大办事模块,实现"一键办理"。创新推出"碳效贷""碳惠贷"等金融产品。大力发展绿色低碳产业。湖州市成立了由湖州市政府主要领导担任组长的制造业高质量发展领导小组,建立了以高端智库为支撑的决策咨询服务机制,持续打好产业基础高级化和产业链现代化攻坚战。把严格项目准入、提高项目引进质量作为推动工业提质增效的根本之策、源头之策,牢牢守住"两高"项目禁入门槛。实行项目全周期管理,创新建立数字化"项目钉"平台,实现亿元以上项目全周期"可视化、可预警、可评价、可推送、可闭环"管理服务;在全省创新开展"破五未"项目攻坚行动,构建以"单子+方子"为主要形式的项目落地推进机制。加快构建绿色制造体系。在全国率先形成市级层面的"绿色制造发展指数"、区县层面的"绿色智能制造评价体系"、园区层面的"绿色园区管理规范"地方标准、企业层面的"绿色工厂评价要求"地方标准、产品层面的"绿色设计产品团标"的"五位一体"绿色制造标准体系。探索绿色产品认证体系改革,获批全国"绿色产品认证"试点城市。着力打造绿色低碳园区,制定出台《湖州市工业全域有机更新指导意见》《湖州市绿色低碳园区建设培育三年行动方案》等文件,推进园区循环化改造,在全省率先实现省级以上园区(开发区)循环化改造全覆盖,吴兴经济开发区入选国家园区循环化改造示范试点,创建国家绿色工业园区5个(居全省第1位)。创新开展绿色工厂星级管理,制定出台《湖州市绿色工厂星级管理评价办法》,实现规模以上企业绿色工厂星级管理全覆盖,全市星级绿色工厂覆盖率近九成。

持续拉高标杆,深入实施全过程全领域能效提升。全力打好节能降耗"主动仗"。严把项目能效标准要求,优化项目招引联审机制,强化能耗保障监管,助推工业产业格局变革。开通项目审批快速通道,对一批高效低耗优质项目即审即批,助力全市加快经济新旧动能转换。深入实施新一轮"腾笼换鸟、凤凰涅槃"攻坚行动,推进高耗低效企业整治,出清"三低"企业,开展企业节能诊断,推动实施节能降碳技术改造项目。加快实施清洁能源项目,加快形成世界最大抽水蓄能集群,统筹实施"光伏+"行动,深挖分布式光伏开发潜力,积极推动新型储能规模化、集成式发展。全面扎牢用能预算"紧箍咒"。以精准合理用能、降低用能成本为导向,明确用能预算管理执行范围,综合考虑企业能效水平等评价结果,确定重点行业、企业年度基准能耗。依托"节能降碳 e 本账"监测平台,实现 27 家供能单位数据集采"全覆盖、无死角",对重点用能企业用能情况实施实时监测、按月分析、每季研判、半年比对、年度评价,精细化实施企业用能预算管控,分区县实施"月晾晒、季通报、年督查",倒逼企业深化用能预算管理,督促区县加强企业用能预算管理。注重强化结果应用,对用能超预算的项目,采取取消"亩均英雄"等评先资格、降低工业"碳效码"等举措,并视情况重新开展项目节能审查。厚植引领节能降碳"新风尚"。在全国率先编制并发布《湖州市绿色建筑评价导则》《湖州市绿色建筑设计导则》等地方标准,创造性推动绿色建筑国家标准落地实施。落实民用建筑项目节能审查全覆盖,新建建筑节能强制性标准 100%执行。在全省率先完成城乡公交电动化 100%全覆盖,加强港口岸电布局,出台全国首个岸电使用财政政策,相关岸电建设做法在第 26 届联合国气候变化大会上作为国家宣传片内容播出。组织实施好全国节能宣传周、全国低碳日等系列主题宣传活动,着眼公共机构节能管理平台数字化应用需求,推行合同能源管理、合同碳管理、合同节水管理等市场化机制,开展安吉"零碳"公共机构建设试点。

厚植绿色动能,不断提升"双碳"关键领域科技创新水平。打造高能级绿色低碳创新平台。聚焦绿色低碳和减污降碳研究方向,积极创建市级以上研发中心、新型研发机构等科技创新平台。浙江碳中和创新中心依托浙江工业大学莫干山研究院成立,设有大气环境与全球变化实验室、绿色氢能技术实验室等实验室,获批浙江省"碳减排与碳监测技术国际科技合作基地",打造有影响力的绿色能源领域科创战略平台。加快实施科技项目。在市级科技项目指南中设立碳达峰碳中和专项,集聚全市优势科创要素,重点在水、大气、土壤、固废的综合防治技术方面加强科技创新,在低碳能源、生态碳汇与低碳智治等领域加强技术研究和装备开发。2022 年以来,在"双碳"及环保技术领域新立省"尖兵""领雁"项目5 个、市重点研发计划项目 15 个。加大创新主体培育力度。围绕八大新兴产业链,加快实施科技企业"双倍增"行动,加强企业研发能力建设,支持优势企业牵头创建创新联合体,不断做强"创新链"、赋能"产业链"。2022 年,湖州市共有生态环保领域省科技型中小企业71家、国家高新技术企业29家，"双碳"领域市级科技企业研究开发中心12家。推进先进技术率先示范应用。聚焦交通、建筑、农业、居民生活等领域需求，加强电气化、智能交通、燃料替代等技术应用示范，促进各行业技术的耦合优化，推动全社会节能减排。比如，在绿色建材方面，针对蒸压加气混凝土生产过程的节能降碳需求，研发并实施多种绿色创新技术，使单位产品能耗降低15%、碳排放量降低30%以上。

坚持金融助力，创新打造一批绿色金融典型模式。构建碳减排金融产品服务体系。推动银行机构将碳效评价结果、碳汇价格等要素纳入授信额度测算和利率定价，创新开发"碳效贷""碳价贷"系列碳减排金融产品服务。截至2023年末，全市金融机构开发与低碳转型挂钩的金融产品达到30余款，累计发放贷款392.3亿元。以转型金融为突破，赋能高碳行业低碳变革。围绕碳达峰碳中和行动，在国内率先开展转型金融改革实践，出台构建低碳转型金融体系的实施意见，编制转型金融支持目录，分行业设置转型指引目标，建立转型项目清单。相关经验做法被写入G20可持续金融工作组成果报告，并作为典型案例向全球推介。创新开发与ESG（环境、社会和治理）挂钩的金融产品。开发全国首个区域性ESG融资主体评价模型，纳入碳排放、环境治理等指标，对小微企业进行绿色低碳画像，引导银行机构将ESG评分结果用于信用贷款、利率优惠、绿色审批通道等方面，进一步提高绿色信贷精准定价能力。成功落地中资银行机构首笔与ESG挂钩的银团贷款，该银团贷款采取基础利率＋可持续利率的定价模式，基础利率固定，可持续利率与借款人ESG表现挂钩。落地全国首单ESG保险。截至目前，已有中国银行湖州分行、工商银行湖州分行等10余家在湖金融机构开展ESG投资实践，开展产品创新。

深化碳汇改革，加快推进生态产品价值实现。聚焦林业研究，建立碳汇新型市场。在安吉建成全球首个毛竹林碳通量观测系统，形成《竹林经营碳汇项目方法学》，实现了竹林碳汇可监测、可报告、可核查。大力推进竹林增汇工程，推动实现高效经营促汇、竹阔混交改培增汇、退化恢复保汇。成立全国首个竹林碳汇收储交易中心，推动构建林地流转、碳汇收储、基地经营、平台交易、收益反哺的全链闭环管理体系，建立了集内外循环于一体的闭环式碳汇收储交易平台。聚焦林业固碳，扩大储碳应用领域。持续推进林业产业发展，推进竹材分解、初级加工、成品精深加工三级竹产业加工体系建设，大力推进竹加工企业发展，建设现代林业园区，创建国家级竹产业园区，鼓励企业加大新增竹材消耗，提高竹林碳汇固碳能力。深化集体林权制度改革，探索生态产品价值实现新路径。聚焦林业金融,激活碳汇市场潜能。积极探索开展绿色金融产品服务创新,建立集"林地流转—碳汇收储—基地经营—平台交易—收益反哺"为一体的全链条服务体系,基于竹林碳汇生产、收储、交易等环节,创新推出"竹林碳汇"系列信贷产品。"碳汇共富贷"支持农户、村集体组织经营竹林、育林增汇,再交易给收储平台以实现增收;"碳汇收储贷"支持"两山合作社"收储竹林碳汇;"碳汇惠企贷"支持有减碳需求的企业购买竹林碳汇。

二、县域低碳发展实践

(一)产业低碳转型——绍兴市上虞区

上虞区是省级传统制造业改造提升试点、制造业高质量发展示范县、生态文明建设示范区,始终践行习近平生态文明思想,深入践行"绿水青山就是金山银山"理念,扎实推进以"五化融合"为重点的绿色低碳工作,形成了一系列具有上虞特色的典型做法。2021年被列入首批产业类低碳试点县。其实践主要如下。

推动化工产业"跨域整合"发展。2017年制定出台国内首个精细化工改造提升57条工作标准,累计关停、退出、搬迁园区外化工企业90家,腾退化工企业用地约3000亩,全区化工企业实现"一园式"发展。2019年优化制定"化工2.0版"57+5条标准,目前亩均增加值、亩均税收已提升至改造前的1.7倍、1.8倍。

实施产业链集群战略。上虞区实施制造业高质量发展"188"行动计划,从机械装备、医药化工、轻工纺织、照明电器四大主导工业行业,提扩到八大产业集群、八条产业链"群+链"双育模式。截至2011年11月已培育形成年销售超两个300亿元集群2个、超200亿元集群2个、超100亿元集群3个。新材料产业链已被列入省级产业链"链长制"试点示范,荣获2019年制造业高质量发展示范县。

深入推进园区循环化改造。杭州湾上虞经济技术开发区自被列入国家级、省级园区循环化改造试点以来,通过开展循环化改造,在全过程中回收利用废弃物的同时提升了能源、资源利用效率,减少二氧化碳排放量,大大提高了企业的生产效率和效益,并增加了企业的产品附加值,能源产出率提升41%,碳排放强度下降32%。例如,新和成药业"固废和废液资源综合利用项目"使工业危险废物得到减量化、无害化处理,每年减少VOC排放101.2吨。

大力实施数字经济领跑行动。在全市率先出台《关于加快发展数字经济的实施方案(2018—2020)》,运用数字化手段提升管理效能,通过搭建以安全环保智慧监管平台为核心的"4+2"综合监管体系,将全部化工企业数据接入平台,实现全域可视监管、即时预警。通过智能化改造、机器换人等手段,使劳动生产率年均增长 4.2%。智慧平台成功入选全省多业务协同重大项目优秀案例,并入选全省观星台优秀应用名单。

大力提升重点平台绿色发展能力。整合杭州湾上虞经济技术开发区与浙江省上虞经济开发区,帮助赢得项目、集聚要素、承载企业。高质量推进小微企业园建设,实现经济开发区外工业平台多点支撑、错位发展的良性平台格局。筹建省级浙江上虞曹娥江经济开发区,打造杭州湾南翼高端智造新基地、长三角协同创新发展新平台、全省开发区(园区)整合提升新样板。

(二)低碳能源发展——舟山市普陀区

普陀区是浙江省首批大花园典型建设试点单位,被列入省政府大花园督查激励对象,同时也是国家生态文明建设示范区、国家森林城市、国家园林城市。近年来,普陀区依托自贸试验区区位优势和港口岸线资源,深度构建油气全产业链,大力发展可再生能源,全力构建绿色能源产业体系,在能源低碳化转型方面走出了一条具有普陀特色的路子,具有良好的试点创建基础。2021 年被列入首批能源类低碳试点县。其实践做法如下。

推动传统能源清洁化利用。推动煤炭高效利用。浙能六横电厂现有装机容量 200 万千瓦的超超临界燃煤汽轮发电机组,是全国首个海上坑口电厂,自投产以来已累计为全省供电 500 亿千瓦时。新奥能源一期 LNG 项目工程总投资58.5 亿元,天然气接收规模 300 万吨/年,是中国首个民营企业投资建设的 LNG 接收站项目。大力推进燃煤锅炉淘汰,2019、2020 年普陀区共淘汰改造燃煤锅炉 6 台,共计 130 蒸吨。推动多类型可再生能源发展。普陀区通过大力发展风能、潮流能、太阳能等清洁能源,打造一批新能源示范项目,着力提高非化石能源占一次能源比重。在光伏方面,普陀区建有装机容量 3.3 万千瓦的浙能光伏发电站以及省内单体最大的光伏建筑一体化项目——中远海运重工 19.9 兆瓦屋顶分布式光伏发电项目。在风电方面,装机容量 25 万千瓦的国电海上风电项目,是浙江省首个大型海上风电项目。在潮流能方面,建成国家“十三五”规划中唯一一座潮流能试验平台——舟山潮流能示范工程,并已建设两台装机容量450 千瓦的潮流发电示范机组。

率先探索氢能等未来能源应用。普陀区六横岛紧紧围绕“一岛一功能”新能源产业岛定位,全力推进“氢能全产业链示范试点”建设,打造“中国海上氢岛”。目前,岛上舟山首辆氢燃料电池冷链物流车(氢能冷链车)、氢燃料电池公交车已投入运营,并进入工信部公告目录,计划 3000 辆氢能冷链车都将在六横生产。

已引进全市首个氢能产业项目——浙江锡力科技氢燃料电池研发、生产基地项目。目前该项目已完成厂房建设,预计总投资 1 亿元,一期投资 1000 万元,将为六横氢能公交提供燃料电池驱动系统及后期维护服务。与上海浦江特种气体签订投资协议,建设氢气及其他工业气体生产、加注项目。

积极谋划新能源产业。积极与华能集团、中国广核集团、上海电气集团等重点企业对接,谋划推进建设浙江(普陀)海上风电产业基地。加快氢能源全产业链招引,围绕氢气制取、储运、加注,以及燃料电池研发、测试、生产等氢能利用全产业链开展精准招商,积极与浙江高成绿能、中山大洋电机等企业对接,谋划燃料电池产业建设、高压氢气及液氢储罐制造、镁基储氢材料制造等项目,努力形成氢能制、储、运、用全产业链。

(三)碳汇能力提升——湖州市安吉县

安吉县地处长江三角洲腹地,素有"中国第一竹乡""中国竹地板之都"的美誉,森林资源丰富。为深入贯彻落实中共中央、国务院关于碳达峰碳中和重大战略决策,忠实践行"绿水青山就是金山银山"理念,巩固提升竹林生态系统碳汇能力,充分发挥竹林"碳库"重要作用,扎实有序做好竹林应对气候变化工作,助力实现"双碳"目标,安吉县启动林业碳汇试点改革,通过稳定碳汇基本盘、探索新型交易市场、扩大固碳应用领域等,基本形成林业碳汇稳步提升、碳汇交易突破创新、碳汇产业蓬勃发展的新格局,为其他林业县的森林增汇、碳汇开发提供了安吉经验。2021 年,安吉县被列入首批碳汇类低碳试点县。其实践做法如下。

聚焦林业提升,夯实碳汇稳产基础。实施竹林增汇工程,大力开展森林城市、珍贵彩色森林等城乡绿化建设,开展"国家森林城市""国家森林乡村""一村万树"示范村建设,推进沿路沿线林相景观提升工程,推动实现高效经营促汇、竹阔混交改培增汇、退化恢复保汇。2016—2021 年,完成新造林 1.82 万亩,建成珍贵彩色森林 17.8 万亩,抚育森林 10 万亩,修复退化林 1.5 万亩,实现森林资源提质扩面,形成规模巨大的蓄碳池。林业碳汇从 24.4 万吨上升到 29.5 万吨,累计上升 20.9%,单位森林面积 CO_2 吸收量为 1.39 吨/公顷,单位新增活立木蓄积量 CO_2 吸收量为 0.55 吨/米^3,林业碳汇实现逐年增长。

聚焦林业研究,建立碳汇新型市场。早在 2010 年,安吉县就与浙江农林大学等科研院校合作,建成全球首个毛竹林碳通量观测系统,实现了竹林碳汇可监测、可报告、可核查,为上市交易奠定了扎实基础。2016 年,安吉县开发完成《竹林经营碳汇项目方法学》及全国首个竹林经营碳汇 CCER(国家核证自愿减排量)项目。深化竹林碳汇综合改革,重设林业局,加挂森林碳汇管理局牌子,成立全国首个竹林碳汇收储交易中心,推动构建林地流转、碳汇收储、基地经营、平台交易、收益反哺的全链闭环管理体系,建立了集内外循环于一体的闭环式碳汇收储交易平台。截至 2021 年,已实现县内竹林碳汇交易闭环,已流转竹林 83 万亩,16 家企业签订碳汇认购协议,缴纳购碳资金 169.1 万元。

聚焦林业固碳,扩大储碳应用领域。持续推进林业传统产业发展,积极拓展以森林康养、林下经济为主的新兴产业。大力推进竹加工企业发展,建设现代林业园区,创建国家级竹产业园区,鼓励企业加大新增竹材消耗,提高竹林碳汇固碳能力。截至 2022 年,林业总产值达 287.7 亿元,竹产业产值 154.2 亿元,建成现代林业园区 40 个,已有竹加工企业 921 家,竹制产品 3000 余种,竹拉丝对原竹年需求达 70 万吨,其中本地年消耗 50 万吨,外采毛竹原料 20 万吨。

(四)综合类——宁波市余姚市

余姚市位于浙江省东部,地处美丽富庶的长江三角洲,由宁波市代管,北濒杭州湾、南邻四明山、西连绍兴市、东接宁波市。行政区域面积 1500.8 平方公里,全市耕地 63.78 万亩,园地 9.33 万亩,林地 78.2 万亩,素有"五山二水三分田"之称,具有优越的自然山水条件和深厚的人文底蕴。近年来,余姚市开拓创新、锐意进取,推动产业转型提速、城乡环境提质、民生福祉提升,紧紧围绕"两区三城"着力打造人与自然和谐发展的"山水城市、绿色家园"。2021 年被列入首批综合类低碳试点县。其主要实践如下。

优化能源结构。通过提高能源利用效率带动产业低碳化,着力推进"亩均论英雄"、产业园区"腾笼换鸟",大力淘汰落后和过剩产能。整市继续开展光伏规模化开发工作,深入推进节能降耗工作,清理整顿高能耗、高污染企业,增加清洁能源发电比例,不断提高能源利用效率。

加快产业升级。以"低散乱污"问题突出的"两小"企业和工业区块为重点,以污染防治和安全生产等专项整治为重要抓手,形成"两小"企业综合治理提升工作机制。全力培育"三大千亿"和"五大百亿"产业集群,壮大优势产业,加速发展新兴产业,持续优化产业结构,使产业能级走向高端。

完善基础设施建设。开通运行慈余高速、古乍线等重要通道及宁波—余姚城际铁路,深入推进"一轴两环三片区"城市品质提升行动,深入实施乡村振兴战略,全面完成小城镇环境综合整治。实施姚江城区段堤防加固工程,建成城乡污水收集管网及污水输送管网千余公里,全面创建污水零直排区。绿化造林 2.81 万亩,四明山区域生态修复 1.52 万亩,创建省级森林城镇 10 个。

大力推进绿色制造工程。实行市级绿色工厂分级分层制度,加大绿色工厂的覆盖面。加大绿色改造,实施工业企业节水减排行动,支持企业开展节水技改及再生水回用改造、节水和水循环利用设施建设,提高企业用水效率,推进节水示范创建。组织企业做好自愿清洁生产审核,严格规范清洁生产审核评估和验收全过程,切实提升企业清洁化生产水平,力争全年组织 10 家企业实施自愿清洁生产审核。创建绿色园区,补全并完善园区内产业的绿色链条,鼓励建设园区信息、技术服务平台,鼓励园区内企业开发绿色产品、主导产业创建绿色工厂。

促进绿色建筑发展。大力促进资源、能源集约利用,提高建筑环境质量和空间舒适度,改善城乡人居环境。根据《宁波市绿色建筑专项规划》,结合自身地域特点制定了《余姚市绿色建筑专项规划(2019—2025 年)》,确定余姚市域范围内绿色建筑和建筑工业化、既有民用建筑绿色改造的总体发展目标和技术路径。鼓励高星级绿色建筑建设、既有建筑绿色化改造等,推广建筑废弃物综合利用。

加快现代农业转型。大力实施乡村振兴战略,扎实推进农产品提质工程,大力开展特色农业,强化农业品牌创建,努力提高农业增加值。创建省级示范性全产业链 3 条,在全市推广经济型喷滴灌技术,实现高标准农田占比超过 80%,粮食生产全程机械化率达 93%,品牌农业收入占全市农业总收入的 85% 以上,"四明臻货"成为区域农业公用品牌。

第五节　本章小结

本章主要从工作体系构建、六大领域绿色低碳转型实践、"零碳"示范典型案例、低碳工作的机遇与挑战等方面,阐述了浙江省在推进绿色低碳发展中的系列实践。

在加快构建碳达峰碳中和工作体系方面,浙江省主要从开展碳达峰系统性研究、高标准谋划 1+N+X 政策体系、加大科技创新支撑力度、加快推进数字化改革和示范试点建设等方面入手,构建起"双碳"工作的四梁八柱。

在推进全省重点领域低碳转型方面,浙江省运用系统观念,针对能源、工业、建筑、交通、农业、居民生活等领域,推进了一批重大项目建设,实施了一批重点工程、创新了一批重大改革,有力有序地支撑起全省绿色低碳转型。

在推进"零碳"示范先行方面,各地各相关单位均积极按照《浙江省关于开展低(零)碳试点建设的指导意见》相关要求,结合自身实际,通过点线面结合的方式,探索多领域、多层级、多样化低碳零碳化发展模式,形成了一批典型路径和建设模式。

参考文献

［1］曹植,沈镭,刘立涛,钟帅,刘刚.基于自下而上方法的中国水泥生产碳排放强度演变趋势分析［J］.资源科学,2017,39(12):2344-2357.

［2］柴金燕,黄海峰.纺织产业与循环经济［M］.北京:中国轻工业出版社,2010.

［3］陈文颖,高鹏飞,何建坤.用 MARKAL-MACRO 模型研究碳减排对中国能源系统的影响［J］.清华大学学报:自然科学版,2004,44(3):342-346.

［4］陈灿灿,葛振红.矿渣水泥性能的试验研究［J］.河南建材,2020(3):69-71.

［5］陈娟,李欲如.行业整治提升新局势下浙江造纸业清洁生产研究［J］.中华纸业,2013,34(19):50-53,4.

［6］程芳芳.基于能源消费的低碳试点省市碳排放峰值预测［D］.太原:山西财经大学,2021.

［7］仇国芳,蔡卓珉.基于粗糙集——神经网络方法的陕西省碳排放预测研究［J］.生态经济,2019,35(10):25-30.

［8］春华.最受国外纺织企业推崇的节能减排技术［J］.中国纤检,2008(8):66-68.

［9］邓小乐,孙慧.基于 STIRPAT 模型的西北五省区碳排放峰值预测研究［J］.生态经济,2016,32(9):36-41.

［10］董聪,董秀成,蒋庆哲,刘贵坚.《巴黎协定》背景下中国碳排放情景预测——基于 BP 神经网络模型［J］.生态经济,2018,34(2):18-23.

［11］董梅,徐璋勇,李存芳.碳强度约束的模拟:宏观效应、减排效应和结构效应［J］.管理评论,2019,31(5):53-65.

［12］杜强,陈乔,杨锐.基于 Logistic 模型的中国各省碳排放预测［J］.长江流域资源与环境,2013,22(2):143-151.

［13］冯悦怡,张力小.城市节能与碳减排政策情景分析——以北京市为例［J］.资源科学,2012,34(3):541-550.

［14］韩枫,彭华福,唐肖彬,李想.全球碳定价机制发展趋势、现状及对我国的启

示[J].环境保护,2021,49(24):66-70.

[15] 雷哲琼.国际非政府组织参与全球气候治理的路径与作用[D].北京:外交学院,2023.

[16] 李慧明.《巴黎协定》与全球气候治理体系的转型[J].国际展望,2016,8(2):1-20,151-152.

[17] 李侠祥,张学珍,王芳,张丽娟.中国2030年碳排放达峰研究进展[J].地理科学研究,2017,6(1):26-34.

[18] 李威灵.我国造纸工业的能耗状况和节能降耗措施[J].中国造纸,2011,30(3):61-64.

[19] 廖艳芬,马晓茜,陈勇.我国造纸行业能源消费概况及煤炭利用过程节能技术分析[J].纸和造纸,2013,32(6):1-5.

[20] 刘泽森,黄贤金,卢学鹤,李升峰,漆信贤.共享社会经济路径下中国碳中和路径预测[J].地理学报,2022,77(9):2189-2201.

[21] 刘菁,赵静云.基于系统动力学的建筑碳排放预测研究[J].科技管理研究,2018,38(9):219-226.

[22] 刘慧,张永亮,毕军.中国区域低碳发展的情景分析——以江苏省为例[J].中国人口·资源与环境,2011,21(4):10-18.

[23] 刘涛,刘颖昊.从生命周期评价视角看钢铁企业"煤改天然气"[J].冶金能源,2019,38(3):3-6.

[24] 刘丹慧,林春香,刘明华.制浆造纸行业的节能减排与清洁生产[J].华东纸业,2014,45(1):54-58.

[25] 龙妍,丰文先,王兴辉.基于LEAP模型的湖北省能源消耗及碳排放分析[J].电力科学与工程,2016,32(5):1-6,19.

[26] 马勇,江函哲.碳中和下低碳旅游发展模式与提升策略[J].旅游学刊,2022,37(5):1-3.

[27] 马志.天然气在钢铁企业中的应用[J].冶金动力,2019(3):31-33.

[28] 孟祥凤.基于MARKAL-MACRO模型的中国碳交易市场交易与定价基础研究[D].大连:东北财经大学,2013.

[29] 彭政,任永,孙阳昭,闫大海.我国水泥窑协同处置现状剖析和发展建议[J].环境保护,2016,44(18):44-47.

[30] 沈威,杨炜樱.考虑碳排放的化石能源和电解水制氢成本[J].煤气与热力,2020,40(3):30-33,43.

[31] 图亚,杨磊.粉煤灰综合利用的发展现状与建议[J].化工管理,2020(12):11-12.

[32] 王建芳,苏利阳,谭显春,陈晓怡,葛春雷.主要经济体碳中和战略取向、政策举措及启示[J].中国科学院院刊,2022(4):479-489.

[33] 王灿,张雅欣.碳中和愿景的实现路径与政策体系[J].中国环境管理,2020,12(6):58-64

[34] 王克,刘芳名,尹明健,刘俊伶.1.5℃温升目标下中国碳排放路径研究[J].气候变化研究进展,2021,17(1):7-17

[35] 王磊.基于投入产出模型的天津市碳排放预测研究[J].生态经济,2014,30(1):52-56.

[36] 王永哲,马立平.吉林省能源消费碳排放相关影响因素分析及预测——基于灰色关联分析和GM(1,1)模型[J].生态经济,2016,32(11):65-70.

[37] 王佳邓,孙启宏,李小敏,武琛昊.环境保护税对经济和碳排放影响研究——以江苏省为例[J].生态经济,2021,37(5):51-56.

[38] 王健夫.武汉市CO_2排放峰值目标下工业部门减排路径研究[D].武汉:华中科技大学,2019.

[39] 王宏,谭起兵.钢铁冶炼系统中的节能技术应用探讨[J].天津冶金,2020(1):44-46.

[40] 项目综合报告编写组.《中国长期低碳发展战略与转型路径研究》综合报告[J].中国人口·资源与环境,2020,30(11):1-25.

[41] 肖学斌.中型造纸企业节能减排探讨[J].低碳世界,2016(23):261-262.

[42] 谢娇艳.基于LEAP模型的重庆市公共建筑碳排放达峰及节能减排探讨[D].重庆:重庆大学,2019.

[43] 谢艳丽.我国石化工业绿色发展的节能研究[J].石油石化绿色低碳,2016,1(3):13-16.

[44] 许杭俊,黄立维.利用城市垃圾焚烧飞灰制备生态水泥的研究[J].热力发电,2013,42(2):41-44,120.

[45] 银新亮.石油石化企业蒸汽锅炉节能技术探讨[J].化工管理,2016(27):166.

[46] 余碧莹,赵光普,安润颖,陈景明,谭锦潇,李晓易.碳中和目标下中国碳排放路径研究[J].北京理工大学学报(社会科学版),2021,23(2):17-24.

[46] 张海滨.全球气候治理的历程与可持续发展的路径[J].当代世界,2022

(6):15-20.

[47] 张颖,王灿,王克,陈吉宁.基于 LEAP 的中国电力行业 CO_2 排放情景分析[J].清华大学学报:自然科学版,2007,47(3):365-368.

[48] 张琦,张薇,王玉洁,徐进,曹先常.中国钢铁工业节能减排潜力及能效提升途径[J].钢铁,2019,54(2):7-14.

[49] 张旭孝,上官方钦,姜曦,郦秀萍.美国钢铁工业的发展及能源消耗概况[J].中国冶金,2017,27(11):1-6.

[50] Cai W，Wang C，Wang K，Zhang Y，Chen J. Scenario analysis on CO_2 emissions reduction potential in China's electricity sector[J]. Energy Policy，2007,35(12):6445-6456.

[51] Wang C，Chen J，Ji Z. Decomposition of energy-related CO_2 emission in China：1957—2000.[J]. Energy，2005，30(1):73-83.

后 记

　　碳达峰碳中和是一场广泛而深刻的经济社会系统性变革，涉及经济社会发展的方方面面。围绕碳达峰碳中和目标，笔者团队结合浙江省实际，开展浙江省中长期低碳发展趋势、碳中和实现途径等重大问题研究，构建浙江省 EPS 模型，通过设定低碳情景、近零情景，得到不同情景下浙江省总体碳排放及工业、交通、建筑等重点领域碳排放趋势，并开展了公共健康分析、成本效益分析，提出了浙江省碳达峰碳中和路线图及减排路径。聚焦浙江省低碳发展，对碳达峰碳中和目标提出以来的低碳实践经验进行了梳理。

　　针对浙江省的研究显示，电力和工业是减排潜力最大的领域，能效提升、能源结构优化等是实现碳达峰碳中和的关键政策，碳达峰碳中和与经济发展、环境保护可以实现多赢。浙江省 EPS 模型中考虑了 25 项政策措施，低碳情景下减排潜力较大的政策有提高零碳电力供应比例、强化工业减排、实施管理减排等，近零情景下减排成效较大的政策主要包括提高能效水平、提升非化石电力占比等，清洁零碳电力将是驱动深度减排与碳中和的关键。实施碳达峰碳中和行动，从长远来看不但不会阻碍经济发展，而且可避免气候变化带来的经济损失，提高公共健康水平，带来绿色发展的就业岗位，从而实现多赢。

　　在"双碳"战略提出后，各个领域"双碳"行动已经步入快车道，各地在"双碳"行动过程中探索形成了一系列具有创新性、引领性的路径模式。结合前期研究成果，团队后续将在以下几方面进一步深化研究。

　　一、结合"双碳"工作新形势深化碳中和路径研究。首先是在模型层面，浙江省 EPS 模型受数据可得性的限制，部分数据未能完全采用本地数据，例如浙江电力行业的成本类数据、交通工具的燃油经济性数据等变量大多采用了全国平均水平，可能会导致高估或低估排放水平。下一步，我们将加强相关基础数据研究，提高模型精准性。同时，目前的模型是基于国家层面且以美国为主的 EPS 模型开发的，基本逻辑仍采用美国的模型开发思路，后续可以基于浙江省实际情况，开展模型优化研究。其次是在路径举措层面，充分吸收我国、浙江省在碳达峰碳中和方面开展的创新性探索实践,动态跟踪分析省域碳中和路径,评估分析符合地方实际、具有地方特色的碳中和路径,为政府部门政策制定提供参考。

二、开展"双碳"精细化政策研究。目前基于模型开展的省级减碳路径研究更多聚焦于宏观层面、方向性的举措,比如能效水平提升、非化石能源利用等。为更好地指导地方开展碳中和实践,团队将围绕碳中和工作的关键核心路径开展深化研究,比如供热部门低碳转型、市场化机制在碳中和路径中的作用、风电产业发展、氢能产业发展等,通过深化研究,明确相关路径目前及未来一段时间需要重点突破的核心问题及需采取的重点举措,推动地方开展相关领域低碳实践。

三、推动低(零)碳示范引领和实践。碳中和路径举措最终需要落到实践方能推动实现碳中和目标。低(零)碳示范试点是实现这一目标的重要手段之一。结合"双碳"路径及政策研究,团队将聚焦浙江省域范围,以杭州、湖州等国家碳达峰试点城市(园区),30个省级低碳试点县,各类产业平台为重点,推动碳达峰碳中和制度创新、绿色低碳技术示范与推广实践。

期望本书能对地方相关研究有所帮助。限于作者的知识素养和学术水平,本书中难免存在不足之处,恳请读者批评指正!

作者

2024 年 7 月